KB071467

SBS 특별기획 대학 100대 명강의

대학교수 13인의

명강의 名講義

한국교육개발원 편

학지사

이 책은 SBS 문화재단의 지원을 받아
저술 · 출판되었습니다.

# 추천사

　대학에서 선발한 인재를 어떻게 가르칠 것인가 하는 문제는 최근 국내외 고등교육계에 지대한 관심 영역입니다. 이러한 관심에 부응하여, 대학에서는 교수-학습센터의 활성화와 함께, 교수의 강의 능력을 높여 보다 나은 교육적 성과를 도출하려는 움직임을 보여 왔습니다. 정부에서도 다양한 재정지원사업을 통해 대학교육의 수준을 높여 국내 고등교육의 질 제고를 이루려는 노력을 지속적으로 펼쳐 왔습니다.

　이처럼 '잘 가르치는 대학'에 관한 관심과 움직임이 확산되고 있는 가운데 한국교육개발원과 SBS 문화재단, 한국대학교육협의회는 미래 인재양성에 있어서 대학교육, 특히 대학 강의가 갖는 중요성과 비전에 주목하여 '명강의'를 발굴, 확산하는 프로젝트를 기획하였고, 2011년과 2012년에 대학에서 '명강의'를 하고 계시는 총 열세 분의 교수님들을 선정·발표하였으며 이들 교수님의 강의 특징과 내용 등을 담은 단행본을 발간하게 되었습니다. '명강의' 사례를 발굴하기 위해 SBS 문화재단의 후원으로 한국교육개발원이 수행한 '명강의 모델 개발 및 사례 발굴 연구'는 기존에 수행되었던 국내외 교수-학습 관련 이론 및 연구의 분석과 전문가의 의견수렴 등을 통해 선정 영역과 지표를 설정하고, 이를 바탕으로 다각적이고도 엄격한

심사과정을 거쳐 다음 장에 소개될 교수님들의 좋은 강의가 선정되었습니다.

좋은 강의란 무엇인가 혹은 어떻게 해야 하는가에 대한 생각은 개인마다 다를 수 있고 또 강의의 목표, 대상, 내용, 형식 등에 따라 그 성격과 특징이 다르게 드러날 수도 있을 것입니다. 하지만 이 책에 소개되는 교수님들과 그들의 강의는 저마다 다양한 학문 분야에서 학자로서의 전문성과 열정을 가지고 학생들과 끊임없이 소통하면서 더 좋은 강의, 더 나은 교육을 지향하고 있고 또 하고 있다는 면에서 '명강의'라는 타이틀에 부합하고 누구나 공감할 수 있는 특징을 지니고 있습니다.

이 책에 소개된 한 교수님의 경험처럼, 학생들을 어떻게 가르칠 것인가에 대해 적절한 훈련을 받지 못한 상태에서 바로 대학교육 현장에 투입되어 시행착오를 겪는 대학의 강의자들이 적지 않을 것이라 여겨집니다. 이는 국내뿐만 아니라 다수 국가의 대학원 교육과정이 연구에 초점이 맞추어진 현실에서 기인한다고 하겠습니다. 이러한 현실을 인식하고 문제점을 개선할 수 있는 방안을 모색해야 한다는 시각을 공유하는 분들이 대학 안팎으로 증가하고 있다고 봅니다.

이러한 상황에서 그동안 훌륭한 강의를 이끌어 오신 교수님들의 경험과 노하우를 도서 출판을 통해 널리 알리고 공유하고자 합니다. 명강의 선정을 위한 프로젝트를 후원한 SBS 문화재단에 다시 한 번 감사를 드리며, 본인의 강의 경험과 자료를 공유해 주신 열세 분의 교수님, 그리고 이 책이 출간되기까지 많은 노력을 기울여 주신 연구진 여러분의 노고에 감사와 격려의 말씀을 드립니다.

2014년 6월
한국교육개발원 원장
백순근

# 차 례

# 01

# # 생각하는 힘을 키우는 강의

박승찬 가톨릭대학교 교수
'중세철학사'

서울대학교 식품공학과 학사
독일 프라이부르크 대학교 대학원 신학 박사
가톨릭대학교 인문학부 철학전공 교수

박승찬 교수는 서울대학교 식품공학부를 졸업한 후 가톨릭대학교 신학부에서 신학을 공부하던 중 중세철학에 관심을 가지게 되었다. 신학부 도서관에서 한 번도 대출된 적이 없이 먼지가 가득 쌓여 있는 라틴어 중세 철학 원전들을 바라보면서 이 원전들에 담긴 보화를 우리나라에 소개하고 싶다는 열망을 느꼈다. 1988년부터 독일 프라이부르크 대학교에서 10년 동안 공부하며 석사와 박사 학위(중세철학 전공)를 취득했다. 박 교수의 학위 논문은 네덜란드 브릴(Brill) 출판사의 중세철학 분야의 핵심 시리즈 중의 하나인 '중세 정신사에 대한 연구와 텍스트'에 받아들여져 「토마스 아퀴나스에 의한 중세 언어철학의 신학적 수용: 유비(類比) 문제를 중심으로」(1999)라는 제목으로 출간되었다. 또한 지금까지 40여 편의 논문과 10여 권의 저서를 발표하는 등 왕성한 연구를 하고 있다. 박 교수의 강의는 가톨릭대학교 2009년 2학기 우수강의로 선정되는 등 줄곧 최상위 강의 평가를 받고 있다.

"중세철학이 신학이라는 기존의 편견을 깨워 준 강의다. 교수님이 학생들이 이해하기 쉽도록 풀어서 설명해 주셔서 이해하는 데 매우 도움이 되었다. 학생들에 대한 교수님의 애정이 느껴졌으며, 유쾌하고 열정적인 강의가 인상에 남는다. 중세철학이나 신학에 관심이 있는 학생들에게 적극적으로 추천하고 싶다."

"정말 정말 정말 정말 정말 아주 좋은 강의였습니다. 학생들의 이름을
다 기억하시고, 일일이 관심 가져 주시고, 학생들을 배려하시고…….
그리고 교수님은 강의에 정말 열정적이셨습니다. 강의 내용 또한 쉽게
풀어 주셔서 너무 이해하기 좋았습니다."

# 전 강의 녹음과 청취

박 교수는 10년간의 유학생활을 마치고 처음 강단에 섰을 때는 가르치는 내용만을 생각했다. 지금 같으면 주당 3시간씩 강의하면서 다룰 내용의 2배가 되는 양을 주당 2시간씩의 철학개론 시간에 강의하려고 노력한 것이다. 그리고 독일식으로 학생들에게 리포트를 내주고 일일이 빨간 펜 교사가 되어 개별적으로 수정해 주려고 애썼는데, 대부분이 대형 강의이다 보니 수정에 필요한 시간이 너무나 길어져 연구에도 부담되었다. 그러다 매 학기 반복되는 '서양철학의 전통', 매년 반복되는 '중세철학사', 2년마다 개설되는 '아우구스티누스 철학'과 '토미즘 철학' 등을 모두 다 녹음하기 시작했다. 박 교수에게 제일 좋은 강의 준비는 전에 했던 강의를 다시 듣고 강의실에 들어가는 것이었다. 박 교수는 전에는 전철을 타고 다니며, 지금은 차를 몰고 다니며 이전의 강의를 다시 들으면서 어떤 부분이 좋은지 어떤 부분을 보충해야 하는지를 검토한다. 또 좋았던 사례는 다시 활용할 수 있다. 강의에서 대부분의 경우, 사례는 즉흥적으로 떠오르는 때가 많다. 이런 예를 바로 들어와서 메모해 놓지 않으면 잊어버리는데, 녹음되어 있으면 잊어버릴 일이 없다. 박 교수의 음성 강의록에는 한 강의록에 최소한 대여섯 개의 버전이 들어 있다. 이 녹음 파일을 통해 자동차로 다니면서 계속 자신의 강의를 듣는다. 월요일 강의를 할 때는 당

카리스마 있는
박 교수의 모습

일 강의할 두 과목을 듣고, 다음 날은 다른 강의들을 듣는 식으로 한다.

박 교수가 이런 방법을 개발한 계기는 10여 년 전 독일에서 신학대학교에 있을 당시 자신이 설교하는 모습을 촬영해 본 경험 때문이었다. 이 경험을 통해 같은 말을 반복하는 등 자신도 모르던 습관들이 있음을 알게 되었다. 자신의 강의를 녹음하여 들으면서 이런 단점을 수정할 수 있었고, 지금도 녹음된 강의를 들으면서 고쳐나가고 있다. 이제는 박 교수의 부인[1]도 강의를 녹음하고 있다. 그리고 서로 강의를 바꿔 듣고 특징들을 이야기해 준다. 예를 들면, 박 교수는 내용을 풀어서 많은 예를 드는 편이고, 부인은 핵심 내용을 압축해서 많이 전달하는 편이다. 그래서 박 교수는 부인에게 대학원생 이상의 강의로는 좋지만, 학부생 강의로는 어렵다고 이야기를 하는 등 서로 충고를 한다.

또 처음 강의할 때부터 정리한 강의록들은 박 교수에게 큰 도움이 되고

---

1 박승찬 교수의 부인은 노성숙 한국상담대학원대학교 상담학과 철학상담 전공 교수다.

있다. 기존의 강의록에 그 사이에 연구나 강의 준비를 통해서 알게 된 내용을 새롭게 추가하고, 그것보다 덜 중요한 내용은 강의록에서 낮은 단계로 낮추어 정리함으로써 계속 해서 업데이트하고 있다. 이 덕분에 박 교수는 강의 시간에 설명할 때 강의록을 거의 보지 않고 학생들을 바라보면서 설명하는데, 이것은 강의에 들어가기 전에 강의록을 자세하게 작성함으로써 그 내용을 모두 숙지하고 있기 때문이다. 더욱이 한 번 작성한 강의록이 있기 때문에 새로운 내용을 업데이트하기가 더욱 수월하다. 따라서 학생들은 한 학기 강의를 듣지만, 그 속에는 10여 년 동안의 강의 내용이 쌓여 있다.

"교수님께서 철학자들의 사유뿐 아니라 그들의 인생 이야기를 긴밀히 연결해서 설명해 주셔서 내용이 더욱 생동감 있게 와 닿았습니다."

"굉장히 만족스러웠다. 교수님께서 굉장히 세세하면서도 이해하기 쉽게 설명해 주셨다. 그 부분이 가장 마음에 든다. 또한 참고가 될 만한 책을 직접 볼 수 있었던 것도 좋았다. 직접 도서관에서 찾아서 보는 게 생각보다 잘 안 되는데 1분이라도 책 한 번 더 만져 보고 앞 장이라도 읽어 보게 되어서 좋았다."

"신사적인 교수님의 재치 있는 몸짓과 설명이 강의 내용을 싫어하는 사람도 이해하게 한다."

박승찬 교수의 강의 내용은 박 교수 강의 10년의 노하우가 축적된 것이다. 박 교수는 자신의 강의를 녹음해서 강의를 끊임없이 검토하고 미흡한 부분을 보충하며 강의 내용을 개선해 왔다. 강의 중 떠오른 좋은 사례 하나까지도 놓칠세라 녹음하는 자세는 교육자로서 시사하는 바가 크다. 전공 분야에서 같은 강의를 10년 넘게 하는 경우는 쉽게 찾아볼 수 있지만, 자신의 강의를 녹음해서 개선하는 교수를 찾기란 쉽지 않다. 실제로 대학의 교수학습센터에서 교수나 강사를 대상으로 강의 개선을 위한 강의 녹화(동영상) 제안이 이루어지지만, 참여율은 매우 낮은 수준이다. 이런 점에서 박 교수의 강의에 대한 애착과 노력은 특별하다.

## '위대한 신학자'가 교육의 롤모델

박 교수는 사회에서 인정받는 위치에 도달하는 것을 목표로 학창 시절을 보내 왔기 때문에, 그러한 삶의 추구가 인간의 참된 행복을 가져다주지 못한다는 것을 확신하고 있다. 특히 독일의 유학생활을 거치면서 자신이 주체적으로 생각하고 결정을 내리는 데 얼마나 부족한지도 실감할 수 있었다. 따라서 학생들을 단순히 많은 전공지식을 지니고 사회에서 활용하기에 편리한 전문인 또는 자신이 취득한 지식을 자신의 성

자신의 연구실에서 강의 준비에 몰두하는 박승찬 교수

공을 위해서만 활용하는 이기적인 지식인으로 양성하고 싶지 않다. 오히려 역경에도 불구하고 스스로 비판적 사고를 하며 자신의 길을 개척해 갈 수 있는 그런 주체성이 강한 학생으로 가르치려고 한다. 박 교수의 강의에는 이런 교육관이 그대로 녹아 있다.

학생들을 가르치면서 박 교수의 교육관에 가장 큰 영향을 준 사상가는 '그리스도교의 위대한 스승'인 아우구스티누스(Augustinus, 354~430)다. 아우구스티누스는 학생들을 학교에서 매를 맞으며 교육받던 부정적 체험을 바탕으로 단순히 훈육을 받아야 하는 대상으로 보는 교육에 반대하면서, 절대적으로 존중받아야 하는 하나의 인격체로서, 더 나아가 자신의 학습을 주도해야 하는 주체로서 인정했다. 놀랍게도, 1700년 전에 이런 내용을 『교사론(De magistro)』(AD 389년 경)이라는 책과 『입문자 교리교육(De catechizandis rudibus)』(AD 400년 경)이라는 책 안에 다 써 놓은 것이다. 이처럼 아우구스티누스는 학생들 자신이 스스로 배울 수 있는 가능성이 있다며 의도적인 학생 중심의 교육을 주장했던 사람이다. 아우구스티누스는 모든 사람들이 서로 진리를 인식하면서 내적 스승, 즉 자신 안에 정신적 스승이 있기 때문이라고 생각했다. 또한 학생의 다양한 수준에 맞춰서 어떻게 가르칠 것인가를 고민했다. 예를 들면, 공부를 잘하는 학생들에게 질문을 통해서 자극을 주고, 공부를 못하는 학생에게는 인내를 가지고 계속해서 교육했다. 특히 제대로 알지 못하면서 알고 있는 척하는 사람, 즉 아직 '무지의 지'를 깨닫지 못한 사람에게는 먼저 '무지의 지'를 깨닫게 해 주는 것이 필요하다고 충고했다. 아우구스티누스는 방탕과 세속적 욕망에 가득 찼던 젊은 시절로부터 극적으로 회개하면서 만나게 되었던 그리스도를 자주 '내적 스승'이라고 불렀다.

따라서 박 교수는 교육 현장에서 아우구스티누스의 극적 회심과 같은 변화를 기대하기보다는, 아우구스티누스 자신이 이미 신플라톤주의를 통한 지적인 회심을 준비했고, 성인(聖人)들의 일화 등을 통해 윤리적 회심에 다가간 것과 같이 학생들의 지향성을 올바른 방향으로 변화시키도록 준비시켜 주는 자세가 우리 '외적 교사'의 올바른 자세일 수 있다고 말한다. 우리는 진리의 내용을 스스로 소유하고 있지 못할 뿐만 아니라, 자신의 태도로 완벽한 윤리 실현을 위한 역할모델이 될 수도 없기 때문이다. 따라서 박 교수는 교육에서 부딪히는 어려움이나 실패에서 의욕을 잃고 지향해 오던 가치를 포기하려는 자세가 오히려 '내적 스승'의 자리에 자신을 놓으려는 교만일 수도 있음을 경계한다. 이와는 반대로, 박 교수는 또한 예기치 못한 교육적 성과를 얻게 되는 경우에도 감사하는 마음으로 이를 받아들이려고 한다. 또 자신에게 맡겨진 학생들에 대한 사랑과 이들과의 진정한 만남을 이루려는 부단한 노력이라는 측면에서는 아우구스티누스를 닮아 갈 수 있다고 생각한다. 아우구스티누스는 교육이 단순히 지식을 전달하는 것뿐만 아니라 궁극적으로 삶을 변화시키는 것이라고 말했다. 즉, 학생들이 단순히 감탄하는 것으로 끝나는 것이 아니라 작은 변화라도 삶의 변화가 왔을 때 교육이 제대로 이루어졌다고 했다.

아우구스티누스와 마찬가지로, 박 교수의 교육관은 모든 교육에서 단순히 교과 내용뿐만 아니라 교사의 인격과 교사가 지니고 있는 가치가 함께 전달된다고 생각한다. 그런데 교사가 가치를 교육할 때, 자칫 학생에게 자신의 가치를 강요할 위험성이 생긴다. 자신이 개인적으로 소중하게 여기는 가치를 마땅히 모든 사람들이 그렇게 해야 하는 것으로 절대화시키며 학생에게 강요하는 경우, 오히려 학생의 성숙을 방해할 수 있다. 박 교수는 이렇게 교사가 자신의 계획에 학생을 맞추려 할 때 문제가 생겨난다고 믿는다. 따라서 학생 스스로 자신의 진로를 찾는 것이 중요하다는 믿음은 실제로 한 학생의 인생을 바꿔 놓았다. 몇 년 전 한 학생이 입학사정관제도를 통해서 가톨릭대학교 철학과에 들어왔는데, 그는 고등학교 때까지 밴드 활동만 했다. 대학에 들어와서 처음으로 철학 강의를 듣기 시작한 것이다. 사정이 이렇다 보니 강의에 대한 관심이나 참여, 자신감도 거의 없었다. 그런데 학기 초 학술대회 발표에서 미국 밴드에 대한 발표를 하는데 완전히 전문가였다. 너바나(Nirvana)부터 미국 밴드 역사를 발표하는데 모두 깜짝 놀랐다. 박 교수는 "넌 그것만 해도 먹고살 수 있겠다."며 칭찬했고, 다른 철학과 교수들도 그 학생의 재능을 인정해 주었다. 여기에 자신감을 얻은 학생은 그때부터 공부하기 시작해 대학 4년 동안 줄곧 1등을 해 대학원에 진학까지 했다. 대학원에 들어와서는 자기가 고생했던 경험이 있기 때문에 자기처럼 인문학을 전혀 접해 보지 못한 학생들을 가르치겠다는 목표를 세웠다. 그리고 아우구스티누스가 회심[2]할 때 들었던 "집어서 읽어라."라는 '똘레 레게(tolle lege)'를 자기 운동의 신조로 내걸었다. 교수를 초빙하려면 돈이 많이 들기 때문에 대학원생들이 서로 가난한 중·고등학생들에게 인문학을 가르칠 수 있는 운동까지 실천하게 되었다. 이를 통해서 자신감을 잃었던 학생들이 작은 변화와 전기를 통해서 삶의 변화가 온다는 것을

---

**2** 어느 날 아우구스티누스가 정원에서 명상에 잠겨 있는데 밖에서 어린이들이 "집어서 읽으라."고 노래하는 것을 들었다. 아우구스티누스는 곧 방으로 들어가 성경을 집어 들고 펼쳤다. 그때 눈에 들어온 성경 구절은 "방탕과 술 취하지 말며 음란과 호색하지 말며 쟁투와 시기하지 말라."는 로마서 13장 13절의 말씀이었다. 이 성경 말씀은 아우구스티누스에게 하나의 큰 힘으로 다가왔다. 이후 그는 모든 것을 정리하고 오직 하느님만을 위해서 살기로 작정하였다.

체험할 수 있었다.

결국 지식의 습득만이 아닌 삶을 능동적으로 개척하고 발전할 수 있는 태도를 배양하는 대학 교육을 지향하는 박 교수의 교육관은 '가치 있는' 지식을 학문이라는 장벽 안에서만 찾지 않고 좀 더 폭넓은 영역까지 포용하고 있다. 이러한 그의 교육 태도는 학생이 열정을 가지고 의미 있는 일을 주체적으로 할 수 있는 촉매제 역할을 하고 있다고 할 수 있다.

박승찬 교수의 강의에는 박 교수의 교육관이 반영되어 있다. 강의 내용의 질이 우수하고, 강의 전달력이나 설명력이 높다는 것에 더하여, 강의를 대하는 관점, 학생을 대하는 태도, 교수자로서 끊임없는 성찰 등이 박 교수의 강의를 지탱하고 있다. 교수자로서 뚜렷한 교육관을 갖고 강의에 임하는 경우는 많지 않다는 점에서 박 교수는 예외적이라 할 수 있다. 박 교수는 자신의 교육관을 바탕으로 강의를 통한 학생의 변화를 기대한다는 점에서 진심으로 학생을 위한 강의를 하고 있으며, 학생들에게도 이 점이 깊은 감화를 주고 있다고 판단된다.


## 강의에 앞서 학생들이 진행하는 토론

'중세철학사' 강의에는 학생들의 토론 시간이 배정되어 있다. 자신이 원하는 학생들과 함께 5명 내외로 조를 구성하여 토론을 준비한다. 토론을 위해 제시된 주제 중 하나를 선택하여 구성원들과 함께 중세시대의 찬반 토론 형식으로 논변을 준비하고 강의 시간을 이용해서 발표한다. 복잡한 이론적인 내용보다 찬반 토론의 주제가 구체적인 생활과 어떻게 연결되는지를 찾아보도록 한다. 이를 통해 난해한 철학적 개념 구분과 그 내용이 왜 발전했는지를 알 수 있어 이해에 대한 집중력이 높아진다. 토론 과정에서는 너무 쉽게 양쪽을 타협하지 말고 자신의 견해를 끝까지 견지하도록 해 봄으로써 좀 더 깊이 주제에 몰두할 수 있도록 돕는다. 이 토론의 활성화를 위해서는 본격적인 토론에 들어가기 전에 그 준비 과정에서 생겨나는 문제점과 질문들을 구성원들과 미리 검토해 보는 것이 큰 도움이 된다.

　　토론 발표는 다음과 같다.
　　제1차 악은 실체인가?
　　제2차 이성 vs 신앙
　　제3차 보편 vs 개체
　　제4차 지성 vs 의지


　이 가운데 사이버 캠퍼스에 올라온 '악은 실체인가?'에 대한 토론 내용은 다음과 같다.

열정적으로 강의하는 박 교수의 모습

토론 요약: 악은 실체인가?

사이버 캠퍼스에 올린 내용을 이곳으로 옮겨 왔습니다. 더 보충해서 설명하고 싶은 내용이 있거나 질문이 있는 학생들은 댓글의 형태로 보충해서 자신의 의견을 적어 주기 바랍니다.

## 주제: 악은 실체인가?

**사회자**: (우선 실재와 실체에 대해서 개념을 정립하고, 악의 실체 여부에 앞서 악의 근원에 대해 각 팀에 질문한다) 악의 근원은 무엇인가요?

**A팀**: 악의 근원은 선의 결핍, 사랑의 결핍(왕따 문제, 자살 문제)입니다.

**B팀**: 악의 근원은 사람 그 자체입니다. 즉, 인간은 본래 악을 가지고 태어납니다. 순자는 아기는 태어날 때부터 울고 자신의 욕구가 충족되지 않으면 떼를 쓴다고 했고, 장기수 브론슨의 고백 영화를 보면, 그는 평범한 가정에서 태어났지만 범죄를 저질렀습니다. 선은 질서 유지를 위한 인간이 만들어 낸 개념이며, 악은 학습을 통해서 선하게 되는 것입니다.

**B팀**: 그럼, 왜 절대선인 신은 인간에게 선의 결핍을 주어서 악한 행동을 하게 만들었나요?

**사회자**: 그 질문을 해석해 보면, '왜 신은 인간이 악한 행동을 할 것을 알면서도 인간에게 자유의지를 주었느냐.'라고 볼 수 있다는 말씀이죠?(A팀의 의견을 물어봄)

**A팀**: 신은 인간에게 자유의지를 줄 수밖에 없었습니다. 자유의지라는 것

은 기본적으로 개인이 스스로 선한 것을 택할 수도 반대로 악한 것을 택할 수도 있는 것입니다(적절한 예 제시).

**B팀**: 그럼, 왜 인간에게 자유의지라는 선악의 행동 가능성을 주어서 혼란스럽게 만들었을까요? 자유의지가 없다면, 악이 발생하지 않았을 텐데 말이죠.

**A팀**: 자유의지가 없다면, 과연 행복할 수 있었을까요? 신은 인간이 행복하기를 원했습니다. 인간이 이성을 가지고 있지만, 그 스스로 행할 의지의 능력이 없다면, 동물보다 나은 점이 있을까요? 자유의지란, 인간이 다른 피조물, 즉 동식물과 구분되는 하나의 지표로 볼 수 있고, 자유의지가 있을 때 우리는 인간을 인간이라고 할 수 있습니다.

B팀은 선은 인간이 만든 개념이라고 하셨는데, 그렇다면 아이가 우물에 빠질 경우에 인간은 본능에 따라 도우려 할까요?(故 김수현의 예 제시) 그것은 인간이 본래 선하다는 것을 증명하는 것입니다. 어린아이의 비유를 드셨는데, 어린아이가 자신이 하고 싶은 것만을 하는 이유는 어린아이는 아직 '이성'이 덜 발달되었기 때문이라고 봅니다. 이성이 아직 발달되지 않았기 때문에 어린아이는 자신에게 아름답다, 좋다라고 느껴지는 것을 행하는 게 더 드러날 뿐이라고 볼 수 있을 것 같습니다. 또 악의 학습결과를 선이라고 보셨는데, 인간이 선이라는 것이 뭔지 모른다면 과연 그 선을 학습할 수 있었을까요?

**B팀**: 그렇다면, 인간이라는 완전하지 못한 존재에게 과연 자유의지가 긍정적인 작용을 할까요? 올바르지 못한 선택에 의해 인간이 겪게 되는

고통과 불행이라는 결과를 놓고 봤을 때 신이 창조한 세계가 올바르다
고 볼 수 없는 거죠.

**사회자**: 본론으로 넘어가서, 각 팀은 악의 실체에 대해서 어떻게 생각하
십니까?

제1차 '악은 실체인가?' 에 대한 토론의 진행은 이렇다. 이 주제는 아우
구스티누스가 시작한 것인데, 결론적으로 악(惡)은 실체가 아니라고 주장을
하게 된다. 악이 실체라고 한다면 선신, 악신처럼 악신의 세력이 있어서 인
간에게 들어와서 그것을 악으로 끌어가는 것이다. 이런 것들을 실체화된
개념이라고 하는데, 신이라고 하는 확실한 존재가 있는 것처럼 악도 신으
로서 존재해서 이렇게 할 수 있다는 것이다. 하지만 그리스도교적인 입장
에서 아우구스티누스는 절대자를 인정한다면 그것은 불가능하다며 악은
실체가 아니라고 주장했다. 여기서 중요한 것은 실재(實在)와 실체(實體)를
구분하는 것이다. 실체는 한 사람이 실재하면 그에게는 많은 성질이 있다.
키 몇 센티미터, 몇 킬로그램 등 이런 성질들은 실체와 대당(對當)이 되는
우유(偶有)라는 개념이다. 내 키가 182cm라고 할 때 이 키는 실재하고 있지
만, 키 182cm가 따로 떨어져서 존재할 수는 없으므로 이것은 실체는 아니
다. 그러면 악이 실재하는가? 실재한다. 우리는 매일 경험하기 때문에 이
를 알 수 있다. 하지만 그 악이라고 하는 것은 따로 실체로서 존재해서 우
리에게 들어와서 영향을 미치는 것이 아니다. 무엇인가 반드시 있어야 하
는 것이 결핍된 상태에서만 존재하는 것이다. 이를 비유하자면, 사람의 그

림자는 실재한다. 하지만 그림자는 사람을 떠나서는 존재할 수 없는 부수적인 것이다. 따라서 악이라는 것도 실체가 아니라 무엇인가 결핍된, 꼭 있어야 할 것이 결핍되어 있는 상태라고 말할 수 있다. 박 교수는 토론에 앞서서 실체와 우유에 대한 개념들을 미리 조금 설명해 주는데, 그다음은 학생들이 알아서 찾아 연구한다. 과연 악이 실체이고 내 마음에 들어와서 조정한다면 인간의 자유와 책임이라는 것은 존재할 수 없게 된다. 악신이 와서 끌어갔다면 그것이 자신의 책임이겠는가? 강한 자가 와서 나를 마리오네트처럼 조종했다면 말이다. 그렇기 때문에라도 악이 실체가 아니라는 것은 인간의 자유 확보를 위해서 매우 중요하다. 학생들은 이런 내용으로 서로 열띤 토론을 벌인다. 박 교수는 자신은 단지 단서만 던져 주는 역할을 한다고 설명한다.

"토론을 통해 중세 철학사가 결코 우리의 삶, 세계와 동떨어진 철학자들만의 역사가 아님을 깨달았습니다. 철학사는 일방적으로 암기해야 하는 것이 아니라 스스로 참여해야 하는 과목임을 느낀 것입니다."

"교수님의 강의 이전에 토론하는 것은 저 스스로 먼저 그 강의 주제에 관한 문제의식을 갖도록 도와주어서 보다 적극적으로 교수님의 강의에 귀 기울일 수 있었습니다. 이것은 중세 철학사 강의를 이수한 지 1년 남짓 되어 가는 지금까지 효과를 보이고 있습니다."

학생 수가 20명이 넘는 경우, 박 교수는 토론에 참여하기 힘든 학생을 위해 대체할 수 있는 개인 과제를 제시한다. 발표 대체 과제로는 플라톤의 대화를 모델로 삼아 강의에서 배운 내용을 질문과 대답의 형식으로 재구성해 보는 '스승과 제자의 대화 작성'을 내 준다. 한 대화자는 선택된 주제 질문(예, 악은 실재하는가? 신의 존재는 증명될 수 있는가? 등)에 대한 내용을 이해하고 있는 전문가이고, 한 대화자는 그 의문을 해결하기 위해 고민하며 진지하게 탐구하는 학생의 역할을 맡는다. 주제 질문을 해결하기 위해 단계적으로 질문을 통해 이해가 심화하는 형태를 취하라고 요구하면 학생 스스로 선생이 되어 설명해 보기 때문에 그 내용을 더욱 능동적으로 이해하게 되는 것 같다.

박 교수는 강의에서 이룬 학생들의 성취도를 평가하는 것은 가장 어렵고 피하고 싶은 과제 중에 하나라고 한다. 바로 이 문제 때문에라도 수강 인원에 제한을 두고 있다. 여러 가지 방법을 사용해 보았는데, 평가에 들어가는 시간에 대한 부담 등으로 전통적인 필기시험 방법을 주로 사용하고 있다. 그렇지만 단순히 학생들의 암기력을 시험하기 위한 것이 아니라, 학생 자신이 스스로 생각하고 강의에서 배운 내용을 재구성할 수 있도록 사상가들을 비교하거나 특정 문제에 대한 자신의 견해를 적을 수 있는 문제들을 즐겨 활용한다. 그래서 학생들은 "박 교수님의 강의는 재미있고 알아듣기 쉽지만, 시험이 너무 어렵다."는 소리를 종종 한다. 그렇지만 시험 안에서 단순히 암기한 내용을 그대로 적는 것이 아니라, 그 내용을 토대로 다시 한 번 생각할 수 있는 계기를 제공하려고 노력한다. 설령 그 순간 완전한 답을 적지 못하더라도 어떤 방향으로 사고해야 하는지에 대한 방향성은 얻을 수 있으리라 생각하기 때문이다. 또한 글쓰기 훈련의 차원에서 단답형이 아니라 반드시 완결된 문장의 서술형으로 기록할 것을 요구한다. 많은 학생들이 열심히 공부하고도 답안 작성 요령이 부족해서 충분한 성과를 얻지 못하는 경우도 있기 때문에, 중간고사 후에 낸 문제들에 대해 가장 성취도가 높은 학생들의 답안을 읽어 주고, 자신들의 점수와 전체 등수를 개별적으로 알려 줌으로써 더욱 분발할 기회를 제공하고 있다. 시험이 끝난 후 모범이 되는 답안을 읽어 줌으로써 전체 학생들에게 피드백을 주는 것은 어디까지나 학생들을 위한 것이다. 또한 앞으로 학생들이 좋은 답안을 작성하고 강의에 더욱 적극적으로 임할 수 있도록 격려하고 배려하는 의도에서다. 대학 강의에서 학생들의 강의에 대한 불만 중 일부는 피드백의 부재 때문인데, 피드백이 있다 해도 단순히 점수를 알려 주는 차원을 넘어서기 어려운 것이 실상이다. 특히 대학의 질 제고가 중요해지면서 학생들에 대한 상대 평가가 주를 이루는 상황에서 학생들은 학점에 대한 보다 적극적인 해명과 개선 방안을 알고 싶어 하지만, 한 학기 강의가 종결된 시점에서 학생들의 평가 결과에 대한 공유는 쉽지 않다. 물리적인 이유도 있지만, 교수의 의지 때문이기도 하다. 이런 점에서 박 교수의 학생에 대한 열정과 배려는 본보기가 된다.

"시험 후 피드백으로 몇몇 학우들의 시험지를 읽어 주신 점이 큰 도움이 되었습니다. 다른 친구들은 어떻게 공부하고 어떻게 정리하고 있는지 참고할 수 있어 스스로 공부 방법에 대해 성찰할 수 있는 계기가 되었습니다."

"모든 학생들이 참여할 수 있는 토론을 통해 낯설었던 신학 내용을 이해하기 수월했습니다. 학생들의 참여를 유도해 주셔서 좋았습니다."

일반인뿐 아니라 학생들에게도 철학사는 친숙하지 않으며 어렵고 재미없는 내용이라 인식된다. 그러나 박 교수는 학생들이 토론을 통해 철학사 강의에 적극적으로 참여하도록 유도하고, 강의 내용에 대해 문제의식이나 흥미를 느낄 수 있도록 하고 있다. 시험 역시 학생 스스로 사고하고 논의하는 형태로 이루어져 있다. 강의에서 스스로 사고하고 논의하는 방식이 사용되기 때문에 이러한 시험 방식은 오히려 적합하다.

## 스스로 생각할 수 있는 방법 교육

박승찬 교수는 강의에서 파워포인트를 제한적으로 사용하고 주로 판서로 강의한다. 파워포인트를 쓰는 경우는 사진이나 지도, 도표가 필요한 문화나 문화사를 설명할 때다. 강의마다 차이가 있겠지만, 경험상 파워포인트를 사용하면 학생들은 굉장히 수동적으로 변한다. 또한 박 교수는 학생들의 집중력을 지속해서 끌어나가는 데도 어려움을 느꼈다. 아우구스티누스에 따르면, 스승과 제자의 개인적 관계가 조화를 이룰 경우 제자는 스승에게 종속되는 것이 아니라 자신의 책임과 자유를 자각할 수 있다. 박 교수는 이러한 길로 나아가는 데 도움이 되는 '양심(conscientia)'의 역할을 강조한다. 박 교수는 학교 현장에서 만나는 학생들 안에 있는 양심의 역할을 신뢰하고 있다.

박 교수의 멘토인 아우구스티누스는 자신의 부모와 교사들을 비롯한 당시 어른들이 아무런 문제의식 없이 받아들였던 강압적인 주입식 교육을 거부할 정도로 강한 주체의식을 가지고 있었다. 아우구스티누스가 현대에 태어났다면, 그는 결코 소위 쉽게 대학입시를 통과하지 못할 '문제 많은' 학생이었을 것이다. 만일 능력 있는 부모가 자녀를 일방적 선행학습과 이미 틀에 박힌 문제해결 방식을 강요한다면, 아우구스티누스와 같은 자의식을 지닌 학생의 재능을 말살하는 것인지도 모를 일이다. 설령 그 자녀가 온순하게 교육 과정을 따라 하더라도 주입식 암기 교육에만 길든 많은 학생은 대학에 입학하거나 사회에 나가 자신에게 주어진 문제를 해결해야 할 때 자주 무기력한 모습을 보이게 될 것이다.

박 교수는 강의를 기획할 때 개설 목적에 따라 다루는 내용과 난이도가 점차 높아지고 전문성을 띠도록 구성하고 있다. '중세철학사'에서는 고대 철학을 이어받아 그리스도교의 가르침과 조화를 이루려고 노력하며, 독창적인 풍부한 사상 체계를 전개해 나간 중세의 다양한 노력을 탐구한다. 시대적으로는 교부시대의 철학, 아우구스티누스의 철학, 스콜라 철학의 발단과 방법, 토마스 아퀴나스의 철학 세계, 후기 스콜라 철학 등을 다룬다. '아우구스티누스 철학'이나 '토미즘 철학'에서는 유럽의 철학 및 신학 발전에 지대한 공헌을 했던 아우구스티누스와 토마스 아퀴나스에 대해서 피상적인 지식을 뛰어넘어 그들을 텍스트를 직접 읽어 나가는 과정을 거치게 된다.

학생들은 이를 토대로 우리 시대의 문제점을 보다 근원적이고 포괄적인 사상사의 지평에서 관찰할 수 있는 시각을 얻게 된다. 각 시대적인 변화에 따른 철학의 변천 과정을 고찰함으로써, 학생들이 현대에 새롭게 등장하는 문제들에 대해 스스로 사고할 수 있는 계기를 마련하고자 하는 것이다.

특히 구체적인 시대 상황과 관련된 사상 형성 과정과 내용을 고찰함으로써 기존에 알고 있는 지식의 밀접한 연관성을 파악할 수 있도록 돕고자

한다. 고대의 전통적 유산을 비판적으로 수용하여 변화된 세계 안에 적응시켜 가는 중세의 노력은 현대인에게도 모범이 된다. 특히 고대철학으로부터 근대철학으로 건너뛰는 일반적인 그릇된 관행을 바로 잡아, 중세가 얼마나 풍부한 시기였는지를 생각할 기회를 제공하고자 하는 것이다.

## 학생과 교감하는 강의

박승찬 교수는 시간이 허락되는 한에서 쉬는 시간, 끝나고 나서 질문을 받는 시간, 발표나 토론이 끝나고 나서 피드백을 주는 시간, 학생들이 원하는 경우 별도의 면담 시간 등을 이용하여 될 수 있으면 학생들과 교감하기 위해서 노력하고 있다. 때로는 강의 후에 학생들의 질문에 복도에 서서 20분 이상을 답변해 주기도 한다. 또한 이러한 시간을 이용할 수 없는 학생들이 홈페이지에 질문을 남길 경우 이에 상세히 답을 남기고, 좋은 질문일 경우 게시판에 질문을 연결해 주고 있다. 이러한 박교수의 태도는 교수와 학생의 역할이 고정되어 있지 않고 질문과 대화를 통해 서로에게 긍정적인 학습효과를 이끌어 낼 수 있는 주체임을 보여 준다. 또한 학생의 반응과 질문을 통해 박 교수는 강의 내용과 운영 방식을 돌아보고 필요하면 변화를 주는 등의 노력을 아끼지 않는다. 다음은 박 교수의 이러한 특징을 보여 주고 있는 한 사례다.

교수가 된 지 3년쯤 지났을 때 가장 완벽한 윤리 체계라고 생각하는 토마스 아퀴나스의 통합적 윤리학을 강의하고 났을 때다. 개인의 의도를 중시하는 주관적 기준, 영원법에 기초를 둔 자연법이라는 객관적 기준, 이들을 판단하는 법정으로서의 양심의 역할, 올바른 행위의 반복을 통해서 얻게 되는 덕의 중요성 및 상황에 대한 배려까지를 모두 설명하고 나서 나름대로 학생들에게 풍부한 가르침을 베풀었다고 뿌듯해하고 있었다. 그러자 한 학생이 어두운 표정으로 다가오더니 아퀴나스의 설명을 듣고 있으면

박 교수의 강의에
집중하는 학생들의 모습

박승찬 교수의 강의를 듣고 그의 교수 방법에
매료된 학생들의 인터뷰 내용

자신은 윤리적인 인간이 될 수 없을 것 같아 가슴이 너무 답답하다고 했다.
그때야 아퀴나스가 덧붙였던 중요한 설명 하나를 잊은 것이 생각났다. "만
일 어떠한 상황에서도 선만을 선택할 수 없는 상황이라면, 가장 작은 악을
선택하는 것도 윤리적 행위다."라는 설명이었다. 이렇게 학생들의 질문을
통해 박 교수가 배우는 일은 지금도 자주 일어나지만, 이 학생을 통해 박
교수 자신이 가진 가치를 학생에게 일방적으로 강요하는 것이 얼마나 위
험한지도 깨닫게 되었다.

> "강의 시간 사이의 쉬는 시간은 주로 교수님께 강의 내용에 대해 바로
> 바로 질문할 수 있는 시간으로 강의 시간 동안 아껴 두었던 질문들은
> 짧은 쉬는 시간 동안 바로바로 교수님과 이루어지는 질의응답을 통해
> 해결되거나, 확장되거나, 질문이 수정되기도 하는 등 참 활발했던 강의
> 의 풍경으로 남아 있습니다."

학생과 교수 혹은 학생 간의 질문과 대답, 토론은 활발하고 능동적인 강의 분위기를 조성하고 강의에 생명력을 불어넣어 주는 역할을 한다고 볼 수 있다. 또한 이는 학생을 지식을 전달받는 수동적 위치에서 강의를 이끌어 나가는 능동적 주체로 그 역할을 변화시키고 있는 것으로 볼 수 있다.

"교수님께서는 자신의 학습 내용을 스스로 피드백하시고 자신의 관리가 충실한 교수님이셨습니다. 또한 학생을 인격체로 존중해 주시는 교수님으로 교수에 자질을 갖추신 교수님이십니다."

"강의의 비유가 아주 적절하시고, 철학과의 최고의 강의력을 넘어서 학교 내의 교수님들이 박승찬 교수님의 강의 방식을 보고 많은 부분 배우셨으면 좋을 정도로 최고의 강의다. 등록금을 더 내고 보아야 할 정도의 강의였으며, 중세철학사로 인해서 이번 학기는 최고의 학기였다."

# 박승찬 교수의
# '중세철학사' 지상 강의

## 아우구스티누스에 따른 '진정한 행복의 추구'

아우구스티누스는 밀라노에서 세속적인 성공을 갈망할 때, 자신의 마음속에 커다란 불안을 느끼고 있었다. 그러던 중 술 취한 거지가 행복해하는 모습을 보면서, 도대체 자신은 저 거지보다 여건이 더욱 좋은데도 왜 행복감을 느끼지 못하는지에 대해서 심각히 고민하게 되었다. 그는 그리스도인이 되고 나서야 이 질문에 대한 중요한 단서를 얻게 되었다.

박승찬 교수의 교육관에 큰 영향을 준 성 아우구스티누스

## 1) 내면의 행복

아우구스티누스에게서 행복한 삶이란 과연 무엇이었으며, 그것은 어떻게 가능했을까? 만일 당신에게 누군가 "행복하세요?"라고 묻는다면, 그리 쉽게 "네."라고 대답하지 못할 것이다. 실제로 강의 중에 학생들에게 이 질문을 해 보면, 여러 여건에 따라 다르지만, '행복하다.'고 자신감 있게 대답하는 학생들은 대개 절반을 넘지 못한다. 한 설문조사(한국경제신문 2012.12.30)에 따르면, 우리나라 국민 중 불과 33.1%만이 '자신이 행복하다.'고 답했다. 그러나 만일 "행복해지고 싶으세요?"라고 묻는다면, 거의 모두 이구동성으로 그렇다고 대답하곤 한다. 이런 문답을 바탕으로, 아우구스티누스는 "행복해지고 싶은 자, 즉 행복을 찾는 자는 행복하지 않다."라는 조금은 의아한 주장을 펼친다. 행복을 찾고 있는 자는 자기의 현실 삶에서 충분한 만족을 얻지 못하기 때문에 다른 삶을 추구하고 있으니 행복하지 않다는 것이다.

이러한 주장과 함께 그는 욕구하는 것을 소유하고 있는 자는 행복하고, 반대로 그것을 소유하지 못한 자는 불행하고 비참하다는 일반적인 주장도 말 그대로 받아들이지 않는다. 만일 욕구하고 원하는 대상이 합당치 못한 것이라면 그것을 소유하더라도 행복해지지 못하기 때문이다.

> 자기 원하는 대로 사는 사람은 행복하다고들 누구나 말한다. 그러나 이것은 거짓이다. 인간에게 합당치 못한 바를 원한다는 것은 더없이 가련한 일이다. 또 불행이 있다면 소망하는 바에 도달 못하는 데에 있다기보다는, 합당한 소망도 못 되는 것을 소망하고 또 거기 도달하는

데에 있다(『삼위일체론』, XIII, 5, 8).[3]

 또한 원하는 것을 소유했다고 하더라도 지금 소유하고 있는 것이 시간
의 경과와 더불어 상실되는 것이라면 그 자는 다시금 불행하게 될 것이다.
따라서 아우구스티누스는 행과 불행을 가르는 데 "자신의 의사에 반하여
빼앗길 수 있는 것인가?"라는 기준을 들여오는데, 이 점에서 행복에 대한
그의 고유한 관점이 잘 드러난다. 그가 보기에 부와 명예 등은 자신의 의사
에 반하여 상실할 수 있는 것들이므로 안심하고 누릴 수가 없는 것들이다.
그에 따르면, 우리가 행복하기 위해 추구하는 대상은 무엇보다도 먼저 그
대상 자체가 영속적이어야 하고, 다른 이가 빼앗을 수 없도록 우리와 필연
적인 관계를 갖는 것이야 한다.

> 사람이 사랑하는 바를 소유할 때 행복하다고 말할 수 있다. 하지만 진
> 정 행복한 사람은 사랑하는 바를 소유하는 사람이 아니라 사랑할 만한
> 것을 사랑하는 사람이다(『시편 주해』 26, 7).

 따라서 오직 '신(神)'만이 기타 모든 것으로부터 독립된 영원한 존재로서
불변 불멸이요 또한 만물의 창조자이자 모든 생명의 근원이므로 우리 존
재와도 필연적 관계에 있다. 따라서 만일 신을 소유할 수만 있다면, 이와
같은 사람이야말로 참으로 행복하다고 할 수 있다.

---

**3** 성 아우구스티누스(1993). 삼위일체론(*De trinitate*). (김종흡 역). 경기: 크리스챤다이제스트.

박승찬 교수가 말하는 '행복'이란 무엇일까?

    그렇다면 신을 소유한다는 것은 도대체 무엇을 의미하는가? 신은 다른 귀중한 소유물처럼 어디서 사거나 금고 같은 곳에 보관할 수 있는 대상이 아니다. 따라서 신을 소유하려면 밖에서 찾을 수 있는 것이 아니라 자기 안에서, 즉 내면에서 그것을 찾아야 한다. 아우구스티누스는 신과 지혜를 동일시하는 그리스도교의 전통에 따라, 신을 소유한다는 것은 마음에 지혜를 갖는 것이라고 주장한다. 마음이 바른 절도를 가짐으로써 스스로 참된 진리를 보유하는 동시에 진리 자체에 참여하게 되면 곧 신을 소유하게 된다.

> 어떤 사물이든지 간에, 안심하고 누리는 사물이 아니면 인간 영혼은 이를 자유롭게 누리는 것이 결코 아니다. 그런데 자기 의사에 반하여 상실할 수 있는 선들에 관한 한 아무도 안심하지 못한다. 진리와 지혜는 아무도 자기 의사에 반하여 상실하지 않는다. ……(단일한 진리를) 우리 모두 간직하고 모두가 동등하고 공통으로 그 진리를 향유하고 있다. 그 진리에는 아무런 부족도 없고 아무런 결함도 없다(『자유의지론』, II, 13, 37).[4]

---

4 성염(1998). 자유의지론(*De liberum arbitrium*). 서울: 분도출판사.

이처럼 참된 진리와 마음의 지혜를 추구하는 자아말로 진정 행복한 사람이다. 그래서 아우구스티누스는 『행복한 생활』에서 자신의 진리를 탐구하면서 살아온 생애를 폭풍 속의 항해에 비교하면서 지적인 오만이야말로 진리의 항구에 이르는 길에 가장 큰 방해자라고 선언하고 있다. 그는 여기서 덕이 있는 사람은 고통과 불행에도 불구하고 큰 행복을 소유하는 반면 악인은 아무리 부와 명성을 지녔다 하더라도 그 영혼 때문에 실로 불행할 수밖에 없다는 생각이다. 악인의 경우 이 세상의 것을 추구함으로써 그들이 사랑하는 것을 언제나 잃어버릴 수 있으며, 이 때문에 이 세상의 걱정과 갈증으로부터 해방될 수 없다. 그러나 지혜를 추구하는 덕 있는 사람은 운명적이거나 세상의 것을 떨쳐 버리고 영원한 진리를 인식하게 됨으로써 행복에 도달할 수 있다.

### 2) 영원한 진리의 인식

영원한 진리를 인식함으로써 행복해질 수 있다는 사실을 인정한다고 해서 모든 것이 명확해지는 것은 아니다. 오히려 이는 일련의 복잡한 문제들로 이끌어간다. 행복의 필수 조건이 영원한 진리를 알게 되는 것이라면 그것은 어떻게 이루어질까?

아우구스티누스는 일찍이 "인간은 확실한 진리에 도달할 수 있는가?"라는 의심을 품었던 아카데미아파의 회의론을 체험했다. 피론(Pyrrhon)과 같은 사람은 증명할 수 없는 불확실한 내용을 주장해서 오류에 빠지기보다는 일체의 '판단을 중지', 즉 '에포케(epoche)'함으로써 오류를 피할 수 있다고 주장했다. 그러나 신플라톤주의와 그리스도교를 받아들인 아우구스티누스는 "진리 인식은 도저히 불가능하다."라는 회의론자들의 강한 주장은 자가당착이라고 비판했다. 그들의 말이 의미를 지니려면 최소한 그 주장만은 참이어야 하기 때문이다. 또한 이런 주장을 펼치는 자들은 반대되는 두 개의 명제(예, 진리 인식은 가능하다 또는 불가능하다) 가운데 하나는 진리이고 다른 것은 거짓이라는 확신을 지니고 있으므로 적어도 모순율을 인정하고 있다. 회의론자들이 자신들의 주장을 약화해서 '진리 같은 것'에 만족하고 사는 수밖에 없다고 주장하는 것도 아우구스티누스는 용납하지 않는다. 도대체 진리를 알지 못하면서 어떻게 '진리 같은 것'을 판단할 수 있는가?

아우구스티누스는 회의론의 주장을 부정적으로 비판하는 데 그치지 않고 보다 적극적으로 "유한하고 변화하는 인간 정신이 어떻게 영원한 진리에 이를 수 있는가?"라는 문제를 탐구한다. 그에 따르면, 밖에서 진리를 구하는 자는 결코 확실한 진리에 도달하지 못한다.

> 밖으로 나가지 마라. 그대 자신 속으로 돌아가라. 진리께서는 인간 내면에 거하신다. 그리고 그대의 본성이 가변적임을 발견하거든 그대 자신도 초월하라. 하지만 기억하라. 그대가 그대 자신을 초월할 적에 그대는 추론하는 영혼을 초월하고 있음을! 그러니 이성의 원초적 광명이 밝혀져 있는 그곳을 향해서 나아가라! 제대로 추론을 하는 모든 이는 진리 말고 어디에 도달하겠는가(『참된 종교』 XXXIX, 72)?[5]

---

5 아우구스티누스(1998). 참된 종교(De vera religione). (성염 역). 서울: 분도출판사.

그런데 밖으로 향하는 눈을 안으로 돌릴 때 우리는 과연 무엇을 보는가? 내면은 진리가 머무르는 공간이기 때문에 이것을 직시하면 우리는 몇 가지 확실한 사실에 도달하게 된다. 그에 따르면, 진리는 항상 필연적이고 영원해야 하는데 우리가 감각으로 경험하는 것들은 그렇지 못하다. 그러나 플라톤이 그랬던 것처럼, 수학적 진리들은 현재 진리라고 인정되는 것이 미래에도 계속해서 진리로 남으리라고 확신할 수 있다. 아우구스티누스는 플라톤의 영향을 받아 모든 수의 기본이 되는 '1'이라는 개념이나 수 사이의 법칙 외에도 내면에 동일률, 배중률, 모순율과 같은 사고의 근본 원리 또는 아름다움과 추함을 결정하는 기준과 같은 것이 존재한다고 생각했다.

그렇다면 이렇게 영원하고 필연적인 원리는 수학적 원리나 추상적 원리에만 한정되어야 하는가, 아니면 어떤 실재하는 대상의 존재를 확신할 수 있는가? 아우구스티누스는 놀랍게도 회의를 해도 흔들리지 않는 하나의 확실한 사실이 엄연히 존재한다고 밝힌다. 의심하고 있는 자신의 존재가 바로 그것이다. 그래서 아우구스티누스는 "내가 만일 오류에 빠진다면, 나는 존재한다(*Si enim fallor, sum*)."라고 주장했다. "내가 생각하는 모든 것이 의심스럽고, 어떤 사실에 대해 잘못 알거나 악령에 속아 넘어갈지라도 그렇게 의심하고 속는 나 자신만은 존재한다는 것이다." 우리는 여기서 근대 철학의 새로운 장을 연 데카르트의 "나는 생각한다, 그러므로 존재한다."라는 명제의 선구적 단상을 만나게 된다. 비록 아우구스티누스는 데카르트처럼 이를 제1원리로 삼아 거대한 체계를 이루려는 시도는 않았을지라도 말이다.

내면의 진리를 확인하고 나서도 아우구스티누스는 지속해서 질문을 제기했다. 우리 마음속에서 진리가 인식된다면 그것은 어떻게 우리에게 드러나

게 될까? 플라톤은 이 문제를 '상기'(想起)라는 개념으로 해결했다. 즉, 우리의 영혼은 육체라는 감옥에 갇히기 이전에 영원한 진리의 세계인 이데아계에 존재했기 때문에, 이를 다시 상기해 내기만 하면 영원한 진리인 이데아를 인식할 수 있다는 것이다. 그러나 영혼의 윤회 사상을 인정하지 않는 그리스도교를 철저하게 믿게 된 아우구스티누스는 이런 주장을 그대로 수용할 수 없었다. 그래서 그는 상기 대신 '기억(memoria)'을 내세우고 있다. 아우구스티누스가 말하는 기억은 플라톤처럼 과거에 관련된 것이 아니고, 바로 현재 내면에 있는 것에 정신을 집중하는 행위다. 마치 영어의 '듣다.'에 해당하는 두 단어 중 무의식적으로 들려오는 소리를 듣는 'hear'가 아니라 관심을 집중해서 듣는 'listen'인 것처럼 자신의 의식을 내면으로 집중시키기만 하면 그 기억의 신비한 창고에서 확실한 진리를 만날 수 있다는 것이다.

아우구스티누스에 따르면, 사람들 각자의 마음이 인식하는 여러 '진리들'은 모든 진리의 근원이 되는 '진리 그 자체'의 빛을 받아서 우리에게 드러나게 된다. 마치 감각적인 사물을 인식하기 위해서 자연적인 태양의 빛이 필요한 것처럼, 불변하는 이성적 인식 대상을 파악하기 위해서는 신적인 빛의 조명이 필요하다는 것이다(『삼위일체론』 XII, 15, 24).

이 '진리 자체'라는 추상적 개념의 이해를 돕기 위해 아우구스티누스는 이를 우리의 내적 선생, 즉 '유일한 스승'이라고 부른다. 이 내적 스승은 결국 신을 의미하고 그중에서도 신의 지혜, 진리, 로고스인 그리스도를 뜻한다. 각각 다른 인간이 같은 진리를 인식하고 그것을 서로에게 말로 전달하여 확인할 수 있는 가능성은 이 같은 스승으로부터 나온다. 우리 인간은 이유일하고 동일한 스승을 가짐으로써 학문의 영역 등에서 진리를 공유할수 있게 된다. 아우구스티누스는 모든 사물의 원형이 되는 플라톤의 이데아가 신의 로고스인 영원한 말씀 안에 존재한다고 주장한다. 이처럼 그는 한편으로 플라톤 사상을 계승하면서도 다른 한편으로 필요에 따라 그리스 도교의 신관에 따라서 새로운 사상을 전개해 갔다.

"학생들을 좋아하고 사랑한다."라고 말하는
박승찬 교수의 인터뷰 내용

# 02

# #인문학과 과학을 아우르는 통섭의 강의

김희준 서울대학교 교수
'자연과학의 세계'

서울대학교 화학 이학사
미국 시카고 대학교 물리화학 이학박사
미국 매사추세츠 공과대학교 연구원
미국 하버드 대학교 의과대학 연구원
미국 육군네이틱연구소 책임연구원
서울대학교 부교수/교수
서울대학교 명예교수/광주과학기술원 석좌교수

김희준 교수는 서울대학교로 오기 전 미국 보스턴의 연구소에서 연구원으로 오래 근무했기 때문에 강의와는 거리가 멀었다. 우연히 보스턴 지역 프레이밍햄 주립대학교 평생교육원에서 화학을 강의할 기회가 생겨서 처음 강단에 서게 되었다. 김 교수는 강단에 서 보니 나이 많은 분들부터 젊은이들까지 공부하는데 일반적인 과학 지식을 전달하면 안 되겠다는 생각이 들었다. 그 당시에는 일반인도 우주의 기원에 대해 관심을 가지기 시작하던 터라 일반적인 강의를 하지 않고 화학을 우주와 생명에 관련지어 흥미로운 주제 중심으로 강의했다. 이런 과정에서 김희준 교수는 학생 스스로 흥미를 느끼고, 배움의 중요성을 깨달으며, 재미를 알게 하는 것이 중요하다는 것을 실감하게 되었다. 김 교수는 한국에 와서도 16년 넘게 이렇게 강의를 하고 있다. 학생들은 대부분 배우고자 하는 마음을 가지고 있다. 따라서 지적 요구가 있는 이러한 학생들의 욕구를 만족하게 하는 데 도움을 줄 수 있도록 가르치는 것이 김 교수 강의의 초점이다.

# 철학적 질문에 대한 과학적 대답

'자연과학의 세계'는 자연의 이해 영역의 핵심교양 과목으로 우리는 어디에서 왔는가, 우리는 누구인가, 우리는 어디로 가는가라는 철학적 질문들에 대한 과학적 대답을 포괄적으로 다룬다. 자연과학의 세계는 우주의 기원과 진화, 그리고 생명의 출현과 진화에 관한 물리, 화학, 생물, 지구과학의 다양한 내용을 우주와 생명의 역사라는 관점에서 통합적으로 이해하고, 과학의 발전 과정을 살펴보면서 사고력과 창의력을 기르게 하는 데 목적이 있다. 특히 문학, 예술, 철학, 종교, 사회과학 등 다양한 분야와의 폭넓은 융합을 시도한다. 이런 특징은 다음의 강의 계획서에 잘 나타나 있다.

〈강의 계획서〉
1주: 우리는 어디에서 왔는가, 노자의 도법자연
2주: 빅뱅우주론, 우주의 크기, 리빗의 법칙
3주: 빅뱅우주론, 우주의 나이, 허블의 법칙
4주: 빅뱅우주론, 우주배경복사

대학 교육을 받는 대학생 및 사회가 갖는 대학 강의에 대한 기대는 고등교육기관에서의 전문적 지식 연마와 더불어 해당 분야에 대한 고차원적 사고 능력, 나아가 전문 지식을 확장하고 통찰하여 새로운 지식을 창출할 수 있는 능력까지 갖추는 것이다. 김희준 교수의 강의는 자연과학의 전문 지식을 습득하고, 철학이나 문학 등 다양한 분야와 연관 지어 자연과학의 지식을 확장하고 통찰하며, 학생 스스로 간학문적 지식을 창출해 낼 수 있도록 구성되어 있다. 기존의 강의가 해당 분야의 전문 지식을 다루는 데 한정되어 있다면, 김희준 교수의 강의는 간학문적 성격을 띰으로써 학생들의 시야를 더욱 넓게 확장하도록 훈련시켜 준다.

입시를 준비하기 위한 중등교육에서 벗어나 대학생이 된 이들이 대학교육에 갖는 기대는 중등교육의 강의와는 확연히 다르다. 중등교육에서 교수자와 학생은 지식을 전달하고 지식을 전달받는 관계를 벗어나지 못했다면, 대학 이상 고등교육에서 교수자와 학생은 강의를 통해 함께 가르치고 배우는 동반자적 성격을 갖게 된다. 자연과학이라는 분야를 예술, 철학 등 다양한 분야와 폭넓게 융합하고자 하는 시도는 교수에게서 시작되었을지라도, 어떻게 얼마나 융합하는가는 학생의 몫으로 책무성이 주어진다. 김희준 교수 강의의 콘텐츠는 다양한 분야의 지식을 융합하여 다루고, 교수와 학생이 함께 콘텐츠를 구성해 나간다는 점이 특징이다.

다음에 제시한 강의의 일부는 서로 다른 분야를 접목하여 강의 내용을 구성하는 김희준 교수 강의의 특징을 보여 준다.


봄철에는 한 주 한 주 산과 들의 푸른 기운이 완연히 달라진다. 삭막했던 겨울 풍경을 돌이켜보면 죽은 듯이 웅크리고 있던 나뭇가지와 풀뿌리에서 어떻게 이처럼 새 생명이 움터 나는지 신기하기만 하다.

『노자도덕경』에는 '인법지(人法地)'라는 말이 나오는데, 사람이 따르고 지켜야 하는 게 법이라고 보면 '인법지'를 '사람은 땅에 매여 있다.'고 풀이해도 좋을 것이다. 농경사회에서 땅은 절대적이었다. 땅이 소출해 주어야 온 식구가 또 온 나라가 먹고 살 수 있었으니까 말이다.

은하수라고 부르는 우리 은하에만 천억 개 이상의 태양과 같은 별이 있고, 우주에는 우리 은하와 비슷한 은하가 천억 개 정도 있다고 한다. 그러니까 우주에는 대략 천억 개 곱하기 천억 개 정도의 별이 있는 셈이다. 그렇다면 그중 일부의 별만이 행성을 가지고 있다 해도 우주 전체적으로는 엄청나게 많은 행성이 있을 것이다. 그중 단 하나라도 지구처럼 토지라고 부를 수 있는 땅을 가진 행성이 있을까?

노자는 '인법지'에 이어 '지법천(地法天)'이라고 말했는데, 사람은 땅을 따르고 땅은 하늘을 따른다는 말이다. 땅이 소출해 주어야 사람이 먹고 살 수 있다면, 하늘이 햇빛과 비를 내려 주어야 땅이 소출할 수 있는 것이다. 하늘은 선한 사람이나 악한 사람이나 골고루 햇빛과 비를 내려 주지만 모든 땅이 골고루 햇빛과 비를 누리는 것은 아닌 듯하다. 우리나라는 다행히도 온대 지방에 위치해서 농사에 적절하게 충분히 햇빛이 비치고 또 비가 내린다.

햇빛과 비에 대해 좀 다른 각도에서 생각해 보자. 우주에 관해 많은 것을 파악한 오늘날 일부 과학자들이 던지는 흥미로운 질문 중 하나는 "왜 우주는 무가 아니고 유인가, 다시 말해서 우주는 왜 존재하는가?"인데, 우주의 존재 이유를 논하는 것은 종교의 영역이지 과학의 영역은 아닌 듯싶다. 아무튼, 과학의 입장에서 우주를 있게 하는 요인을 한마디로 말하면 그것은 에너지다. 에너지란 어떤 일을 가능하게 하는 근원적인 것을 뜻한다. 그러니까 크게 보면 우주 존재를 가능하게 하는 근원이 에너지인 셈이고,

늘 웃음을 잃지 않는
김희준 교수의 모습

우주 전체의 에너지가 다양한 형태로 바뀌면서 세상을 만들어 내는 것이다.

그런데 우리가 주위에서 접하는 에너지는 질량을 가진 물질과 질량이 없는 빛으로 나눌 수 있다. 하늘이 땅에 내리는 비는 물론 물질이다. 이에 비해, 햇빛은 우리에게 가장 친숙하고 또한 중요한 빛이다. 햇빛과 비는 광합성을 통해 논과 밭의 벼와 채소 그리고 과일나무를 자라게 하고, 풍성한 소출을 약속한다. 그래서 사람은 땅을 통해 하늘에 매여 있는 것이다.

노자는 '인법지' '지법천' 그리고 '천법도(天法道)'라고 말했는데, 사람은 땅을 따르고, 땅은 하늘을 따르며, 하늘은 도를 따른다는 말이다. 하늘이 햇빛과 비를 내려 주어야 땅이 소출할 수 있고, 그래야 사람이 먹고 살 수 있을 텐데, 이 하늘이 하는 일에는 도가 있다는 것이다. 가뭄이나 홍수의 피해가 심할 때는 하늘을 원망하기도 하지만, 그래도 하늘이 도를 아주 벗어난다면 지구는 사람이 도저히 살 수 없는 곳이 될 것이다.

도라면 인간이나 사물이 따라가야 하는 길이라고 볼 수 있을 텐데, 우리에게 특별히 중요한 하늘의 도에는 지구의 궤도가 있다. 지구는 태양에서 약 1억 5천만 킬로미터 거리에서 태양을 중심으로 돌고 있다. 1초에 지구를 일곱 바퀴 반을 돈다는 빛의 속도로 약 8분 걸리는 거리다. 그런데 만일 지구가 태양에 더 가까워져서 금성 정도 거리로 다가간다면 지구는 햇빛을 너무 많이 받아서 표면이 너무 뜨거워지고 동식물은 모두 타 죽을 것이다. 또 모든 바닷물은 끓어 버리고 수증기로 남아 있어서 다시는 비가 오지 않을 것이다.

반대로 지구가 태양으로부터 더 멀어져서 화성 정도 거리로 간다면 지구는 햇빛을 너무 적게 받아서 표면 온도는 항상 영하가 되어 모든 물은 얼어 있게 되고, 비는 역시 오지 않을 것이다. 그리고 보면 지구가 태양으로부터 적당한 거리에서 주어진 궤도를 따라 운행하는 것은 하늘이 적절하게 햇빛과 비를 내리기 위한, 그래서 생명체가 살아가기 위한 선행 조건인 셈이다.

그런데 지구가 그러한 궤도를 따르는 것은 태양과 지구 사이에 뉴턴이 발견한 만유인력의 법칙이 작용하기 때문이고, 그런 관점에서 보면 '천법도'의 도는 만유인력의 법칙 또 더 나아가서는 자연의 법칙이라고도 볼 수 있겠다.

노자는 '인법지' '지법천' '천법도' 그리고 마지막으로 '도법자연(道法自然)'이라고 말했다. 있는 그대로의 자연이 도보다도 더 높은 최상의 경지라는 말이다.

한편 공자의 손자인 자사는 인간의 본성을 따라 사는 것이 도라고 말했다. '도법인간본성'이라는 말이다. 그런데 138억 년 우주 역사에서 그리고 약 40억 년 지구상 생명의 역사에서 현생 인류라고 볼 수 있는 인간이 출현한 것은 불과 20만 년 전이라고 한다. 그렇다면 도를 20만 년밖에 안 된 인간의 본성에 결부시키는 것은 아무래도 무리일 것 같다. 인간이 태어나기 전에, 태초부터 도가 있어서 우주가 진화하고 여기까지 오도록 원리를 제공해 주어야 할 테니까 말이다. 그뿐만 아니라 인간이 살아가는 모습을 살펴보아도 과연 부족한 인간의 본성을 따라 사는 것이 도라고 할 수 있을지 의문이다.

반면에 노자는 도가 최종이 아니고, 도는 자연을 따른다고 말했다. 우리가 보통 자연이라고 말할 때는 인간, 땅과 하늘을 포함해서 삼라만상의 모든 것을 뜻한다. 그런데 우리 주위의 자연은 계절이 바뀐다든지 생명체가 태어나서 자라고 죽는다든지 식으로 어떤 변화를 겪기는 하지만 전체적으로는 항상 스스로 존재해 왔고 앞으로도 영원히 그러할 것처럼 보인다. 그런 의미에서 '도법자연'이라고 한다면 자연의 법칙은 자연 자체에 들어 있다는 의미가 될 것이다. 지구가 태양 주위의 궤도를 따라 운행하는 데 관련된 뉴턴 법칙이 자연 자체에 들어있는 것과 마찬가지다.

그런데 만일 현대과학이 밝혀낸 대로 자연이 항상 존재해 온 것이 아니라 138억 년의 역사를 지닌 유한한 것이라면, 이러한 자연이 도의 근원이 되는 최종일 수는 없다. 그렇다면 유한한 자연을 초월하는 근본적 도가 있어야 하고, 노자가 '도법자연'이라고 말했을 때의 자연은 최종이고 스스로 존재하는 자일 것 같다.

도가 무엇인지는 과학이 답할 수 있는 문제가 아니니까 일단 덮어 두고, 도를 따라서 어떻게 삼라만상이 만들어졌는지를 생각해 보자. 노자는 '도생일(道生一)' '일생이(一生二)' '이생삼(二生三)' 그리고 '삼생만물(三生萬物)'이라고 말했다. 도를 우주를 존재하게 하는 근원적이고 우주적인 원리라고 한다면, 그 도로부터 단번에 만물이 생긴 것이 아니라 일이 먼저 생기고, 그로부터 이가 또 이로부터 삼이 생겨서 그 삼으로부터 만물이 만들어졌다는 말이다.

지금까지 살펴본 대로 일(一)은 에너지라고 보는 것이 타당하다. 에너지는 우주의 모든 것을 포함하는 유일하고 보존되는 양이기 때문이다. 이어서 에너지로부터 생긴 이(二)는 무엇이라고 보아야 할까? 이는 빛과 물질이다. 왜냐하면 빛과 물질은 에너지의 두 가지 다른 형태이기 때문이다. 물질이라고 하면 질량을 가진 에너지이고, 빛이라고 하면 질량이 없는 파동으로서 에너지다. 또 만물을 구성하는 삼(三)은 무엇이며, 어떻게 이(二)로부터 생겨났는지 알아본다. 삼이 되면 물질은 양성자, 중성자 그리고 전자로 설명할 수 있다. 이것은 바로 우주적 드라마의 개요를 파악하는 것이 된다.

　"인문사회적, 이학적 지식을 망라하는 교수님의 지식에 두 손 다 들었습니다."

　"교수님 강의의 매력은 광범위성에 있어요. 21세기형 인간은 십자형 인간이라고 생각하고 있기 때문입니다. 다양한 분야의 폭넓은 교양을 쌓고 자기 분야의 심도 있는 이해가 가능해요."

　다양한 분야가 융합된 강의는 한 학기를 지나게 되면 그 내용이 유기적으로 연결되어 스토리화하게 되고, 학기가 끝나면 핵심 내용이 학생들의 머릿속에 정리되고 오래 남게 되는 것이다. 이와 함께 김희준 교수의 강의 특징은 과학 내용의 이해를 돕기 위해 일상이나 인간사에서 예화를 발굴하고 활용한다. 또 학생의 참여를 유도하기 위해 퀴즈 중심으로 강의를 진행한다.

김희준 교수의 천재적 강의는 '자연과학의 세계' 강의를 듣는 학생들의 이해와 학습을 돕는다.

# 접근하기 쉬운 소재로 설명하는 과학이론

강의는 단순한 지식 전달이 아니라 깨우침을 위한 교수와 학생의 상호작용이 이루어지는 시간과 공간이어야 한다는 것이 김희준 교수의 생각이다. 특히 요즘은 지식이 인터넷에 넘쳐 난다. 그런 지식을 선별하고 소화해서 자신이 성장하고 변하도록 인도하는 강의가 바람직한 강의라 하겠다. 이런 점에서 김희준 교수는 예수는 교육자는 아니었는지 몰라도 제자들에게 깨우침을 강조하고 스스로 본을 보였다는 점에서 교수법에서 배울 점이 많다고 강조한다.

따라서 김희준 교수는 비유법을 활용해 쉽게 설명을 한다. 예를 들면, 화학에서는 결합 가운데 전자를 하나씩 내놓고서 공유하는 공유 결합이 있다. 하지만 이것을 전자를 가지고 설명하면 딱딱하다. 김희준 교수는 설명은 이렇다. "여학생들에게 결혼하셨어요? 안 하신 것 같은데……." 하고 말한다. 그러면 학생들은 결혼 이야기에 다 웃는다. "그럼 앞으로 이제 졸업하고 기업에 취직한 뒤에 결혼할 텐데. 그러려면 아파트가 필요하잖아요. 취직해서 이제 예금을 하기 시작했다고 칩시다. 근데 아파트값이 1억 원이에요. 그래서 4, 5년 열심히 일해서 1억 원을 벌었어요. 저축했어요. 근데

김희준 교수의 강의 특징은 일상적인 예화를 통해 과학 내용의 이해를 돕는다는 것이다.

그 사이에 아파트값이 2억 원이 됐어요. 그럼 어떡하면 좋겠어요? 1억 원을 가진 남자를 만나야지요. 남자는 여자를 만나고. 그래서 같이 1억 원씩을 내놓고 2억 원짜리 집을 사는데 단지 소유권이 공동이에요. 이걸 공유결합이라고 그러거든요? 그러면 이쪽에서도 자기들이 2억짜리 갖고 이쪽에서도 2억짜리 갖고. 그러니까 원자들 입장에서는 전자가 각각 하나씩 부족한 상황인데 상대에게서 뺏어가는 게 아니고 각각 전자를 내놔서 공유하는 식으로 해서 결합하는 어디나 적용되는 우주적인 원리입니다."

이처럼 결혼식으로 공유결합을 설명하면 누구나 이해를 한다. 그리고 다음에 더 중요한 것은 공유하고 나서 똑같이 50대 50으로 갖는 것이 아니고 더 많이 끌어가는 쪽이 있고 더 많이 주는 쪽 있다는 것이다. 이를 통해서 삼라만상이 재밌고 다채로워진다고 하면 학생들은 금방 이해를 하게 된다.

또 우주 나이 계산 방법을 토끼와 거북이의 경주에 비유해 학생들에게 설명한다. 예를 들어, 초속 5미터로 달리는 토끼와 초속 5센티미터로 기어가는 거북이가 100미터 경주를 한다고 하자. 초속 5미터인 토끼는 20초 만에 결승점을 통과하고, 초속 5센티미터인 거북이는 토끼가 결승점을 통과하고 있을 때 불과 1미터 지점을 통과하고 있을 것이다. 이때 100미터를 토끼의 초속으로 나누어도 20초가 나오고, 1미터를 거북이의 초속으로 나누어도 20초가 나온다. 토끼도 거북이도 같은 20초 동안 이동했기 때문이다. 만일 토끼와 거북이가 달리는 것을 출발점에서 지켜본다면 토끼는 거북이보다 100배 빠르므로 매 순간 토끼가 거북이보다 100배 먼 거리에 있는 것을 보게 될 것이다. 이것은 별과 은하가 처음 만들어진 초기 우주로부터 어떤 은하가 어떤 속도로 멀어져 가고 있는 경우와 같다고 할 수 있다. 따라서 현재 은하의 거리를 그 은하의 후퇴 속도로 나누면 현재 거리만큼 멀어지는 데 걸린 시간, 즉 우주의 나이를 구할 수 있을 것이다.

흑체 복사 스펙트럼에 대한 설명도 비유를 통해서 한다. 1948년에 우주배경복사를 예상한 가모프(Gamow)는 우주배경복사가 흑체 복사 스펙트럼을 나타낼 것으로 생각했다. 그렇다면 왜 우주배경복사는 흑체 복사 스펙트럼을 나타낼까? 빅뱅 우주에서는 주로 수소와 헬륨 그리고 아주 소량의 리튬이 만들어지는데, 이들은 아직 전자와 결합해서 중성 원자가 될 이전, 즉 원자핵 상태다. 우주 온도가 너무 높기 때문에 운동 에너지가 높은 전자가 핵과 결합하지 못하는 것이다. 이처럼 전자가 자유로울 때는 우주를 채우고 있던 빛이 전자와 밀접하게 상호작용을 하기 때문에 직진하지 못한다. 우리가 네온사인 뒤에 있는 포스터의 글자를 읽을 수 없는 것도 이 때문이다. 빛이 글자에 반사되어 우리 눈으로 들어와야 읽을 수 있는데, 빛이 네온 원자에 분리되어서 관을 채우고 있는 전자와 계속 충돌하면서 사방으로 튕기기 때문에 곧장 눈으로 들어오지 못하는 것이다.

"강의가 너무 재미있는 것 같아요. 어제 두 시간밖에 자지 않았지만,
전혀 졸지 않고 들을 수 있는 강의입니다."

학생들과 소통하는 김희준 교수의 강의 시간은 늘 즐겁고 유쾌하다.

"양자역학에서 배웠던 슈뢰딩거 방정식 등 수식을 이용하지 않고 이해
를 중심으로 하는 강의가 인상적이었다."

학생들이 자연과학을 어려워하는 이유는 용어가 낯설고 원리와 이론에
대한 거부감 때문이다. 김 교수는 자연과학의 원리와 이론을 설명하는 데
일상생활의 다양한 예를 발굴하고, 이를 적극적으로 활용함으로써 학생이
자연과학을 보다 친숙하게 생각하고 호기심을 갖도록 유도한다. 이러한 사
례를 통해 학생들은 자연과학이 자신과는 동떨어진 학문이 아니라 모든
사람들의 삶에 긴밀하게 연관된 학문이라는 의식을 갖게 된다. 김 교수가
강의에서 사용하는 다양한 사례들은 이 강의만의 훌륭한 콘텐츠가 된다.


## 소통의 힘 '1분 쪽지'

김희준 교수에게는 학생들과의 독특한 소통 방법
이 있다. 강의 중간 중간에 질문을 유도하기도 하지만, 시간 절약과 보다
자유로운 질문을 위해서 강의 종료 직전에 1분 쪽지에 'what worked'(오늘
인상 깊게 배운 점)와 'I wish'(앞으로 바라는 점)의 두 포인트를 간략하게 적어 내
게 한다. 전자는 그날 강의에서 잘된 점을 확인하기 위해서이고, 후자는 개
선할 점을 찾아내고 구체적 질문을 받아서 다음 시간에 전체 수강생과 공
유하기 위해서다. 이것은 김희준 교수가 미국에 있을 때 한 화학교육 잡지
를 보다 발견한 것이다. 그 논문의 제목이 「one minute paper(1분 쪽지)」로
돼 있었다. 그래서 이게 무슨 소리인가 하고 보니까 'what worked'와

'I wish'가 나와 있었다.

'what worked'는 강의 시간에 잘된 것이다. '뭐가 잘 이해가 안 갔는데, 이렇게 설명해 주니까 이해가 된다. 이렇게 좋았다.' 하는 점을 학생들이 적어 주면 가르치는 교수도 힘을 얻게 된다. 'I wish'에서는 '강의가 이랬으면 좋겠다.'라는 것을 적는 것이다. 김 교수에 따르면, 처음에는 '말을 빨리 해 달라.' '느리게 해 달라.' '목소리가 어떻다.' 등의 내용이 많이 나왔으나, 그다음에는 이해가 안 되는 부분, 다시 한 번 설명해 달라는 주문이 많다. 이런 요구가 많은 경우에는 다음 시간에 다시 한 번 설명하기도 한다. 김 교수는 '1분 쪽지'를 받지 않았다면 학생들이 어디까지 이해한 것인지 잘 몰랐을 것이라고 한다. 그래서 이를 통해서 모니터링도 하고 복습할 때는 장황하게 할 필요 없이 핵심만 딱 집어서 다시 한 번 이야기해 주면 그 뒤에 진도가 훨씬 더 쉬워지게 된다. 만약 이를 덮어 둔 채로 진도를 나가 버리면 못 따라오는 학생이 생기게 된다.

김 교수가 사용하는 'what worked'와 'I wish'는 단순히 학생들이 오늘 배운 강의를 복습하고 정리하는 차원이나 앞으로 강의에 대한 기대를 기술하는 것 이상의 의미가 있다. 강의에서 의도하지 않았지만, 학생들이 인상 깊게 배운 내용, 생각하지 못했던 측면, 앞으로 바라는 점들은 모두 김희준 교수의 강의를 수정·보완·구성할 수 있는 중요한 열쇠를 제공해 준다. 이러한 측면에서 김 교수의 강의는 교수와 학생이 함께 콘텐츠를 만들고 조정해 가는 강의라 할 수 있다. 학생들은 강의를 함께 구성해 나감으로써 강의에 대한 애착과 기대를 더욱 높일 수 있으며, 김 교수 역시 강의의 질을 안정적으로 제고할 수 있다.

김희준 교수의 교수법은 학생들 스스로 강의에 몰입하게 한다.

"교수님께서 항상 학생들의 이해를 돕기 위해 애쓰시는 모습은 정말 감동적이었습니다."

"과학에 전혀 관심 없던 저를 새로이 눈뜨게 해 주셔서 감사드립니다. 교수님의 교수법은 정말 탁월했습니다."

## 100페이지 저널을 통한 심화 학습

강의에서 다룬 내용은 학생이 스스로 찾아서 심화 학습을 하는 것이 바람직하다. 이 강의는 학생들이 사회에 나가서 접하게 될 과학적 문제에 대해 스스로 찾아 공부할 수 있는 바탕을 마련해 주는 데 목적이 있다. 그래서 김희준 교수는 학기 말에 100페이지 정도 분량의 저널을 제출하게 하고, 기말고사 결과에 추가해서 평가에 반영한다. 저널에는 한 학기에 배운 내용을 정리하면서 스스로 찾은 심화 내용과 자신의 질문 및 생각을 추가한다.

김희준 교수의 과제는 100페이지 내외 방대한 분량의 저널이다. 학생들은 한 학기에 걸쳐 자신만의 저널을 구성해 나간다. 한 학기 동안 배운 내용에 더하여 심화 내용과 질문, 자신의 생각을 추가로 정리하고 확장함으로써 학생은 더 이상 학습자가 아닌 교수자 혹은 연구자의 자연과학 탐구 활동을 직접 경험하게 된다. 김 교수의 과제는 학생들이 한 학기 동안 자연과학 강의에 주체적으로 참여하고 자율적이고 창의적으로 강의 내용을 정리 및 발전시키도록 독려한다. 학생들이 완성한 저널은 그 자체가 훌륭한 성과물이자 김 교수 강의에서 활용되는 중요한 콘텐츠가 된다.

10여 년 전에는 한 공대생이 로댕의 '대성전'이라는 조각 작품과 DNA 이중나선 구조의 유사성을 설명하는 리포트를 냈다. 창의적이고 탁월한 아이디어여서 김 교수는 지금도 강의에서 사용하고 있다.


# 로댕의 '대성전'

대성전을 단순히 기술했으면 별로 의미가 없는데, 이 학생은 자신의 해석을 붙였다. 로댕이 조각을 해 놓고 대성전이라고 이름을 붙인 데에는 어떤 의미가 있다는 것이다. 노트르담 성당이나 쾰른 성당에 가면 밖에 커다란 벽들이 있고 중앙에 거대한 기둥들이 있다. 이런 구조가 있는데, 구조가 중요한가 아니면 구조 사이에 공간이 중요한가 하는 질문이 있다. 어느 것이 더 중요할까? 기둥은 결국 공간을 만들기 위해서 있다고 봐야 한다. 특히 성당에서는 더 그렇다는 것이다. 성당은 왜 가는가? 구경하러 가는 게 아니고 가서 기도하고 참회하기 위해서 간다. 따라서 공간이 필요한데 그런 공간을 만들기 위해서 이런 구조가 있다는 것이다. 그래서 로댕이 이 조각을 만들고 이렇게 이름을 붙였다. 그런데 대성전을 보면 손이 딱 맞물리지가 않는다. 새 한 마리 들어갈 정도의 공간을 두고 있다. 또 하나 중요한 점은 대성전의 손 모양은 한 사람이 양손을 써서 나타낼 수 있는 것이 아니다. 여기에 대해서는 로댕이 왜 그렇게 했는지는 설명이 없다.

그런데 이 공대생은 DNA 구조를 배우고 나서 보니까 대성전과 유사성이 있다는 것이다. DNA 구조는 똑같지 않지만, 상보적 관계, 즉 둘이 서로 보완하는 관계에 있다. A라는 염기가 있으면 상대편에 T가 있고, T가 있으면 A가 있어 서로 보충해 준다. 그런데 그렇게 되려면 똑같은 것이 두 개면 안 된다. 한 사람의 손으로 안 되고, 다른 사람이 손을 대야 하는 것이다. 이것이 생명의 비밀인데, 대성전을 보고 이를 유추해 냈다는 것은 대단한 일이다.

그리고 DNA에서는 공간이 중요하다고 했는데, DNA에서 공간은 바로 두 개의 나선이 있는 곳이다. 나선이 꼬여 가면서 이렇게 구조를 만든다. 그러면 나선 자체가 중요한 게 아니라 그 사이에 AT 등 유전 정보가 들어간다. 즉, 사다리를 놓고 꼰 것과 같은 모양으로 발판이 연결되어 쌓이게 된다. 거기에 어떤 순서에 따라서 정보가 남게 되는데, 이것이 40억 년에 걸친 생명의 비밀이다.

결론적으로, 김 교수의 '자연과학의 세계'는 서울대학교 내에서뿐만 아니라 이미 다양한 미디어를 통하여 일반 대중에게 과학을 쉽고 재밌게 전달하는 강의로 유명하다. 김 교수의 좋은 강의의 특성은 다음과 같이 정리할 수 있다. 첫째, 해당 지식의 효과적 강의 내용 전달에서 강의자의 뛰어난 역량을 확인할 수 있다. 강의에서 자연과학이라는 주제를 종전의 방식

대로 물리, 천문, 화학, 생물, 지구과학 식으로 나누지 않고 우주의 역사 전반 순서에 따라 스토리텔링 식으로 제시한다. 자연과학적 지식을 쉽고 흥미롭게 전달함으로써 비전공자의 이해도 및 강의의 접근성을 높였다. 이는 학생들의 강의 평가 내용에서 확인할 수 있다. 보통의 강의가 전문 서적의 목차를 따르는 것이 일반적이라면, 김 교수는 자연과학적 지식을 전달하기 위한 콘텐츠를 연계성 있게 스스로 구성한다는 점이 특징이다.

> "강의를 통해 알지 못했던 사실을 많이 접하게 됨으로써, 단순히 다양한 지식을 접하고 암기하는 것이 아니라 과학에 대해 관심을 갖게 해준 강의라는 생각이 들었습니다. ……인문학도로서 과학에 큰 관심과 흥미가 없었던 저였기 때문에 매시간 배우는 새로운 내용에 대해 흥미를 갖고 강의에 참여하게 되었습니다."

특히 과학적 배경이 부족한 인문학부, 사회학부, 예체능계 학생들의 눈높이에 맞추어 문화, 예술, 철학, 종교 등 다양한 소재를 동원하여 이해력을 높이려는 모습이 보였다. 강의에서 학습 내용을 보다 효율적으로 전달 · 이해시키기 위해 많은 방법이 동원되는데, 김 교수는 다양한 학습 자료(시각 자료, 다큐멘터리 등의 영상 자료)를 제공함으로써 학생들의 흥미를 유발하는 모습이 확인되었다. 또한 강의 자료의 적절한 활용 시점은 학생들의 지적 자극을 통한 학습 동기 유발과 큰 영향이 있는 것으로 보인다. 김 교수 강의의 콘텐츠는 다양한 시각 자료와 영상 자료를 아우른다.

"이 강의에서 한 가지 더 특기하고 싶은 점은 영상 자료를 풍부하게
이용한다는 것입니다. ……관련된 다큐멘터리나 영상 자료들을 강의
중간마다 활용하시기 때문에 더욱 흥미로웠습니다."

둘째, 김 교수의 광범위한 지식 능력을 배경으로 한 다면적 학습의 모습
이다. 강의 내용을 문화, 예술, 철학, 종교 등 다양한 분야와 연계하여 설명
함으로써 학생들로 하여금 해당 과목의 지식을 쌓는 데 그치지 않고 융합
적·창의적 사고를 할 수 있게 독려하는 것으로 나타났다. 이러한 강의 방
식은 학생들의 새로운 시각을 증진하는 훌륭한 모델이라고 할 수 있다. 김
교수의 강의는 그의 박학다식한 지식이 기반이 되어 학생들에게도 간학문
적 사고를 촉진하는 역할을 한다. 학생들은 교수를 롤모델로 하여 유기적
사고를 할 수 있도록 격려받는다. 김 교수의 사고방식을 연습하는 것이다.

"한 학기 동안 그 넓은 세계부터 아주 작은 세계까지 통틀어서 배울
수 있었다는 게 정말 신기하고 감사해요."

"문제가 상당히 다양하고 중요한 내용이 많은데요, 해설을 따로 올려
주시면 안 될까요? 강의로 한 번만 듣고 지나치기에는 너무 아까운 것
같아요."

셋째, 김 교수의 강의에서 특히 눈길을 끄는 것은 '1분 쪽지'를 활용한 강
의 운영 방식이다. 이를 통해 질의 응답, 강의 내용의 정리, 어려운 내용에
대한 자세한 설명 등 지속적 피드백을 제공하였다. 이는 학생들의 학습력

강의하는 김희준 교수와 강의실을
가득 메운 학생과 학부모의 모습

증진의 핵심적인 요소로서, 강의 내용의 이해도를 높일 뿐만 아니라, 학생
들과의 활발한 소통 시도 측면에도 긍정적인 기여를 하고 있다고 보인다.

> "매시간 1분 쪽지라는 것을 통해 강의 시간에 이해가 되지 않는 점이
> 나 평소 궁금했던 점을 묻고 다음 시간에 이에 대해 답을 해 주시며
> 정리해 주시는 것이 또 하나의 재미이자 큰 도움이 되었습니다."

# 김희준 교수의
# '자연과학의 세계' 지상 강의

김희준 교수는 시험 문제 역시 인문학과 자연과학의 영역을 융합해 출제한다. 즉, 시를 통하여 우리 주위의 물질세계를 친근하게 접하도록 하고, 우리 주위의 사물을 통해 과학적 원리들을 되돌아보도록 하려는 의도에서다.

## 〈문제〉

1. 인간은 만물의 영장이라고 한다. 체중이 60kg인 사람의 몸은 몇 몰의 원자로 이루어졌는지 계산을 통해 답하시오. 분자량이 18g인 물의 경우 18g의 물은 물 분자 1몰에 해당한다.

2. 언어 능력은 만물의 영장인 인간의 중요한 특성의 하나다. 다음 Robert Frost의 시 〈Stopping by Woods on a Snowy Evening〉에서 rhyme이 되도록 괄호를 채우고 물음에 답하시오.

Whose woods these are I think I (          )

His house is the village (          )

He will not see me stopping (          )

To watch his woods fill up with (          ).


My little horse must think it (          )

To stop without a farmhouse (          )

Between the woods and frozen (          )

The darkest evening of the (          ).


He gives his harness bells a (          )

To ask if there is some (          )

The only other sound's the (          )

Of easy wind and downy (          ).


The woods are lovely, dark and (          )

But I have promises to (          )

And miles to go before I (          )

And miles to go before I (          ).


① 이 시에 나오는 사물 중에서 원자로 이루어진 물질들을 적으시오.

② ①에서 적은 물질들을 DNA를 포함하는 것과 그렇지 않은 것으
   로 구분하시오.

③ ①에서 적은 것들 중에서 가장 간단한 물질을 적고, 그 물질이 만들어지고 지구상에 자리 잡게 된 과정을 요약하시오.

④ 무생물로부터 생물이 태어나는 과정에 관련된 화학적 진화에 관한 밀러 논문의 핵심 내용을 설명하시오.

〈답〉

1. 물 분자 하나에는 원자 세 개. 18g의 물. 1몰에는 3몰의 원자. 평균적으로 6g에 원자 1몰. 60kg에는 만 몰. 만물의 영장, 만몰의 원자

2. know        though        here        snow
   queer        near        lake        year
   shake        mistake        sweep        flake
   deep        keep        sleep        sleep

① woods        l        house        village        he        snow
   horse        farmhouse        lake
   bells        flake

② DNA 포함: woods        l        he        horse

③ snow(물)

– 빅뱅 우주에서 업 쿼크, 다운 쿼크, 전자가 만들어짐

– 업 쿼크, 다운 쿼크로부터 수소의 원자핵인 양성자, 중성자가 만들어짐

– 별의 내부에서 양성자가 융합하여 산소 원자핵이 만들어짐

– 우주 공간에서 수소와 산소가 결합하여 만들어진 물 분자가 태양계가 형성될 때 지구에 자리 잡음

④ 초기 지구에 풍부하였으리라 생각되는 수소, 메탄, 암모니아 그리고 물을 섞고 전기 방전을 통해 라디칼을 만들고 이들이 재결합해서 아미노산이 만들어지는 것을 테스트. 종이 크로마토그래피를 사용해서 상당한 양의 아미노산이 만들어진 것을 확인

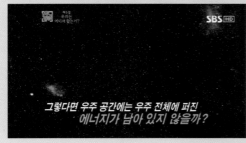

인문학과 과학을 아우르는
김희준 교수의 강의 에너지는
우주 전체에 남아 있지 않을까?

# 03

# 여성학의 마이클 샌델 강의

정지영 이화여자대학교 교수
'여성학'

서강대학교 사학과 박사
한국여성학회 총무위원장 및 연구위원장 역임
문화사학회, 한국사회사학회, 한국가족학회 편집위원 역임
이화여자대학교 여성학과 부교수

'여성학'은 이화여자대학교 학생들 사이에서는 졸업 전에 꼭 들어야 하는 교양과목 가운데 하나로 여겨지는 강의다. 이 강의에서는 소수자로서의 '여성'의 경험을 중심에 두고 성별에 대한 고정관념을 비판적으로 다루며, 인간과 사회의 여러 문제를 탐구한다. 현재 여성학은 핵심교양과목 중 '인간과 사회' 영역으로 구분되어 있어서 여성학은 전교의 모든 학과에 소속된 전 학년 학생들이 선택하여 수강할 수 있다. 인문사회 분야뿐 아니라 자연대, 법대, 예체능 계열 학생 등 다양한 전공의 학생들이 수강하기 때문에 수강신청이 빨리 마감되는 인기 강의다. 여성학 강의는 여성학 관련 개념 및 이론에 대한 지식을 전달하는 것은 물론, 학생들이 경험하고 느끼는 일들에 대해 '새로운 관점에서 분석하며 생각하는 능력'을 키우는 데 중점을 두고 진행된다. 정지영 교수는 2005년부터 여성학 강의를 진행하고 있는데, 매 학기 100명 이상이 수강하는(2013년 1학기 현재 170여 명) 대형 강의임에도 불구하고 강의 시간뿐만 아니라 온라인 e-클래스를 통해서 활발한 토론과 상호작용을 하고 있다. 정 교수는 이화여자대학교 우수 e-클래스 상을 3차례(2007년 2학기, 2010년 1학기, 2011년 2학기) 받았다.

"대학 강의다운 강의였습니다. 사실 여성학에 대해 아무 생각 없이 들었기 때문에 조금 힘든 감이 없지않아 있었는데, 강의가 끝난 지금은 여성에 대한 사회의 인식, 편견 등을 다시 한 번 생각해 보게 되었습니다. 강의력이 매우 뛰어나시고 학생들과의 의견 교환 같은 상호작용이 정말 어느 강의보다도 최고였습니다. 감사합니다."

"여성학 2도 나왔으면 좋겠어요."

"여성학. 최고의 강의지만, 너무너무 어렵다. 매 강의를 재밌게 들었지만, 너무너무 어렵다. 끊임없이 문제를 제기하고 그것이 어떻게 작용하여 왔는가, 어떻게 여성을 억압해 왔는가에 대해 알고 또 거기에 대해 문제를 제기하고 또 생각해 보고……."

# 생각하는 방법을 배운다: 뇌가 괴로운 강의

"아, 고통스럽습니다. 이럴 줄은 몰랐는데 강의 시간마다 뇌가 욱신욱신해요."

"이화여자대학교에 와서 가장 좋았던 강의를 뽑으라면 앞으로 저는 여성학을 이야기할 것 같습니다. 강의를 수강하고 관점이라는 것이 변한다는 것을 직접 체득할 수 있었던 시간이었습니다. 교수님 감사드려요."

"강의를 통해 세상을 보는 눈이 달라진 것 같습니다. 기존에는 당연하게 생각해 왔던 것들을 다시 문제를 제기하여 집중적으로 생각하게 되었습니다. 한 학기 동안 너무 즐거웠고 앞으로도 여성학을 잊지 않고 마음속에 간직하겠습니다. 감사합니다."

"여성학 강의를 듣기 전까지 '무엇이 달라질 수 있을까?'라는 소모적인 고민을 했던 것이 사실이다. 강의를 듣는다고 생각이 달라질까, 생각이 달라진다고 다른 사람이 될까, 내가 달라진다고 세상이 달라질까 등등 그러한 고민은 내가 속한 이곳에서 벗어나고 싶지 않다는 타성에서 비롯한 것이기도 했다. 물론 용기를 내더라도, 그것이 정말로 무언가를 바꾸고 이루어 내는 결과를 보장한다고는 생각지 않는다. 다만 강의가 학생에게 줄 수 있는 최대의 것은 앞으로의 사유에 영향을 미치는 문 하나를 열어 주는 것이 아닐까. 그런 점에서 여성학 강의는 나에게, 계기에 가까웠다."

정지영 교수가 강의에서 가장 중요하게 생각하는 것은 학생들이 자신이 사는 세상에 관해 관심을 두고, 스스로 생각하는 방법을 익히도록 만드는 것이다. 여성학 강의를 들은 학생들은 세상을 다른 눈으로 보게 된다고 말한다. 당연하게 여기던 것들이 '문제'로 보이고 또 '분석거리'가 되는 것이다.

강의를 들으면서 학생들이 제일 많이 하는 이야기가 당장 학교 오는 길에 있는 광고, 이대 지하철역에 있는 광고, 버스에 붙어 있는 광고 때문에 너무 피곤하다고 한다. 예를 들면, '여자의 외모는 경쟁력' '남자를 만족하게 하려면 어떻게 하세요.'와 같은 성차별적인 광고가 많이 있는데, 그게 일상이다 보니 학생들은 문제라고 생각하지 않았다가 강의를 듣고 나면 문제점을 깨닫게 되는 것이다. '여자 몸에 대해서 저렇게 이야기하는 것은 나의 몸에 대한 공격인데, 그동안 내가 왜 아무렇지도 않게 생각했지?' 하는 생각을 하게 된다. 그래서 어떤 학생은 통학 버스에 성차별적 광고가 붙

정지영 교수의 '여성학' 강의는 학생들에게 인기가 많다.

어 있는 것을 보고, 그것이 불편해져서 다음부터 다른 버스를 탄다고 한다. 학생들은 여성학 강의를 듣기 전에는 아무렇지도 않았다는 게 더 이상하다고 말한다. 지금은 너무 불편해서 그 이상한 광고를 떼야지 자신이 그곳을 지나갈 수 있을 것 같다는 생각이 든다고 한다.

강의가 생활에 영향을 미친 또 다른 사례는 성별 고정관념을 불편하게 여기게 된 경우다. 한 학생은 자신에게 남동생이 있는데, 집에서 어머니가 "동생은 남자니까 이런 거야." "너는 여자니까 이거 해."라는 말씀을 계속 하셨다고 했다. 그동안 그 말이 아무렇지도 않았는데, 여성학 강의를 듣고 난 뒤부터 너무 거슬렸다고 한다. 그래서 어머니에게 "엄마, 남자라서 또는 여자라서 그런 것이 아니라 동생과 저, 개인의 특성으로 봐야 해요. 그리고 남자와 여자의 특징 자체가 사회적으로 구성된 것인데, 원래 그런 것처럼 생각하고 저희에게 강요하지 말아 주세요."라고 했다는 것이다. 강의에서 배운 개념이 일상의 사소한 대화들 속에 녹아들게 된 것이다.

이런 이야기를 나누는 강의 시간에는 웃음이 터지곤 하지만, 학생들은 "여성학 강의를 들은 뒤에 불편해졌다."는 이야기를 많이 한다. 그 이전에는 아무렇지도 않았던 것들이 '문제'로 보이면서, 다른 사람과 부딪히거나 스스로 괴로운 일이 많이 생기기 때문이다. 하지만 그러한 불평은 '여성학 강의는 영화 〈매트릭스〉의 빨간 약' 같다는 결론으로 귀결된다. 가상현실을 현실로 믿고 살다가 '빨간 약'을 먹은 뒤, 그 실상을 보게 되는 것이다. 그리고 당장은 불편하지만, 다른 관점으로 세상을 볼 수 있게 된 것은 결국에는 '자유로워지는 길'이라고 이야기하곤 한다. 새로운 시각을 갖게 되는 것은 여성학 강의를 듣는 학생들에게 신선한 충격이다. 단순하게 기존에 알던 내용에 더 많은 것을 알게 되는 것과는 다른 차원의 강의인 것이다.

이러한 일은 '여성학' 과목의 특성에서 비롯되는 것이기도 하다. 여성이라는 입장에서 살아간다는 것에 대해 새로운 고민거리를 던지는 것이 바로 여성학이기 때문이다. 정 교수의 강의 방식은 이러한 여성학 과목의 특성을 효과적으로 살리는 방향으로 진행된다. 학생들이 자신의 '인식' 자체에 대해 질문을 던지게 하려고, 일방적인 강의가 아닌, 학생들 자신이 말하고 해석하게 하기 위해 노력하는 것이다. 어차피 교양과목 하나를 듣는다고 해서 여성학의 지식을 다 배울 수는 없기 때문에, 정 교수는 이 강의를 계기로 학생들이 여성학에 대해 더 알고 싶어지게 만드는 것을 목표로 삼고 있다.

이러한 의도 속에서 강의는 대체로 다음과 같은 형식으로 진행된다. 첫째, 그날 강의에서 다룰 이론과 관련한 '일상'의 문제에 대해 질문하여 학생들로 하여금 말하게 한다. 둘째, 학생들 스스로 그러한 경험들에 대해 다양하게 해석하게 한다. 셋째, 학생들의 발언 내용 속에 들어 있는 핵심 단어를 추출해 낸다. 넷째, 이와 관련한 여성학의 개념과 이론을 설명한다. 다섯째, 학생들이 경험한 일들을 여성학의 이론으로 설명할 때 어떤 논의가 가능한지 토론하게 한다. 이때 학생들은 '이론'을 외우는 것이 아니라 자신의 언어로 말하게 되며, 자연스럽게 '이해'하게 된다. 여성학 강의에서는 학생들로 하여금 학자의 이론을 자기 자신의 일상의 문제와 맞닿아 있는 현실로 가져오며, 학생들이 스스로 사고하고 해석할 수 있도록 유도하는 것이다.

이를 통해서 여성과 남성에 대한 고정관념 등 성차별과 관련한 문제들이 사회문화적 구성물이라는 것을 깨닫게 된다. 자연적이고 당연하다고 여겨지는 것들을 구체적인 시공간의 맥락 속에 배치하는 것이다. 이러한 내용을 강조함으로써 학생들은 이 사회의 여러 현상을 분석적으로 사고하는 힘을 갖게 된다. 이러한 과정을 통해 학생들은 '원래 그렇다.'라고 무비판적으로 생각하던 것에서 "왜 그럴까?" 그리고 "어떻게 그렇게 된 것일까?"라는 질문을 던지는 비판적·분석적 해석의 주체가 되는 것이다.

## 질문에 질문이 꼬리를 무는 강의

"이 사회를 새로운 시각으로 바라볼 수 있게 만들어 준 강의였습니다. 교수님의 토론 유도 방식의 강의 형식도 좋고, 학생들이 적극적으로 참여하는 모습도 보기 좋았습니다."

"자유롭고 개방적인 강의 분위기, 교수님이 학생들과 동등한 위치에서 깊이 있는 사고를 하도록 유도해 주시고 정말 살아 있는 강의를 하신다. 교수님이 상호 간 소통을 중요시하셔서 대형 강의 임에도 불구하고 굉장히 존중받으면서 강의를 듣고 있다는 느낌이 든다. 이화에서 가장 재미있고 유익하고 보람되고 훌륭한 강의다."

정지영 교수의 강의 특징 중 하나는 질문을 통한 강의 운영이다. 정 교수는 소형 강의를 한 적이 거의 없다. 앞에서 언급했듯이, 처음부터 100명이 넘는 강의를 시작해 지금까지 하고 있는데, 그녀의 관심사는 학생들이 어떻게 강의에 집중하게 할까 하는 것이다. 즉, '딴생각하지 않게 만드는 것'이다. 그렇게 하려면 학생들에게 이 문제를 자신의 문제로 받아들여 스스로 고민하게 유도해야 한다. 정 교수는 만일 강의 중에 조는 학생이 있으면, '오늘 내 강의가 재미없었나 보다.'라고 생각한다. 그렇다고 해서 강의 중에 늘 재미있는 이야기만 할 수도 없다. 학생들의 관심을 유도하기 위한 가장 쉬운 방법은 학생들로 하여금 말하게 하는 것이다. 이를 위해 정 교수는 학생들이 쉽게 대답할 수 있는 질문, 일상 속의 경험을 말할 수 있는 질문들로 강의를 시작한다. 학생들이 재미있는 일화 등을 이야기하면 그것으로부터 자연스럽게 설명을 풀어 간다. 문제에 따라서는 한 학생의 이야기를 다른 학생이 반박한다. 그러면 정 교수는 그 반박에 불을 지피는 역할을 한다. 무심히 넘길 수 있는 문제들에 대해서도 다른 각도에서 꼬투리를 잡아서 다시 질문을 던지곤 한다. "이런 주장에 대해서 다르게 생각하는 사람 없나요?" 또는 "지난 시간에 설명한 것에 대해서 다른 주장이 나왔습니다. 이에 대해서 의견을 낼 사람 없어요?"와 같이 말하며 토론을 부추긴다. 학생들이 의견을 주고받을 때 정 교수는 이를 바탕으로 자신이 강의하고자 준비한 이론들을 그 사이에 넣는다. 그래서 정 교수의 강의는 강의 안에 학생들에 대한 질문과 토론이 함께 들어간다.

정 교수는 학생들의 일상적 경험들이 매우 중요한 '분석 대상'이 된다는 것을 인식하도록 이론적 차원의 논의와 사소한 경험들을 연계하여 설명하면서 강의를 진행해 나간다. 예를 들면, 다이어트와 생체권력의 문제를 다룰 때, "다이어트가 여성학적으로 왜 문제가 되는가?"라고 질문한다면, 아무도 대답할 사람이 없을 것이다. 정 교수는 단순한 질문부터 시작한다. 예를 들면, "다이어트를 하고 있거나 주위에서 하는 것을 본 사람 손들어 보세요."라고 한다. 그러면 대부분 학생들이 어쩔 수 없이 손을 들게 된다. 그렇게 손을 드는 행위로 학생들의 강의 참여를 시작하게 하는 것이 정 교수

여성학 강의는 매순간 학생들이
질문하고 스스로 생각하게 한다.

의 의도다. 그다음부터는 "다이어트를 왜 해요?" 하고 묻는데, 그럴 때도
역시 학생들의 대답을 듣기는 어렵다.

이런 상황에서 정 교수는 "그냥 누가 한마디만 해 볼 사람?" 하고 물으
면서, 누군가 말할 때까지 기다린다. 학생들은 처음에는 머뭇거리지만, 잠
시 후에 누군가 "옷이 안 맞아서요."라는 식의 간단한 대답을 하게 된다.
이럴 때 정 교수는 과장되게 반응한다. "재미있는 의견입니다. 우리가 다이
어트를 왜 하는지 몰랐는데, 옷이 안 맞아서 하는 것이군요!"라고 하면, 학
생들 사이에서 웃음이 터진다. 그런 분위기에서 학생들은 긴장을 풀게 되
고, 다른 학생들이 말하는 걸 들으면서 자신도 말하고 싶어 하게 되고, 여
러 가지 의견들이 제기되곤 한다. "자기만족 때문에 한다." "알고 보면 사
회가 나한테 시켰다." "우리 엄마가 시켰다."라는 등 저마다의 의견들이 나
온다. 이러한 이야기를 바탕으로 정 교수는 "다이어트를 자기만족 때문에
한다고 하는데, 자기만족은 뭘까?" "자기만족이라는 설명은 왜 답이 되지
않는가?" "자기만족은 어떻게 구성된 것인가?" "사회에서 어떤 기준을 만
들었기에 우리가 그것을 만족이라고 생각하는가?" 등 좀 더 깊은 분석으로
나아가는 질문을 던진다. 그리고 교재 속에 나오는 사례들을 제시하며 학

생들에게 다시 질문한다. "여러분이 사건을 맡기기 위해서 변호사 사무실을 갔는데, 굉장히 뚱뚱한 여자 변호사가 앉아 있을 때 그 여성에게 일을 맡기고 싶을 것 같은가?"와 같은 방식이다. 학생들은 "아, 좀 그렇잖아요. 변호사라면 능력 있고 자기관리 잘하는 여자에 대한 이미지가 있는데, 뚱뚱하면 어쩐지 좀 그렇지 않을 것 같아요." 하며 답을 하게 된다. 정 교수는 그다음 질문들을 이어 가고, 학생들은 이 사회에서 여성이 다이어트를 하는 것은 단순한 자기만족이 아니라 '정당한 시민권'을 얻고, 정상적인 여성으로 인정받으며, 생존하기 위한 노력의 일환이라는 점에 대해 스스로 분석하게 된다.

그리고 '몸'의 통제와 정상성의 구성 방식, 푸코의 판옵티콘 논의, 생체권력, 자기 감시와 훈육 등의 이론적인 논의를 이끌어 낸다. 즉, 어떻게 근대사회에서 몸의 정상성이 구성되고, 그것을 통해 개인의 삶이 재조직화하는가에 대한 논의를 다루는 것이다. 생각하기에 따라서는 어려운 이론일 수도 있는데, 다이어트를 하는 학생들의 일상생활과 그 이면의 구조를 논의함으로써 삶과 멀리 떨어진 이론이 아니라, 구체적인 삶 속에 작동하고 있는 '문제'로 접근하는 것이다. 만일 이 문제를 설명하면서, '판옵티콘과 자기 감시'의 이론을 먼저 다루면, 학생들은 어렵고 지루하게 느낄 수 있다. 하지만 "자발적으로 한다."고 학생들 스스로 말하게 만든 다음, 그렇게 생각하게 만든 메커니즘을 설명하면 학생들은 자신의 생활 자체를 이론화하게 되는 방법을 배우게 된다.

이렇게 이론을 설명한 다음, 다시 이러한 자기 감시의 체계에 대한 사례를 들어보도록 질문한다. 그러면 학생들의 말이 이어진다. 지방에서 서울로 유학을 한 학생의 경우는 혼자서 자취를 하는데 어머니께서 감시카메라를 방에 설치하겠다고 했다. 그러면서 어머니는 "엄마가 카메라를 계속 보고 있겠니? 나도 바쁜데 혹시 위험한 일이 있을까 봐 그런 거야."라고 했다는 것이다. 하지만 학생 입장에서는 미칠 일이었다. 그래서 정말 엄마 그것만은 안 된다고 이야기를 했다. 이를 들은 학생들은 그 어머니가 너무하다는 반응을 보이게 된다. 그런데 정 교수는 토론을 거기서 끝내지 않는다. "그러면 만약에 엄마가 CCTV 설치해 놓고, 엄마가 보기에 큰 문제 없이 한 달을 생활하면 명품 가방을 사준다고 했을 때 그다음은 어떨 것 같나요?" 하고 다음 질문을 한다. 학생들이 제공한 사례를 통해서, 정상의 범주 안에 들어갔을 때 보상 시스템이 있다는 문제를 다시 고민하게 하는 것이다. 그러면 학생들은 이제는 웃고 넘길 문제가 아니라는 것을 떠올리게 되고, 그 학생 또한 "만일 그렇다면, 생각해 봐야겠어요."라고 말한다. 만일, 이 내용을 정 교수가 일방적으로 설명하는 방식으로 전달한다면, 학생들은 지루해할 수 있다. 하지만 학생들이 생각할 수 있도록 질문을 하고, 그에 대한 학생들의 발언들을 매개로 이론적 논의를 해 나갈 때, 딱딱한 이론이 학생들의 문제에 녹아들게 되는 것이다. 이렇게 되면 이론들은 이제는 멀리 있는 학자의 공허한 논의가 아니라 '지금 내가 하고 있는 이 생각들과 행동들'을 설명하기 위한 흥미로운 도구로 변하게 된다. 이렇게 여성학 강

학생들과 소통하며 이론을 발전시키는 정 교수의 모습

의 시간 동안 학생들은 서로의 다양한 발언들과 그에 대한 정 교수의 반응 사이를 오가며 '뇌가 괴로워지는' 과정을 통해 자신의 생활 속의 경험과 사회 문제를 새로운 각도에서 바라보는 연습을 하게 된다.

당연하다. 원래 그렇다. 우리가 사실은 이런 이야기들 굉장히 일상적으로 말하거든요. 그렇게 됐을 때 학생들은 "나는 그동안 그걸 영원한 진리라고 믿었었지?" 이런 질문을 스스로 하게 되면서 무언가 깨지는 느낌, 그런 걸 받게 되는 거 같아요. 이런 걸 아는 게 고통일 수도 있는데, 그것들을 앎으로써 새로운 가능성이 열리기 때문에 저는 궁극적으로 그것이 행복하게 되는 길이라고 생각합니다.
　　　　　－ '삶의 지혜를 배운다' 정지영 교수의 인터뷰 내용 중에서

## '라이브 콘서트' 같은 생동감: 판서와 토론으로 이루어진 강의

"제가 마이클 샌델 강의를 청강한 적이 있는데요. 우리 강의가 뭔가 여러 측면에서 그분 강의와 비슷하다는 느낌을 받았어요. 콩나물처럼 질문하는 예쁜 손들도 그렇고, 마이크를 들고 여기저기 번쩍번쩍 움직이시는 교수님의 모습도 그렇고. 정말 멋있고 좋아요. 또 마이클 샌델 강의에서 발표하려고 손을 들면 혈액순환이 확 되면서 살아있다는 느낌이 들었거든요. 저희 강의도 딱 그래요. 속에 있는 이야기를 나누고 나면 기분이 좋아져요. 다른 학교 친구들한테 여기가 이대인지 하버드 대

인지 모르겠다고 자랑을 하면 친구들에게 부럽다면서 혼이 나지만요."

"여성학 강의의 내용에 대해 언급할 때, '배운 것'이라는 표현을 사용하지 않은 것은 바로 강의의 진행 방식 때문이다. 여성학 강의는 일방적인 강의로 이루어지지 않았다. 개념에 대한 개괄적 설명, 역사적 사실과 배경만을 교수님께서 강의하시고 대부분 시간은 토론으로 진행되었다. 어떠한 주제를 잡고 이야기를 시작하는 날도 있었고, 강의에 대한 질문에서 뻗어 나간 토론으로 이어지는 날도 있었다. 지금도 여성학 강의를 돌이키면, 생각나는 장면은 너도 나도 손을 들고 의견을 한 마디씩 보태던 장면이다. 마이크를 사용해야 할 정도로 커다란 강의실, 말하는 학우의 얼굴이 보이지 않을 정도로 넓은 강의실이었지만, 신기하게도 서로의 목소리에 집중하였다. 웃음을 터뜨리기도 하고, 강의 시간이 다 되어 끝맺지 못한 이야기를 아쉬워하며 다음 시간을 약속하기도 하던 기억이 있다."

정지영 교수가 강의를 처음 시작하게 된 계기는 서강대학교에 '현대사회와 여성'이라는 강의가 있었는데, 그 강의를 하는 담당 교수가 토론만 진행하는 조교를 구했다. 정 교수는 평소 토론을 좋아했기 때문에 자원하게 됐다. 120명이 듣는 대형 강의였는데 논제에 대해 학생들을 찬반으로 나누고 토론하게 하는 것을 진행하게 된 것이다. 토론의 이슈를 던지고 학생들이 쟁점을 이야기하면, 그 주장을 정리해 주고, 반대 견해의 토론이 진행되도록 도와주는 역할을 맡았다. 당시에 그 토론 강의는 정규 강의 시간 외에 주말에 별도로 진행되었는데, 학생들의 반응이 나쁘지 않았다. 그 후 담당 교수가 정 교수를 다른 학교의 여성학 강사로 추천해 주었다. 그렇게 해서 대형 강의부터 시작하게 됐고 강의에 토론을 적용하게 되었다. 대체로 대형 강의에서 강의 중 토론을 할 때 조를 나누어서 조별로 토론하는 경우가 많았지만, 정 교수는 조별 토론보다는 전체 토론을 선호했다. 몇 명이 발언할 수 있는지 그 수치 자체가 중요한 것이 아니라, 어떤 논의들을 나누는지가 중요하다고 생각했기 때문이다. 남녀공학이면 남녀 논쟁이 되기 때문에 토론의 열기가 더욱 뜨거워진다. 토론 과정에서 남학생들의 생각이 바뀌고 남학생들이 스스로 '여성주의자'라고 자처하게 되는 경우도 많았다. 토론이 가열되다 보면 강의 끝나고 남아서 토론한 적도 많았다. 그런 과정에서 효과적이 토론에 대한 비결을 쌓을 수 있었다.

　정 교수는 여성사 전공자로서 여성학 강의뿐 아니라 '한국사의 이해' 등 역사 강의를 담당했는데, 그 강의에서도 다양한 교수법을 활용했다. 한국사 강의는 자칫 지루해질 수 있는 내용을 다루게 되므로, 단순하게 역사적 사실을 연대순으로 나열하여 외우도록 하는 방식의 강의를 지양하고, 학생들 스스로 역사 논쟁에 참여하는 방식의 게임을 시켰다. 예를 들면 광개토대왕 비문에 대해 강의를 할 경우, 실제로 그 비문의 주요 부분을 칠판에 써 준다. 그리고 역사가들에게 논쟁을 일으키는 글자에 대한 기본 정보를 학생들에게 제시한 뒤에 자유로운 해석 게임을 시키는 방식이다. 그러면 학생들은 마치 학자들이 하듯이 비문 해석의 논쟁에 참여하게 된다. 교양 강의였으므로, 역사학을 전공하는 학생들도 아니었지만 훌륭한 성취도를 보였다. 학생들은 그러한 해석의 과정에 참여함으로써, 역사가 해석의 문제라는 것 그리고 그 해석 속에 어떤 정치적 입장들이 개입될 수 있는지에 대해 체험하며 배우게 되는 것이다. 이를 통해서 정 교수는 교수가 어떻게 강의를 유도하는가에 따라서 학생들이 엄청나게 성장할 수 있다는 것을 느꼈다. 그리고 학생들 또한 그러한 강의를 좋아해서, 한두 강좌로 시작한 그 학교의 교양 '한국사의 이해'는 이후 10여 개 강좌로 늘어났다.

좋은 강의의 요인은 다양하며, 그중 강의 내용, 즉 강의 콘텐츠는 단연 핵심 요인이라 할 것이다. 대학에서 이루어지는 대부분의 강의는 책이나 유인물 등 지면 형태, 영상물, 파워포인트(PPT) 자료 등으로 진행되는 것이 일반적이다. 책이나 유인물, 영상물, PPT 자료 등을 통한 강의도 얼마든지 좋은 강의가 될 수 있다. 그러나 이에 더해 교수자의 머리 그 자체가 강의 자료가 되는 경우도 있다. 정지영 교수의 강의 콘텐츠는 교수의 머리 그 자체다. 학생이 교수의 전문 지식이나 전문가적 식견에 대해 의심하는 경우는 많지 않다. 다만 훌륭한 학자가 훌륭한 교수자의 충분조건이 되지 못하듯이, 학생은 교수가 알고 있는 지식이나 전문가적 식견을 잘 가르치기를 기대하는 것이다. 정 교수는 지식을 단순 전달하는 것이 아닌 '라이브 콘서트'처럼, 그 강의실에서의 분위기와 논의에 근거하여 강의 내용을 채워 간다. 기본적으로 강의의 '주제'와 '내용'을 갖고 있지만, 그 내용을 어떤 방식으로 설명할 것인가의 문제에서 절반은 '학생들', 그리고 그 시간의 그 강의실에서 만들어지는 '예상할 수 없는 불꽃'에 맡기는 것이다. 예측할 수 없는 학생들의 답변과 질문에 노출되기 때문에, 교수로서는 어떻게 보면 조금 피곤할 수도 있는 상황이지만, 정 교수는 그러한 우연성과 긴장을 즐긴다. 10년 넘게 같은 강의를 되풀이하면서도 강의가 즐거운 비결은 어떤 시간도 '똑같은' 내용으로 이루어진 적이 없기 때문이다. 끊임없는 질문과 답변에 교수와 학생들이 함께 참여하면서 책이나 유인물, 영상물 등으로 전달되는 지식보다 효율적으로 강의 내용에 몰입하게 되는 것이다.

정 교수의 강의 방식의 특징을 한마디로 요약하면, 학생의 자발적 참여에 기반을 둔 토론식 강의다. 먼저 정 교수의 강의 특징은 PPT나 배포되는 강의 자료가 없다는 것이다. 정 교수의 강의는 인터넷이나 컴퓨터가 발달하기 이전의 '재래식' 강의의 모습을 띠고 있다. 오직 정 교수의 이야기와 판서로 강의가 이루어지며, 중간에 학생들의 토론이 있다. 그림으로 보여줘야 할 자료가 있다면 사이버 캠퍼스에 올리는 방식으로 대체한다. 그리고 학생들 스스로 자신만의 노트를 구성할 수 있도록 지도한다.

**판서와 필기 관련 안내**

- 이 강의는 PPT 자료를 제공하지 않고, 판서로 진행됩니다.
  - 전문 지식 등 자료를 중심으로 한 강의가 아니라, 생각할 거리를 제시하고 논의하며 토론과 논쟁을 통해 만들어가는 강의로 만들기 위한 것입니다.

- 강의 내용이 PPT 자료로 제공되지 않으므로, 강의에서 진행되는 내용을 노트에 필기해야 합니다.
  - 강의를 들으면서 중요하다고 생각하는 내용을 받아 적으세요. 강의에서 논의된 내용에 대해 스스로 판단을 통해 필기해야 할 것과 필기하지 않아도 되는 것을 선별하는 것 자체가 사고력 증진의 밑바탕이 됩니다.

- 선별한 내용을 필기했을 때 필기 내용이 부족하다고 생각할 수 있습니다. 나중에 필요하다고 생각되면 친구와 노트를 교환하여 비교해 보는 것도 좋은 공부입니다.
- 받아 적기만 할 것이 아니라, 강의 중에 진행되는 논점에서 자신이 중요하다고 생각하는 것 또는 이해하기 어려운 것들에 표시하세요. 물음표와 느낌표 등 다양하게 활용할 수 있습니다.
- 잘 이해가 되지 않는 문제는 강의 후에 교과서 또는 다양한 사전 등을 통해 스스로 보충하세요.

요즘 학생들은 판서보다는 PPT 등으로 제작되어 파일로 주어지는 자료를 원하고 또 책이나 논문 등 문자보다는 사진이나 동영상 등 영상 자료를 선호한다. 최근 대부분의 강의는 교수가 작성한 PPT 자료를 미리 사이버 강의실에 올려놓고 학생들은 이것을 출력해 그 옆에 빈칸을 메우듯이 노트 필기를 하고 있어서 학생들은 여기에 익숙해져 있다. 그러한 강의 자료를 주지 않는 것에 대해 학생들은 처음에는 힘들어한다. 또 어떤 학생들은 '무성의하다.'고 생각하기도 한다. 하지만 정 교수는 학생들의 기대와는 다르게, 강의 중에 판서하는 방식을 고집하고 있다. 이미 만들어진 PPT의 틀 속에 학생들의 생각과 고민을 가두고 싶지 않기 때문이다. 그리고 그 효과에 대한 믿음이 있다. 정 교수는 경험상 판서를 하며 설명을 할 때 학생들이 좀 더 강의에 집중할 수 있고, 수동적으로 주어지는 지식이 아니라 스스로 강의를 재조직화하는 과정에서 강의의 내용을 소화하는 능력을 갖추게 된다고 본다. 그러므로 사고의 깊이가 더 깊어지고 얻는 지식도 많다고 한다. 그리고 노트 필기를 하는 그 과정 자체가 지식을 자신의 것으로 만들어 가는 '소화'의 과정이라는 점을 중요하게 생각한다. 그래서 노트 필기 하는 것도 실력이라며 노트 필기 방법부터 학생들에게 가르친다. 노트를 스스로 쓰고 정리하는 작업 자체가 지적 활동이기 때문에 필기를 시키는데, 처음에 학생들은 아무런 형식 없이 막연하게 받아 적는 과정 자체를 힘들어하지만 나중에는 자신만의 노트를 좋아하게 된다.

그뿐만 아니라 판서 자체도 최소화한다. 교수가 강의 중 판서를 하는 경우 학생은 무의식적으로 그 내용을 모두 받아 적는 데 집중한다. 그 와중에 정작 교수가 전달하고자 하는 중요한 발언이나 메시지를 간과하기 십상이다. 정 교수는 판서를 최소화함으로써 학생의 부담을 덜어 주고, 오히려 핵심 키워드를 명확하게 인지시킴으로써 강의에 집중할 수 있도록 격려한다. 그리고 강의 중 다룬 최소한의 판서 내용 등을 바탕으로 학생 스스로 노트를 구성하도록 함으로써 학생이 복습하고 스스로 사고하며 정리할 수 있도록 한다. 정해진 내용이 아니라 학생 스스로 내용을 정리하고 보완하며 확장하도록 함으로써 심화 학습이 가능한 것이다. 학생은 노트를 구성하면서 강의에 몰입하고 있다는 만족감과 성취감을 동시에 얻을 수 있다. 교육 수요자의 만족도와 욕구(needs)가 중요해지는 시점에서, 학생들에게 만족감을 주고 욕구를 충족시켜 주는 강의의 하나라 할 수 있다.

학생들은 '대학 강의'에서 고등학교 교육과는 다른 어떤 것을 원한다. 그것은 자신들에게 외부에서 주어지는 지식을 습득하는 것이 아니라, 스스로 공부하고 생각하고 배우는 것을 의미한다. 정 교수는 강의 중 학생들을 말하게 하려고 노력한다. 정 교수가 가진 지식을 전달하는 것보다는 학생들로 하여금 스스로 말하면서 생각하도록 만들고자 하는 것이다. 여성학 강의에 '정답'은 없으며, 열린 논의가 있을 뿐이라는 점을 강조한다. 때로 학생들이 잘못된 대답을 해도 그 속에서 새로운 논의를 찾아내서, 학생들의 대답을 존중한다는 느낌을 주려고 노력한다. 그래서인지, 처음에 머뭇거리던 학생들도 강의 중반이 넘어가면서 적극적으로 의견을 이야기하곤 한다. 강의 중 발언에 대해 일일이 점수를 부여하지 않는다. 점수를 부여하면, 학생 입장에서는 점수를 받기 위해 말하는 사람이 되어 버리기 때문에 오히려 거부감을 갖게 된다. 자발적 강의의 주체로 학생들을 자리매김하기 위해 그들의 자율성에 맡기는 것이다. 정 교수는 그 효과가 분명 있다는 생각이다.

실제로 몇 년 전에 연세대학교 남학생들이 강의를 수강했다. 이화여자대학교와 서강대학교, 연세대학교는 학점 교류를 하고 있기 때문에 가능했다. 연세대학교 학생들은 거의 강의 시간마다 발언했는데, 알고 보니 강의 후에 다른 친구들과 일종의 '여성학 강의 대책위원회'를 가진다고 했다. 그들이 일종의 '남성 대표' 역할을 해 준 셈인데, 덕분에 논의가 뜨겁게 달아오르곤 했다. 종강이 가까워질 무렵 그 학생들이 큰 선심을 쓰듯이, '이대 학생들이 모두 여동생 같아서 말해 주겠는데, 정말로 성폭행당하고 싶지 않다면 짧은 치마를 입으면 안 된다."고 발언을 했는데, 그 순간 수강생 거의 전원이 반박하기 위해 손을 번쩍 들었다. 성폭행의 70%는 아는 사람한테 집안에서 일어나기 때문에 학생들 대부분의 대답은 성폭행 문제의 원인을 왜 여성에게 돌리느냐는 것이다. 이것이 반박의 핵심이었고, 여성학 강의를 듣고 나면 학생들은 "그럼 긴치마를 입으라는 것인가?" 이런 답을 하는 게 아니라 "지금 당신 주장의 숨은 이데올로기적인 의도는 이것이다."라고 말을 하게 된다. 즉, "그러면 우리는 긴치마만 입으라는 것이냐. 또는 바지만 입으라는 것이냐! 너무 기분 나쁘다." 이런 답이 아니라 "당신의 말에는 피해자가 유발했다는 비난이 들어가 있는 것이다." "너무나 남성 중심적인 사고다." 또는 "그게 성폭행이 아니더라도 도둑질당하면 주된 책임은 도둑에게 있는데, 돈 간수를 안 해서 도둑질을 당한 것이라고만 비난할 수 있는가?" 이렇게 물어보게 됐다. 그러고 나서 모두 함께 시원하게 웃었던 기억이 있다. 정 교수는 학생들의 반박 논리 그 자체가 옳고 그른 것을 떠나, 학생들이 어떤 논의에 대해 반박 논리를 갖고 스스로 발언하고 싶어 하게 된다는 것 그 자체가 좋았다.

학생들이 말하도록 유도하기 위해 정 교수는 학생들의 언어로 이야기하기 위해 노력한다. 인터넷 등에서 주로 학생들이 공감할 수 있는 사례들을 찾고, 때로는 TV 오락 프로그램의 유행어를 인용하기도 한다. 한 강의에 최소한 서너 번은 박수와 함께 웃음이 터지곤 하는데, 학생들은 정 교수의 유치한 유머를 '깨알 개그'라고 부르며 즐거워한다. 정 교수는 아무래도 학생들이 쓰는 언어를 쓰면 공감도가 높아져서 학생들이 강의를 편안하게 느끼고 그 내용에 흥미를 갖게 되는 것 같다고 생각한다. 학생들의 경험을 통해 접근하기 때문에 어렵고 딱딱한 이론도 쉽게 이해할 수 있고, '다른 세상의 학문'이 아니라 '내가 지금 살고 있는 여기의 문제'로 고민하게 되는 것이다.

> "여성학은 강의 전체 과정 그 자체가 저희의 사고를 차근차근 바꿔나
> 가는 것 같아요. 한 시간, 한 시간으로 딱딱 끊어지는 것이 아닌 유기
> 적인 강의인 거죠. 이화여대에 들어와서 여성학을 들은 것은 정말 행

운이라고 생각해요. 교수님 사랑합니다. 제 인생에서 계속 생각날 거예요. 다만 아쉬웠던 점은 강의 자료 완전 100% 필기의 장점이 참 많고, 이 강의에 어울리는 방식이라고 생각하지만, 가끔 혼자의 생각에 갇혀 강의가 흘러가거나 할 때에 다시 참고할 교재가 없는 것은 아쉬웠어요. 그래도 교수님 정말 감사합니다. 저의 원형감옥을 알게 해 주시고 그 탈출구를 만들어 가는 것에 가장 큰 도움을 주신 분이세요. 이후에도 뵙게 되면 꼭 인사드릴게요. 교수님 최고."

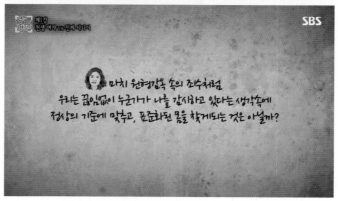

"여성학을 듣고 졸업할 수 있어서 다행입니다. 더욱 많은 학생들이 여성학을 들었으면 좋겠습니다. 여성학을 들으며 내가 겪은 변화들을 많은 사람과 함께 공유했으면 하는 바람이 생깁니다. 교수님의 일방적인 강의가 아니라 클래스의 친구들과 함께 고민하고 토론하는 형식의 강의 방식이 참 즐거웠습니다."

## 또 하나의 강의실 '사이버 캠퍼스'

"토론으로 시간이 다 가 버린 그런 날은 사이버 캠퍼스도 웅성웅성 거렸다. 온라인에서든, 오프라인에서든 토론에는 교수님이 늘 함께하셨고, 의견을 강요하거나 주입하지 않으면서도 토론을 진행하고 논점이 하나로 모이도록 정리해 주시곤 했다. 함께 고민하고 공감하는 것에서 나아가 '아, 저 친구는 저런 생각을 하는구나!' '저 의견은 나와 다른데.'라고 느끼고, 그것을 건강하게 나누었던 시간은 여성학 강의의 상징이었으며 토론을 통해 내가 가진 사유가 어떤 문제와 맞닿았는지 알게 되는 것이 여성학 강의였다."

"사이버 캠퍼스 게시판 좀 주 3회 개방하면 안 되나요. 강의 시간에도 생각할 거리가 가득하고, 강의를 듣고 밖에 나가면 또 생각할 거리가 가득하고, 집에 와서 숨 돌리면서 컴퓨터 켜면 게시판이 기다리고 있다는……. 정말 머리 굴리느라 행복한 고생 하고 있습니다. 즐겁긴 한데 정말 머리가 터질 것 같네요."

여성학 강의실에서 정지영 교수와
학생들의 모습

　여성학 강의는 사이버 캠퍼스를 통한 사후 토론이 활발하다. 강의에서
못다한 이야기나 논의를 학생들이 자발적으로 사이버 캠퍼스에서 진행하
도록 유도한다. 그리고 이러한 사이버 캠퍼스의 논의를 강의의 토론거리로
이용한다. 강의 중에 관련된 주제를 설명할 때 예로 사용하거나, 글 쓴 사
람에게 발언 기회를 주기도 한다. 매 강의를 시작할 때, 새롭게 게시된 사
이버 캠퍼스의 글에 대한 요약 및 정리를 함으로써 사이버 캠퍼스를 강의
의 일부로 여기도록 한다. 사실 사이버 캠퍼스의 활동은 성적의 2% 정도
만 반영될 뿐이지만, 학생들은 자발적으로 즐기면서 참여하는 편이다. 사
이버 캠퍼스 주 3회를 개방해 달라는 푸념은 그만큼 학생들이 사이버 캠퍼
스 활동을 즐긴다는 것을 보여 준다.

　강의 시간에 학생들은 너도 나도 이야기하고 싶어 하지만 한정된 강의
시간에 모두 다 할 수는 없다. 예를 들면, 어머니와의 갈등 주제가 나오면
여성 입장이라는 토론을 하다가도 "어머니와 딸의 입장은 왜 다르지?" 하
고 이야기를 이어 간다. '같은' 여자로서 '어머니'의 입장에 공감하면서도,
어머니와 일으키게 되는 갈등은 학생들의 주요한 고민거리다. 이에 대해
정지영 교수는 여성학적 관점에서 많은 대답을 하고 있다. 학생들은 저마

다의 관심과 경험담으로 이에 대한 논의를 더 하고 싶지만 그들의 사정을 모두 듣다가는 한 학기 강의가 모두 지나갈 수도 있다. 정 교수가 해야 하는 일 중 중요한 일이 그런 이야기를 '적당히 끊어서 사이버 캠퍼스로 넘기는' 것이다. 학생들이 하고 싶었던 이야기는 사이버 캠퍼스에 올라온다. 사이버 캠퍼스 자체를 활성화하겠다고 의도한 적은 없지만, 어느새 사이버 캠퍼스는 활발한 소통의 광장이 되어 있다. 정 교수는 일일이 답 글을 달지는 못하지만 거의 모든 글을 읽는다. 그리고 그 내용을 다시 강의 시간에 언급하거나, 다음 강의의 도입부에 활용하곤 한다. 학생들은 정 교수가 게시판을 보고 있다는 것을 알고 글쓰기에 더 재미를 느낀다.

## 사이버 캠퍼스 이용 원칙

- 자기소개를 한다('여성학과 나'라는 주제로 여성학 강의를 들은 계기, 여성학에 바라는 점, 여성학에 대한 의견 등을 자유롭게 서술하세요).
- 자유 게시판에 다른 학생들과 나누고 싶은 이야기나 자료가 있을 때 활용하세요.
- 팀 프로젝트를 위해 팀을 자율적으로 구성해야 합니다(기한 지정).
- 사이버 캠퍼스 '공지사항'에 수시로 공지를 올릴 것이니, 일주일에 한 번은 꼭 들러서 확인하세요.
- 실명으로 쓰기 어려운 내용은 '익명 게시판'을 활용하세요.
- 게시판의 토론 활동은 2% 정도 성적에 반영됩니다(익명 게시판 제외).

'여성학' 강의는 성 역할에 대한 고민거리를 익명 게시판에 풀어 낼 수 있다.

정 교수는 학생들이 참여하고 소통할 수 있도록 하기 위해서 학기 시작과 동시에 사이버 캠퍼스에서 '자기소개'를 하도록 유도한다. 성적에 들어가지 않지만, '여성학에 대한 평소의 생각, 강의에 바라는 점 등'을 포함하여 자유롭게 서술하도록 하며, 사진을 올려서 다른 친구들과 친숙해지도록 한다. 사이버 게시판에는 익명 게시판을 만들어 주어서 학생들이 강의와 관련이 없는 하찮은 이야기라도 나눌 수 있는 장이 될 수 있게 한다.

그래서 여성학이 다른 강의와 가장 큰 차이점은 '숨어서 말하기'라는 익명 게시판 운영이다. 여성학의 익명 게시판은 이미 학교 내에 소문이 나 있다. 첫 줄부터 "이게 그 유명한 여성학 '익게' 인가요?"라는 글이 올라오고 온갖 의견이 나온다. 오프라인 강의가 사이버 캠퍼스로 이어지고 강의가 한 학기 동안은 공동체나 동아리 같은 모습을 띠기 때문이다. 성(性)에 대한 민감한 이야기를 털어놓고 싶을 때 많은 학생이 이곳에 고민을 풀어 놓는다. 그러면 다른 학생들과 정 교수는 글을 읽으며 공감하고 자신의 경험을 들어 조언한다. 익명성이 주는 긍정적 측면이 발휘되는 공간인 것이다. 그래서 학기 말이 되면 "아, 이제 어디 가서 이야기하지." "'익게'가 없어지다니." 이런 글들이 올라온다.

- 〈자기소개〉를 통해 단순한 신상 나열이 아니라 '여성학'에 대한 느낌, 강의 시간에 기대하는 점 등에 대해 쓰도록 권유하고, '사진' 등 이미지를 활용하여 친근하게 작성하도록 유도한다.
- 〈익명 게시판〉을 통해 공개적으로 말하기 어려운 사례나 고민을 이야기한다.

## 어느 여대생의 고민

안녕하세요, 교수님. 저는 과학교육과 10학번 ○○○라고 합니다. 저는 워낙 사람들과 어울리기 좋아해서 동아리를 두 개나 하고 있는데요. 그중 하나가 클래식 기타 동아리입니다.

제가 활동하는 클래식 기타 동아리 학생들은 어느 연주 동아리 못지않은 노력과 연습으로 뛰어난 실력을 갖추고 있습니다. 그런데 여대 기타 동아리라는 이유로 여러 가지 말이 나올 때가 있습니다.

한 가지 예를 들면, 이번에 우리 동아리가 합주대회에서 1등을 했는데, 다른 대학 동아리가 1등 했을 때는 나오지도 않던 반박들이 쏟아져 나오는 것을 볼 수 있었습니다. 사실 기타라는 악기가 여자보다는 남자가 더 선호하는 악기이고, 사람들도 '기타' 하면 여자보다는 남자를 더 많이 떠올리는 것이 사실입니다. 그렇지만 요즘 어디 그런가요?

또 다른 학교 기타 동아리에서는 늘 이런 식으로 생각합니다. 여자들은 조금만 혼을 내도 금방 나가 버리고, 기타보다는 노는 거에 시간과 돈을 쓴다고……. 하지만 제가 봤을 때, 저희 선배님들은 남자들 못지않게 기타도 잘 치고, 기타에 많은 열정을 쏟아 붓는 분들이십니다.

사실 저는 아직도 '페미니스트'라는 말의 뜻을 정확히 모르고 '여성학'이라는 것이 무엇을 배우는 과목인지도 잘 모릅니다. 하지만 이번 강의를 계기로 이런 남녀 차별적 발언을 사소한 일로 치부하고 당연하다는 듯이 넘어가는 것이 아니라, 저 자신도 정당하게 비판할 수 있는 안목을 키울 수 있었으면 좋겠습니다.

## 정지영 교수의 답변

저도 클래식 기타 무척 좋아합니다. 음악에도 성별이 있지요. 그저 아름다운 것이라고들 하면서도, 성별에 따른 편견이 개입해 있는 것이죠. 앞으로 즐겁게 의견 나누어 보아요.

"한 학기 동안 새로운 것들을 많이 배우고 사고를 확장할 수 있었습니다. 원활한 토론식 강의에 소극적인 저는 발표를 할까 말까 많이 망설이다 대부분 포기했지만, 사이버 캠퍼스도 활발히 운영되어 사이버 캠퍼스 상에서 토론과 질문, 의견 교환이 모두 쉽게 가능했습니다. 비판적 시각을 기를 수 있었으며, 그동안 생각하지 못했던 것들, 문제시하지 않았던 것에 대해 다시 돌아볼 수 있었던 좋은 강의였습니다. 한 학기 동안 감사드립니다."

"원활한 의견 교류가 정말 좋았고, 이화여대에 다니면서 꼭 한 번 들어야 하는 강의라는 생각이 들었다. 사이버 캠퍼스에서 다른 학생들과 나누었던 생각들은 내 생각을 키우는 데에도 도움을 주었다. 강의를 진행하면서 바로 묻고 답할 수 있는 방식이 나와 다른 학생들 모두에게 가장 좋았던 점인 것 같다."

　정지영 교수의 강의에서는 이화여자대학교의 온라인 강의 공간인 '사이버 캠퍼스'를 활발하게 활용하여, 추가적이고 깊이 있는 토론이 가능하도록 체제를 마련하고 있다. 교수와 학생 간 토론의 형식으로 이루어지는 강의에서 토론에 참여하지 못하거나 강의 중 토론이 완결되지 못했을 경우에도 이를 보완할 수 있는 장치가 갖춰진 것이다. 실제로 학생 다수가 참여하는 토론의 경우 주어진 강의 시간 내 토론이 완결되기 어려운 것이 현실이다. 토론이 완결되지 못한 상태로 강의가 종결될 경우 토론을 통한 강의의 효과가 반감되고 만다.

　대개 사이버 캠퍼스와 같은 온라인 클래스에서 강의 자료를 단순 업로드 및 공유, 과제물 수합 등의 목적에 한해 제한적으로 이용하는 데 비해, 정 교수는 온라인 클래스를 오프라인 클래스의 연장으로 활용함으로써 운용의 묘를 갖추고 있다.

# 자유 주제와 자유 형식의 팀 프로젝트

"여성학 강의의 진행 방식은 다른 강의들과 비교하여 정해진 기준이나, 과제가 많지 않았다. 교수님께서 처음부터 강조하신 것이 있었다면, 고민하고 참여하는 것이 결과가 될 것이라는 부분이었다. 고정된 과제에 익숙한 학생이었던 나로서는 불안하기도 한 부분이었다. 그러나 그것이 가장 강의와도 어울리고, 적절한 방식이었다고 생각한다. 그런 방법들은 서로의 막연한 고민과 사유를 드러내는 데 그 목적과 의의가 있었으며, 강의에서 말하는 여성학의 지향 방식과 닿아 있기도 했다. 작은 목소리, 사소한 생각들도 공론화될 수 있고 존중받을 수 있는 사회가 강의라는 이름으로 강의실 안에 존재했다."

팀 프로젝트는 팀 구성에서 주제 구성까지 모두 학생들이 자발적인 의사에 따라 이루어진다. 팀별로 사용할 수 있는 팀 프로젝트 게시판이 열리는데, 그 안에서 어떤 논의를 했는지 그 자체가 중요한 평가 대상이다. 결과물뿐 아니라, 진행 과정을 평가하는 것이다. 예를 들면, 중간에 주제를 바꾼 팀은 결과물이 부실할 수 있지만, 주제를 바꾸는 과정에서 치열한 고민과 논쟁이 있었다면 그것에 대해서 적절한 평가를 해 줄 수 있다.

학생들은 팀을 짜기 위해서 팀 프로젝트 사이트로 들어온다. 그러면 학생들은 가령 '다이어트'로 프로젝트를 하려고 하면 참여할 사람을 모으는 글을 올린다. 그럼 학생들이 그 글 밑에 답 글을 달아 팀이 구성된다. 이렇게 팀이 구성되면 같은 관심사가 있는 학생들끼리 팀을 짜기 때문에 팀플레이가 원활하다. 이 때문에 팀 프로젝트는 학생들이 힘들어하면서도 재미

여성학 강의를 듣는 학생들이
팀 프로젝트에 참여하면서
준비한 자료를 발표하고 있다.

있어 한다. 그러면 사이트에 같은 팀 프로젝트를 하는 학생들끼리 모이는 방을 만들어 준다. 팀원들만 볼 수 있는 게시판을 개설하는 것이다. 정 교수는 결과물만 평가하는 게 아니라 프로젝트 과정까지 평가한다. 그리고 학기 마지막 일주일간 발표를 하는데, 시간상 10개 팀 정도가 10분 정도씩 발표를 한다. 팀 프로젝트는 발표로만 끝나는 것이 아니라 보고서를 게시판에 올리고 다른 팀들이 질문을 밑에 달도록 한다. 그래서 질문을 많이 한 학생에게 점수를 주고 많은 질문을 받은 팀에도 점수를 부여해 평가를 정교하게 한다.

　팀 프로젝트 발표 때에는 감탄사가 저절로 나오는 흥미로운 주제가 많다. 한 팀은 남장을 하고 홍대 밤거리를 돌아다니는 모습을 촬영했는데, 키가 큰 학생이라 그런지 정말 남자 같이 보였다. 그 여학생은 실험을 마치고 집에 돌아오기 위해 혼자 택시를 탔는데 무서운 생각이 들어서 다른 팀원에게 전화했다고 한다. "나 택시 탔는데 왠지 무서워." 그러자 팀원이 "뭐가, 너 지금 남자잖아!"라고 했다고 한다. 이 과정에서, 그녀는 자신 스스로 여성이라는 인식 때문에 '구조화된 무기력' 상태에 빠져 있었다는 것을 깨달았다고 발표했다. 처음의 팀 프로젝트의 의도는 남장을 하고 다니면 어떤 기분일까를 이야기하려고 한 것이었는데, 팀 프로젝트를 진행하는 과정에서 자신이 여자라는 틀에 얼마나 갇혀 있었는지를 발견하게 되었다고 설명했다.

또 다른 한 팀은 일주일간 남동생에게 하이힐을 신게 하였다. 남동생에게 용돈을 주고 프로젝트를 위해 고용한 것이었다. 남동생을 따라다니며 그 모습을 관찰하고 촬영하면서 소감을 물으며 촬영을 했다. 학생들은 걸을 때마다 뒤뚱거리는 남동생을 보며, 여성들이 평소에 신던 하이힐이 얼마나 불편한 것인가를 새삼 느꼈다고 하고, 강의 시간에 그에 대해 다양한 토론이 이어졌다.

그 밖에 어떤 팀은 숙소를 정해 1박 2일 동안 함께 숙박하면서 자신이 가진 성(性)에 관한 고민을 털어 놓는 치유의 과정을 거치기도 했다. 또 다른 팀은 대한민국 커플들의 데이트 실상을 동영상으로 편집해 암묵적으로 구분된 성(性) 역할의 허상에 대해 객관화하는 작업을 했다. 그런가 하면 여성에게 강요되는 '무(無)털 신화—털이 없는 여성이 아름답다.'에 대해 털이 많이 난 여자들의 모습을 본 남성들의 반응을 관찰하는 실험도 했다.

학생들은 팀 프로젝트를 통한 지속적인 논의 과정에서 프로젝트 주제에 대한 다양한 자료와 지식, 정보, 쟁점, 견해 등을 검토하고 공유하게 된다. 교수가 학생에게 주는 지식이 아니라, 학생들이 스스로 만들어 가는 지식, 지식에 대한 비판적 성찰, 방향 제시 및 비전 설정을 경험하게 된다. 팀 프로젝트를 하는 과정에서 이루어지는 '토론'에서 강의 시간에 배운 개념들을 응용하여 학습하게 되는데, 이 과정에 대해 학생들은 놀라운 경험이라고 말한다.

"팀 프로젝트 토론을 하는데, 신기하게도 강의 시간에 배운 내용을 우리가 거의 다 알고 있더라고요. 한 번도 외운 적이 없는데, 모두 다 비슷하게 이해하고 논의를 하니까 말이 너무 잘 통하는 기분이었어요. 이 강의를 듣지 않은 친구들과는 말이 잘 안 통하는 기분이 들 정도랍니다."

정 교수의 강의는 과제 평가 방식 역시 차별화된다. 보통 대학에서 조별 학습, 협동 학습이 어려운 이유는 소위 무임승차 문제 때문이다. 다수 학생이 한 조를 이루어 진행하는 과제에서 학생마다 참여 수준이 다르고, 맡은 부분의 난이도 및 배분 분량 등이 합리적이지 않아 대다수 학생이 조별 활동을 부정적으로 인식하곤 한다. 그러나 정지영 교수는 팀 프로젝트의 최종 산출물만을 평가하는 것이 아니라, 최종 산출물이 나오기까지의 전 과정을 평가함으로써 팀 구성원들이 지속적이고 적극적으로 프로젝트에 임하도록 하고 있다. 아무리 화려하게 포장하고 인터넷이나 책에 있는 자료들을 널리 수집하여 많은 분량의 과제물을 낸다 하더라도, 그 자체만으로는 좋은 평가를 받을 수 없다. 논의 과정에서 고민한 흔적 자체, 아무리 작은 것이라도 '새로운 생각'이 보이는 과제가 높은 평가를 받게 되는 것이다.

# 정지영 교수의
# '여성학' 지상 강의

학기 말쯤 되면 학생들은 '나는 이제 어떻게 살아야 하는가?'와 같은 고민을 정 교수와 나누게 된다. 사실 여성학은 이론적 강의인데, 학생들이 자기가 사는 과정에 강의 내용이 다 들어 있다는 것을 알게 하고 그다음에 어떻게 행동할 것인가까지 이야기하기 때문에 학생들은 선배가 조언을 해 주는 것과 같은 느낌을 같게 된다고 말한다. 강의의 마지막 날에 간혹 눈물짓는 학생들이 있는데, 여성학 강의가 단순하게 '강의'가 아니라, 교수와 학생 그리고 학생과 학생 사이에 고민을 함께 나누는 소통의 장이었음을 의미한다.

"'여성학' 강의를 제 주변 모든 친구 선후배에게 적극 추천하는 몇 안 되는 강의 목록에 추가합니다. 여러 가지 주제들에 대해서 톡톡 건드려 보기도 하고 심도 있게 파고들어 보기도 했는데 교양이라서 모든 문제를 깊이 다룰 수 없어서, 때로는 파고들다가 멈추는 느낌을 받아

아쉽기도 했습니다. 토론의 경우 같이 듣는 학우들의 열정도 한몫했지만, 강의 시간에 지식을 배워야 한다는 것에 머물지 않고 의견을 나누는 것에 큰 비중을 두도록 해 주신 교수님께 감사드립니다. 여성학 파이팅입니다."

"졸업을 한 학기 앞두고 여성학 강의를 들었습니다. 듣고 나서 졸업하기 전에 여성학 강의를 듣지 않았더라면 정말 많이 후회했겠구나 하는 생각이 들었습니다. 시험 결과와는 상관없이 제게 많은 것을 남긴 강의였던 것 같습니다. 좋은 강의 해 주셔서 감사합니다."

## 당신은 '페미니스트'입니까?

안녕하세요. 저는 '여성학'이라는 학문에서 무엇을 배우는 것인지에 대해 소개해 드리고자 합니다. 여성학이 무엇인지에 대해 말씀드리기는 쉽지 않습니다. 여성학 그 자체가 한마디로 정의하기 어려운 것이기도 하고, 여성학 안에 여러 가지 입장들이 섞여 있기도 하고, 수많은 연구 주제들이 있기 때문이지요. 이는 사실 다른 학문도 마찬가지입니다만, 상대적으로 여성학은 여러 학문 분야에 걸쳐 있는, 새로운 융합 학문이라고 할 수 있기 때문에 그 복잡성과 다양성이 더 크다고 할 수 있습니다. 그럼에도 불구하고, 아주 크게 말씀드리면 여성학은 여성의 관점에서 보는 지식이며, 여성과 남성이라는 성별의 문제에 대해 다루며, 성에 따른 차별이 없는 세상을 만들기 위한 학문이라고 할 수 있겠습니다. 하지만 이런 설명이 여성학에 대한 설명으로 적절하지 않다고 생각하는 사람도 있을 것 같아요. 여성학은 어찌 보면 단순해 보이는 문제를 복잡하게, 상황과 맥락에 따라 다르게 논의하는 학문적 방법이기도 해서, 누군가는 여성학을 단순하게 설명하는 것에 대해 불편해할 수도 있습니다. 그래서 '여성학이 무엇이다.'라고 결론을 내리기보다는 '질문'을 통해서 여성학에 대해 여러 가지 생각들을 나누어 보면 어떨까 합니다. 이런 것이 여성학 스타일입니다. 여성학은 하나의 고정된 결론을 내리기보다는 다른 연구 분야에서 생각하지 않았던 것에 대해 끊임없이 새로운 질문들을 던지는 학문이라고 할 수 있겠습니다.

여성학이 학계에 던진 새로운 질문은 남성과 여성, 곧 성별이라는 것에 대한 것입니다. 여러분은 성별이라는 것을 정치적 문제, 사회적 분석거리로 생각하시나요? 아니면 생물학적으로 주어진 것, 자연적으로 원래 그런 것, 새삼스럽게 논의할 필요도 없을 정도로 분명한 것으로 생각하는지요? 여성학에서는 성별의 문제를 역사, 사회, 문화, 정치, 경제 등 여러 각도에서 논의해야 할 학문적 분석 거리로 다룹니다. 인간이 남과 여로 나뉘고 그 구별에 따른 역할에 맞게 인생을 살아야 한다는 것은 정말 자연스러운 것이고 또 본능적인 것일까요? 만일 그것이 정말 본능이라면 왜 시대와 장소, 문화에 따라 성별에 대한 생각은 다른 것일까요? 성별이라는 것은 여성학 이전에는 별로 중요한 학문적 연구 대상이 아니었지만, 이제는 여러 학문 분야에서 남성과 여성이라는 문제에 대해 민감하게 다루고 있습니다. 여성학에서 제기한 질문들이 지닌 의미를 인정하게 된 것이죠.

그럼 여성학이 무엇인지에 대해 좀 더 이야기해 보겠습니다. 여성학에서는 어떤 문제들을 다룰까요? 우스갯소리로, 여성학에서 바느질 등 가사에 대해 배운다고 생각하는 분들도 있다고 하지요. 그런데 여성학은 오히려 '여성'과 '가사'를 연결 짓는 것에 대해 비판적으로 접근하는 학문입니다. 그렇다고 해서 여성학에서 가사를 나쁜 것이라고 보거나, 여성이 해야 할 일이 아니라고 생각하는 것은 아닙니다. 다만, 집안일이 오직 여성만의 일이라고 생각하는 것 또는 여성이라면 당연히 집안일을 해야 한다고 생각하는 고정된 인식에 대해 질문을 던지는 것이죠. 여성과 남성의 영역을 각각 집 안과 집 밖으로 고정시켜 생각하는 것은 성차별을 만드는 중요한 요소 중 하나입니다. 짧은 지면이기 때문에 문제에 대해 길게 논의할 수는 없지만, 적어도 여성학에서는 이 문제를 학문적으로 설명하기 위해 여러 가지 고민을 하고 있다는 것은 말씀드릴 수 있습니다. 어쨌든 여성학은 예전에 여성과 관련되어 있다고 생각된 것들, 곧 가사나 출산, 육아, 미용에 대해 배우는 학문이 아니라, 그러한 문제들을 사회적 현상으로 보고, 연구의 대상으로 삼는 학문이라고 할 수 있겠습니다.

그런데 여성학이라는 학문 자체에 대해 사람들은 어떤 편견을 갖고 있는 것 같습니다. 그 편견의 내용은 대체로 여성 우월주의 또는 남성 혐오와 관련된 것입니다. 말하자면, 남성에게 억압받은 여성이 그동안 억눌렸으니, 이제는 남성을 누르고 남성 위에 군림하고자 하는 주장을 담은 것으로 생각하는 것이죠. 여성학이 출발하게 된 역사적 배경을 생각할 때, 오랫동안 억압받아 온 여성이 일어났다고 보는 것은 전혀 틀린 생각은 아닙니다. 하지만 여성학은 남성 위에 군림하기 위한 학문이 아니라, 여성과 남성이라는 성별을 근거로 어느 한쪽이 다른 쪽을 차별하는 일이 잘못된 것임을 주장하기 위한 것입니다.

## 1) 페미니즘에 대한 거부감

이 문제는 '페미니즘'이라는 말에 대한 거부감과 관련이 있습니다. 여성학은 여성주의, 곧 페미니즘의 학문이라고 할 수 있습니다. 페미니즘이라고 하면, 약간 거부감을 느끼는 분들도 많이 있을 것입니다. 저는 여성학 강의의 첫 시간에 언제나 이 문제에 대해 물어봅니다. "페미니스트 손들어 보세요!"라고 질문하는 것이죠. 그러면 100명 중에 3~5명 정도만 손을 들 뿐, 거의 손을 들지 않아요. 손들지 않은 대부분의 학생들에게 그 이유를 물으면 대답은 다양합니다. 페미니스트라고 이야기할 수 있으려면, 길거리에 나가서 데모하는 등 열심히 실천하고 운동해야 할 것 같은데 아직 그렇지 못하다는 학생도 있지만, 대부분은 페미니스트에 대한 거부감이 있어서 그렇게 되고 싶지 않다고 대답합니다. 그 거부감의 내용이 무엇인지 물어보면, '페미니스트는 과격할 것 같다.' '자꾸 따지고 싸울 것 같다.' '남자를 싫어할 것 같다.' '못생겼을 것 같다.' 등 다양합니다. 저는 이런 대답들을 들으며 이렇게 다시 묻습니다. "그럼, 성별에 따른 차별에 반대하고 성차별이 없는 세상을 만들고 싶은 사람 손 들어 보세요." 이렇게 물으면, 대부분이 손을 번쩍 듭니다. 페미니스트는 성차별에 대해 반대하는 사람들을 일컫는 것인데, 왜 학생들은 스스로 성차별에 대해 반대한다고 하면서도 페미니스트는 아니라고 말하는 것일까요? 이 문제는 페미니즘, 페미니스트, 여성주의, 여성학에 대한 편견과 깊게 관련되어 있습니다.

## 2) 성차별에 반대하십니까?

　이러한 여성학에 대한 편견도 사회 속에서 '만들어진 것'입니다. 그러한 편견을 만든 쪽은 여성학에서 주장하는 생각들이 불편한 사람들이겠죠. 예전에 살던 대로 여자는 여자 일을 하고, 남자는 남자 일을 하는 것이 좋다고 속으로 생각하는 사람들. 남자는 하늘이고 여자는 땅이라고 인식하며 사는 것이 더 좋다고 생각하는 사람들 말입니다. 여러분은 어떻게 생각하는지요? 남자는 남자니까 기계를 잘 만져야 하고, 무조건 힘이 강해야 하고, 씩씩해야 하며, 여자는 여자니까 집안일을 잘해야 하고, 아이 돌보기를 좋아해야 하고, 약해야 하고, 감수성이 예민해야 한다는 그런 성별 이분법이 편안한가요? 아니면 남자라는 이유로, 여자라는 이유로 자신의 개인적 성향이나 특성과 상관없이 정해진 삶을 살기보다는 각자가 가장 잘할 수 있는, 자신의 개성을 잘 살릴 수 있는 일을 선택하고 그런 모습으로 살 수 있어야 한다고 생각하나요? 만일 후자라면 여러분은 페미니스트입니다. 여성학은 여성뿐 아니라 남성에게도 '이로운' 학문입니다. 태어날 때 부여받은 성별이 우리 인생의 내용 전체를 결정하도록 하는 것이 아니라 각자가 다르게 생긴 모습 그대로, 다른 가능성과 자유롭게 만날 수 있도록 하기 위한 학문입니다. 그런데 여성학에 대해 나쁘게 보는 인식은 어떻게 만들어진 것일까요? 남성은 남성답게 남성에게 정해진 길을 가고, 여성은 여성답게 여성에게 주어진 역할을 하라는 식으로 이분법적 틀 속에 사람의 삶을 가두어 두는 예전의 방식을 유지하고 싶은 사람들도 많이 있습니다. 그렇게 변화하는 것이 두려운 사람들이 가진 정치적·문화적·학문적 힘은 여전히 매우 강합니다. 그들은 새로운 사고의 방식을 제기하는 여성학을 불편하게 생각합니다. 여성학에 대해 어떤 편견을 갖고 있다면, 그것이 의도적으로 만들어진 여성학의 이미지에서 비롯된 것은 아닌지 고민해 볼 필요가 있습니다. 여성학이라는 학문에 대한 편견이 만들어진 과정 자체도 여성학에서 다루는 하나의 연구 대상입니다.

여성학은 이처럼 우리가 상식처럼 가진 '생각'과 '지식'이 만들어진 과정, 그 편파성에 대해 질문을 던지는 학문입니다. 여성학은 성별성에 대해 다룬다는 점에서 남성에 대한 학문이기도 하지만, 무엇보다도 여성이 살아온 역사, 삶의 경험, 여성이 서 있는 위치에서 출발하여 세상을 봅니다. 이렇게 여성의 관점에서 보는 것은 오랫동안 인류의 지식, 인류의 생각이라고 생각했던 것들에 대해 그것이 '누구의 관점에서 나온 지식인가?'라는 질문을 던지는 일이기도 합니다. 기존에 인간 모두에 대한 것, 곧 보편적이라고 믿었던 지식, 상식, 의미 등을 여성이라는 특수한 하나의 입장에서 보았을 때 어떻게 보이는지를 이야기하는 것입니다. 예를 들어 볼까요? 지금은 남녀공학 고등학교가 많아져서 좀 달라졌으나, 20년 전까지만 해도 남자가 다니는 학교와 여자가 다니는 학교가 분리되어 있었죠. 그런데 남자가 다니는 학교는 ○○고등학교라고 하고, 여자가 다니는 학교는 ○○여자고등학교라고 했었죠. 무엇 때문일까요? 남자가 다니는 학교도 또한 ○○남자고등학교라고 해야 맞는 것 아닌가요? 물론 남자가 학교를 다니는 것이 더 일반적이고, 여자 학교는 적었기 때문이라고 말할 수도 있지만, 어차피 근대적 고등교육기관이라는 것이 만들어질 당시에는 남자 고등학교, 여자 고등학교 모두 새롭게 만들어진 것이었어요. 이러한 예들은 우리가 은연중에 남자는 보편적인 존재이고, 여자는 특수한 존재라고 보는 인식을 갖고 있었음을 보여 줍니다. 남자가 마치 인간 전체인 것처럼 여겨진 상황에 대해 질문을 던지면서, 그것이 '전체'가 아니라 '일부'였음을 주장한 것이 바로 여성학입니다. 그동안의 세계, 인간에 대한 이야기가 사실은 '남성'에 대한 것이었음을 이야기한 것은 여성학이 지식계에 던진 충격이고 여성학이 의미를 지니는 이유 중 하나입니다.

다시 말해서, 특정 범주 사람들의 경험과 이해관계에 기초한 지식을 전체의 경험, 인식으로 왜곡시켜 온 보편의 신화에 대한 비판을 담고 있다고 할 수 있습니다. 여성의 관점에서 세상을 바라보았을 때 무엇이 다르게 보이는지를 통해서 여성학은 기존 지식의 부분성을 논의합니다. 예를 한 가지 더 들어 볼까요? 학교 다닐 때 '세계사'라는 과목을 배웠는지요? 그 과목에서 배운 내용을 떠올려 보기로 해요. 세계사라고 하고 배운 것들은 주로 어느 곳, 누구의 역사였나요? 너무 많은 내용을 배워서 정확히 말할 수는 없겠지만, 대개 유럽, 백인, 지배층 그리고 '남자'의 역사였다는 것은 말할 수 있을 것입니다. 아시아와 아프리카, 남아메리카 등의 역사 그리고 여성이 포함되어 있기는 하죠. 하지만 그것은 상징적으로 거론되는 정도일 뿐 우리가 배운 '세계사'의 주인공은 역사 속에서 '지배적 위치'에 있던 사람들입니다. 그럼, 그것은 정말 세계사인가요? 세계사가 아니라 '유럽 백인 남자 지배층사'라고 해야 하는 것 아닌가요. 누군가는 그들이 힘을 갖고 있었으므로, 그들의 역사가 세계사인 것은 어쩔 수 없다고 말할 수도 있겠죠. 그렇다면 우리는 왜 '힘'을 가진 사람들을 중심으로 생각할까요? 힘없는 사람들, 하지만 열심히 살았던 많은 사람들의 삶과 일상과 문화 그리고 지혜는 기록되지 못하고 사라져도 괜찮은가요? 결국 특정한 힘이 있는 사람들의 시선에서 우리는 이 세계를 바라보고 있었던 것입니다. 그 소수 사람들의 시선을 '보편적인 것'처럼 만든 것이 지금까지의 역사 그리고 그에 대한 지식이라고 할 수 있습니다. 여성학은 '여성'의 입장에서 질문을 던짐으로써, 인종의 문제, 지역의 문제, 계급의 문제 등 여러 가지 차별의 기제들을 이론적으로 탐색하는 작업을 진행해 왔습니다. 여성학은 무엇인가를 덩어리로 묶어서, 하나의 기준 속에 통합시키기보다는 다양한 입장들과 조건들, 경험들 속에서 서로 다른 섬세한 차이들을 읽어 보려고 하는 학문입니다. 이러한 논의를 통해서 궁극적으로 이 사회 속에 살아가는 사람들이 좀 더 자유롭게 행복하게 살기 위한 길을 열어 가고자 하는 것입니다. 우리가 절대적이라고 믿던 것들이 사실은 현실을 '충분히' 반영하지 못하거나, '현실의 삶'을 더 힘들게 만든다는 것을 깨달을 필요가 있다는 것이죠.

### 3) 성차별과 인종차별은 다른 것인가?

여성학은 남성과 여성이라는 구별 그 자체에 대해서도 질문을 던집니다. 어차피 여성학의 주요 내용에 대해 다 설명할 수 없으니, 끝으로 성차별하지 않는다는 것의 의미에 대해 생각해 보는 것으로 마무리하겠습니다. 여러분은 성차별적인 사고를 얼마나 하고 있는지요? 이를 논의하기 위해 먼저 인종차별에 대해 한번 생각해 봅시다. 인종차별이 옳다고 생각할 분은 거의 없죠? 대부분이 인종차별은 잘못된 것으로 생각할 것입니다. 그렇다면, 성차별은 어떤가요? 성차별도 해서는 안 된다고 대답하겠죠. 성차별과 인종차별은 매우 유사합니다. 인종에 따라 차별하는 것이 나쁘듯이, 성이 다르다는 이유로 차별하는 것은 부당합니다. 그런데 차별이 없다는 것은 어떤 의미일까요? 만일 어떤 사람이 "성차별은 잘못된 것이다. 여성을 차별하면 안 되지만, 남성과 여성은 각각 담당해야 할 일이 따로 있다. 여자가 여자답게 살아간다면 존중해 주겠다."고 말한다면, 어떻게 판단해야 할까요? 그는 성차별하고 있는 것일까요, 아닐까요? 그럼 이 이야기를 인종의 문제로 바꿔서 생각해 보기로 해요. 누군가가 만일 "백인이나 흑인 등 인종을 차별하면 안 되지만 백인과 흑인은 각각 맡아야 할 일이 다르다. 흑인이 흑인답게 살아간다면 존중해 주겠다."고 말한다면 어떨까요? 사실 백인, 흑인 등 이른바 인종적 구분도 모호한 것입니다. 불분명한 피부색으로 사람을 구별하고, 그것에 근거하여 인종에 따라 맡은 일이 다르다고 말한다면 그는 심한 인종차별주의자입니다. 성별로 사람을 나누어서 규정하고 또 성별에 따라 역할이 다르다는 생각이 바로 성차별의 근원입니다. 사회 구성원 개인이 가진 능력이나 성향 등 다른 어떤 조건보다 성별이 먼저 인식되는 것이 성차별의 근원입니다. '백인은 흑인을 차별하면 안 된다.'는 생각을 하는 사람이 많은 사회가 평등한 곳일까요? 아니면 어떤 사람을 봤을 때, 그가 백인인지 흑인인지 등 인종에 대해 전혀 생각하지 않는 사회가 더 평등한 곳일까요? '인종'이라는 개념 자체가 별로 중요하지 않은 사회가 차별 없는 곳이겠죠. 남성 또는 여성이라는 구별. 어떤 사람을 판단하는데 성별이 그다지 중요하지 않게 되는 것. 사람을 만났을 때 또는 사람을 채용할 때, 그 사람이 남자인지, 여자인지 중요하지 않은 사회. 이것이 성차별이 없는 사회입니다. 유럽 여러 나라 및 미국, 캐나다 등에서는 회사에서 신입사원을 뽑을 때, 원서에 성별을 쓰도록 하거나 사진을 붙이도록 하는 것이 차별의 빌미가 될 수 있으므로 금지되어 있다고 합니다. 그가 가진 실력과 열정만을 평가한다는 것이죠. 한국 사회 속에 살아가는 우리를 떠올려 봅시다. 오늘도 얼마나 많이 '여자니까' 또는 '남자니까'라고 생각했나요? 성차별이 없는 사회, 성에 따른 구속에서 자유로운 사회를 만들기 위해, "여자니까." 또는 "남자니까."라는 말을 안 하기 실험을 해 보면 어떨까요? 여자, 남자이기 이전에 우리는 무한한 가능성을 가진 빛나는 한 인간입니다.

# 04

# 기자처럼
# 확인하고
# 분석하는
# 경영학 강의

표민찬 서울시립대학교 교수
'국제비교경영'

연세대학교 중문학과 학사
대만 타이완 대학교 대학원 경영학 석사
매일경제 기자
연합뉴스 베이징 특파원
미국 조지워싱턴 대학교 대학원 경영학 박사
삼성경제연구소 수석연구원
서울시립대학교 경영대학 경영학부 부교수

표민찬 교수는 대학 시절 중문학을 전공하였지만, 경영학과에서 강의를 들었다. 경영학을 부전공한 덕분으로 1995년 LG경제연구원 중국경제 담당 연구원으로 입사하였다. 하지만 그것도 잠시, 표교수는 그동안 모은 돈과 여행용 가방 2개를 끌고 무작정 대만으로 떠났다. 2년 반 동안 국립 대만 대학교를 다니면서 국제기업학과에서 MBA 학위를 받았다. 대만 생활을 마치고 한국으로 돌아와 다른 직장을 찾기 시작했다. 학력과 경력을 인정해 주지 않는 언론사의 특성으로 나이 제한에 가까스로 턱걸이해 동기 중에서 가장 나이 많은 수습기자로 1999년 매일경제에 입사했다. 하지만 채 2년이 되지 않은 기자 생활 후 다시 여행용 가방을 끌고 이번에는 비행기로 14시간 거리인 워싱턴 DC로 향했다. 워싱턴에서는 매일경제 TV 워싱턴 통신원으로 활동했다. 2005년부터 연합뉴스 베이징 특파원으로 근무했다. 이후 삼성경제연구소를 거쳐 2009년부터 서울시립대학교 교수로 재직 중이다. 교수가 되기 전, 언론사와 민간 기업에 근무했던 경험들을 통해 생생한 현장 이야기를 학생들에게 전해 줄 수 있다는 것이 표 교수의 강점이다. 지금도 학교에 몸담고 있지만, 현장의 경험을 계속 유지할 수 있도록 학교 밖의 소식과 정보에 늘 귀 기울이고 있다. 표교수는 길지 않은 교수 경력에도 불구하고 두 차례 최우수 강의교수(2010, 2011)와 대학 100대 명강의(2013)에 선정됐다. '국제비교경영' 강의는 선진국과 개발도상국의 기업 비교를 통해 앞으로 국제시장에서 경쟁구도를 전망하고 한국기업의 해외진출 전략을 구상한다. 표 교수는 강의를 통해서 학생들에게 낚시하는 법을 가르치고자 한다. 가능하다면 학생들이 이를 스스로 찾도록 유도하고자 한다. 기자에서 명강의 교수로 변신한 표 교수의 강의 비법을 알아본다.

"교훈이 항상 있는 것 같아 유익한 강의이고, 국제적인 마인드를 키우는 데 도움이 되고 있습니다."

"난 왜 경영학도가 아닐까를 아쉽게 하는 강의. 교수님 정말 깔끔하시고, 강의도 정말 깔끔합니다."

"다양한 방식의 생각을 유도하는 이야기를 해 주셔서 좋았습니다."

# 학생 스스로 답을 찾도록 한다

표민찬 교수는 자신이 아는 것을 가르치려고 하지 않는다. 경영이란 학문은 정답이 없어서 상황에 따라서 해결 방법이 달라져야 하기 때문이다. 그래서 학생들에게 질문을 많이 한다. 어떤 사례를 놓고 자유롭게 의견을 이야기하면 이것이 답일 수도 있고 저것이 답일 수도 있다. 하지만 학생들은 답을 말했다가 틀리면 어쩌나 불안해한다. 그래서 표 교수는 첫 시간에 이렇게 이야기한다. 자신이 미국에서 공부할 때 대학 강의실마다 "Right answers come from you.(정답은 학생들에게서 나온다.)"라는 문구가 적힌 액자가 걸려 있었다. 경영학이라는 학문 자체는 정답이 없으므로 자기 생각을 이야기해 주면 된다고 말이다. 그래서 표 교수 강의에서는 학생들이 자유롭게 이야기를 해서 강의가 이루어지고, 질문에 다양한 답들이 나올 수 있다. 교재에서 어떤 주어진 답을 외우는 게 아니라 학생들이 한 번 생각해 보는 게 훨씬 더 중요하다고 생각을 하기 때문이다. 이런 이유에서 표 교수는 알고 있는 지식을 전달하기보다는 학생들 입에서 답이 나오도록 유도하려고 노력한다.

이를 위해 교재를 사용하지 않는다. 교재가 없다는 말이 아니라 교재에 나온 내용을 그대로 전달하지 않는다는 것이다. 강의는 교재에 나온 주제만을 가지고 진행하고, 교재를 읽거나 요약하는 일은 하지 않는다. 교재를 공부하는 것은 학생들이 강의실 밖에서 스스로 해야 하는 일이라고 생각하기 때문이다. 그리고 학생들의 생각 방식을 변화시키기 위해서는 이론보다는 사례를 자주 보여 주는 것이 효과적이어서, 강의에 많은 사례를 추가하는 방향으로 강의를 진행한다.

표 교수는 학생들에게 머리로 배우지 말고 마음으로 배우라고 강조한다. 머리로 암기하는 내용은 기말시험을 보고 나면 모두 잊어버린다. 특히 기업의 경영 환경은 너무 빨리 바뀌기 때문에 그나마 강의를 통해 암기한 지식도 몇 년이 지나면 필요가 없어진다. 꼭 이론이 필요하다면 학생들이 직접 교재를 찾아서 읽으면 되기 때문에 굳이 강의에서 이론을 설명할 필요가 없다고 생각한다. 지식을 배우는 이유는 배운 지식을 행동으로 옮기기 위한 것이기 때문이다. 마음으로 배운 지식은 행동을 변화시키지만, 머리로 배운 지식은 학기 말 시험이 끝나고 나면 그냥 잊히는 것이다.

또 강의 중에는 질문을 많이 한다. 예를 들면, "지금 현대자동차를 다니고 있는데 현대자동차 CEO가 당신 팀한테 왜 소비자들이 외국 차를 사는지 한 번 조사해 보라고 했다. 그럼 당신은 어떻게 할 것인가?" 그럼 학생들이 답을 한다. 설문조사나 인터뷰를 하겠다고 하면, 그럼 누구를 대상으

표민찬 교수가 연구실에서
교수 자료를 보고 있다.

로 설문조사를 할 것인지를 다시 물어본다. 또는 누구를 대상으로 인터뷰할 것인지를 묻는다. 그럼 어떤 사람들을 대상으로 설문조사나 인터뷰를 한다고 답이 나오면 설문에는 어떤 내용을 쓸 것인지를 물어본다. 이렇게 질문을 이어 간다.

특히 학생들이 결과보다는 과정에서 배우기를 희망한다. 한 학기 동안 준비하는 팀 프로젝트를 학생들에게 주는데, 가이드라인은 최소화한다.

수영할 때 수영 이론을 배웠다고 수영을 할 수 있는 것은 아니기 때문이다. 물에 들어가서 물장구를 쳐야 수영을 할 수 있다. 낚시하는 법을 배웠다고 해서 낚시를 할 수 있는 것은 아니다. 표 교수는 낚시를 실제로 해 봐야 한다고 생각한다. 학생들도 마찬가지이며, 팀 프로젝트 역시 마찬가지다. 프로젝트를 현실과 거의 같게 내고 평가한다. 예를 들면, 스스로 한 기업의 직원이라고 여기고, 회사 CEO가 당신에게 해외에 투자하려고 하는데 투자 관련된 조사를 해 보라는 프로젝트를 준다. 이것이 프로젝트 임무의 전부다. 그러면서 『손자병법』에 나오는 '지피지기면 백전불태다.'라는 문장 하나만 준다. 이것이 가이드라인이다. CEO도 이런 업무를 시킬 때

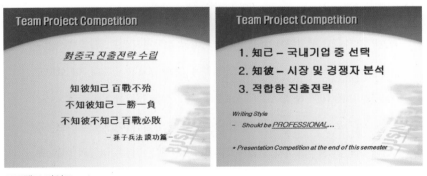

프로젝트 가이드 ppt

이렇게 하라, 저렇게 하라고 알려 주지 않기 때문이다.

투자를 하려면 자신의 기업이 어떤지 알아야 하고, 투자 국가가 어떤지도 알아야 한다. 그런 내용은 학생들이 알아서 해야 한다. 처음에는 가이드라인을 자세하게 제시했더니 학생들이 가이드라인대로만 하는 것이다. 그래서 구체적인 가이드라인을 주지 않기로 했다. 이 강의는 상위 과목이어서 이론은 배울 만큼 배웠기 때문에 학생들이 하고 싶은 대로 하라고 주문한다. 표 교수는 이를 통해서 색다른 아이디어를 생각해 내서 프로젝트를 하는 것을 원한다. 그래서 가이드라인을 최소화했더니 학생들의 아이디어가 훨씬 나아졌다.

표 교수는 이처럼 학생들이 모여서 프로젝트와 관련해 의논하고 그러한 논의 과정에서 많은 것을 배울 것으로 생각한다. 따라서 프로젝트는 팀원 간 노력의 흔적과 새로운 아이디어의 제시 여부를 가지고 평가한다. 다음은 학생 프로젝트의 예다.

현재 웅진코웨이는 약 56%의 정수기 시장을 점유하고 있다. 하지만 국내 정수기 시장의 포화상태로 정수기 시장 성장률은 점차 둔화되고 있으며, 후발 주자들이 선전함에 따라 웅진코웨이의 점유율마저도 위협받고 있다. 따라서 웅진코웨이는 새로운 성장 동력을 찾을 필요가 있으며, 이 보고서에서는 이에 대한 해법으로 대만으로의 해외 진출 전략을 제시한다.

진출 국가로 대만을 선정한 데에는 해외 진출 성공 사례인 말레이시아와 실패 사례인 중국에서의 경험을 많이 반영하였다. 이 두 나라의 비교 분

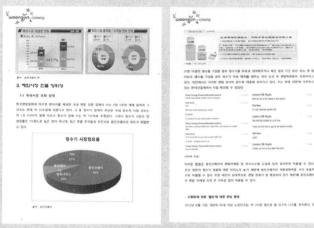

프로젝트 사례 학생 PDF

석을 통해 도출한 시사점과 그 밖의 요인들을 대만 거시 환경에 대한 PEST 분석을 통해 정리하였으며, 이를 통해 대만 진출의 타당성을 확인할 수 있었다.

구체적인 진출 방법은 FDI 중 'Green Field Investment' 방식이다. 그 이유로는 합작 대상 업체의 부재, 당사의 안정적인 현금 창출, 소규모 자본투자로도 진출 가능, MBK 파트너스로의 피인수에 따른 잉여 현금 흐름 발생이 있다. 진출 후 당사의 핵심 경쟁력인 코디 시스템을 현지에 맞게 구축하기 위해 대만 현지의 고급 인력을 고용해야 하며, 이들에 대한 적극적인 교육 투자와 애사심을 높일 수 있는 다양한 활동들을 제안한다.

대만으로 진출 후 초기 타겟은 B2B 마켓으로 선정하였다. 대만은 경제성장 과정에서 중소기업들이 주축으로 이루어 발전하였다. 그 결과 대만에는 산업 구조상 중소기업이 많이 설립되었다. 이러한 중소기업을 초기 타겟으로 선정함으로써 시장창출 효과와 함께 파급효과를 기대할 수 있다. 이를 위해 중소기업들에 '한 달 동안의 무료 체험' 기회를 제공한다. B2B 마켓에 대한 전략 수립 후 B2C 마켓으로 범위를 확장한다. B2C 마켓에서는 현지에 맞는 제품 패키지 개발 및 한류 열풍, SNS 등의 사회문화적 특징을 활용하여 다양한 마케팅 활동을 전개하며, 이를 통해 시장 점유율을 점차 확보해 나간다.

대만 진출을 위한 비용으로는 말레이시아 법인의 사례를 참고하였을 때 자본재 구입을 위한 초기 투자자본으로 150억 원, 고용 및 교육으로 11.5억 원, 차량 구매비로 4.25억 원이 예상된다. 예상되는 수익의 경우 대만 현지의 정수기 시세를 참고하였을 때 한국과 같은 30,000원의 렌탈비를 합리적으로 책정할 수 있었으며, 대만의 낮은 인건비를 고려하였을 때 약 15%의 영업이익률을 얻을 수 있었다. 이를 통해 1계정 당 세후 45,000원의 이익을 예상할 수 있었으며, 초기 투자 비용을 모두 회수하려면 약 368,000원의 신규계정이 요구된다. 이 경우 매우 보수적인 관점으로 접근한 것임에도 불구하고 손익 분기 계정수가 그리 부담스러운 수치는 아님을 확인할 수 있었다.

"제 진로를 고민할 만큼 유익하고, 동기 부여가 되는 강의와 강의 방식이었습니다. 좋은 말씀도 좋습니다. 한 가지 건의할 것이 있다면, 좀 더 다양한 팀원들과 일해 볼 수 있는 팀 프로젝트를 한 번 정도 더 늘

리심이 어떨까 하는 것입니다. 배운 게 참 많은 한 학기였습니다."

"한 한기 동안 가장 좋았던 강의였습니다. 해당 과목에 대한 이해는 물론, 앞으로 제 인생을 살아가면서 깊이 새겨야 할 교훈들도 많이 가르쳐 주셔서 감사합니다. 다만, 마지막 발표 방식에 대해서 교수님께서 어떠한 방식으로 발표를 준비하라고 미리 말씀해 주셨다면 그 프로젝트를 더욱 잘 수행할 수 있었을 텐데, 그 점이 매우 아쉽습니다. 한 학기 동안 매우 감사합니다."

표민찬 교수는 암기식 지식을 전달하는 강의를 경계한다. 물론 경영학 분야의 중요한 이론이 있지만, 교재를 활용하되 교재 내 지식을 단순히 전달하고 학생은 암기하는 방식을 지양한다는 것이다. 표 교수는 강의에서 학생들이 프로젝트를 수행하도록 하고 있는데, 프로젝트는 관련 주제에 대한 정보나 지식, 이론과 원리 등을 포섭하고 이를 조정, 통제 및 활용할 수 있는 수준에 도달했을 때 가능한 과제라고 할 수 있다. 그런 점에서 표 교수가 강의를 통해 교재 내 지식을 전달하거나 암기하도록 강제하지 않아도 학생들 스스로 프로젝트를 수행하는 과정에서 관련 이론과 정보를 끊임없이 탐색할 수밖에 없다.

또한 표 교수는 질문과 대답을 통해 강의를 진행하는데, 교수와 학생 간 오가는 질문과 대답 모든 것이 강의의 핵심 내용을 구성하는 것이라 학생들은 연결된 질문과 대답을 통해 강의 내용을 유기적으로 연계하여 사고하게 된다.

# 다양한 사례 제시

표민찬 교수의 국제비교경영 강의의 일부 내용이다.

오늘은 '크로스 컬처 매니지먼트(Culture management)'라는 국가 간의 문화 차이에 따라서 기업이 해외에서 기업 경영을 어떻게 해야 하는지를 배워 보도록 합니다.

오늘 학습 목표는 '우선 문화란 무엇인가?'라는 이야기를 먼저 나누고, 그다음에는 각 나라의 문화의 특징을 구성하는 요소들은 어떻게 구성되어 있는가에 관해서 이야기해 보도록 하겠습니다. 세 번째로 이 특성에 따라서 각 나라의 문화적 특징에 따라서 각 나라를 문화적 특징으로 어떻게 나누는지에 대해서 이야기해 보고, 마지막으로 이런 각 나라의 문화의 차이를 국제경영에서 어떻게 응용하는지에 대해서 이야기를 해 보도록 하겠습니다.

우선 본론으로 들어가기 전에 간략한 광고를 보겠습니다. 광고는 그 나라의 문화를 가장 집약적으로 표현하는 매체이기 때문에 광고를 통해서 그 나라의 문화를 파악하는 데에 도움이 됩니다.

다음은 무슨 광고일까요? 우리가 흔히 많이 접하는 내용으로 권선징악에 관련된 이야기입니다. 우리나라 드라마에서도 많이 볼 수 있는 부잣집에 성격 나쁜 여자와 그다음에 가난하지만 착한 사람 사이의 경쟁인데, 마지막에는 결국 가난한 사람이 착한 사람이 이긴다는 권선징악적인 내용입니다. 이 내용만으로는 샴푸 광고라는 것을 파악하기 쉽지 않습니다. 이 광고를 보면 샴푸 하나를 파는 게 쉽지 않다는 것을 알 수 있는데, 팬틴 광고의 특징이 있습니다. 일본의 광고를 연속해서 보겠습니다. 팬틴 광고만이

태국의 샴푸 광고

가지고 있는 특징이 있습니다.

일본의 샴푸 광고는 제품의 기능을 강조하는 광고입니다. 이 샴푸를 쓰면 3일 만에 내 머리가 부드러워진다는 등 제품의 기능성을 광고합니다. 이것이 팬틴 광고의 특징인데, 맨 처음에 보여드린 태국 광고를 보면 그런 부분들이 전혀 나오지 않습니다. 권선징악적인 제품의 성능보다는 인간의 감정에 호소하는 특징을 가진 광고를 태국에서 하게 되는 것입니다. 그 이유는 나라마다 서로 다른 문화를 가지고 있기 때문에 그 나라의 문화적 특성에 맞게 광고 효과가 높은 광고를 하기 때문입니다. 예를 들면, 선진국과 같은 경우에는 감정에 호소하는 감동 어린 광고는 별로 없습니다. 특히 선진국 광고의 두 가지 특징은 재미있거나 아니면 제품의 기능을 강조하는 것입니다. 반면에 개발도상국은 인간의 정에 호소하는 광고들을 많이 합니다. 우리나라도 아직 그런 광고들이 많은데, 특히 경제 위기가 오면 감정에 호소하는 광고들이 매우 많아집니다. 예를 들면, 2003년에 우리나라에 카드대란이 나면서 경제가 어려웠을 때 삼성생명이 가족애를 강조하는 광고를 하면서 브랜드의 인지도를 올린 적이 있습니다.

브랜드의 인지도를 조사하는 방법에는 여러 가지가 있는데, 먼저 보조

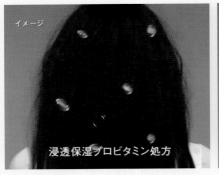

일본의 샴푸 광고

인지(aided awareness)라는 방법이 있고, 비보조 인지(unaided awareness) 그리고 최초 상기(top of mind)라는 방식이 있습니다. 보조 인지란 소비자에 대한 브랜드 인지도를 조사할 때 여러 가지 사례를 주는 것입니다. 예를 들면, "'자동차' 하면 떠오르는 브랜드를 고르시오."라고 하면서 예를 줍니다. 현대, 기아 등 예를 주고 설문받는 사람들이 '자동차' 하면 떠오르는 브랜드를 고르는 방식입니다. 비보조 인지는 "'자동차' 하면 떠오르는 브랜드를 쓰시오."라는 것입니다. 설문을 받는 사람들은 여러 가지 브랜드를 모두 쓸 수 있습니다. 세 가지 브랜드를 적어도 됩니다. 반면 최초 상기는 '자동차' 하면 머리에 딱 떠오르는 첫 번째 브랜드를 쓰는 것입니다. 이것은 브랜드 인지도를 조사할 때 가장 강력한 방식입니다. 예를 들면, 2003년에 삼성생명이 경제위기에 가족애를 강조하는 광고를 하면서 삼성생명의 최초 상기가 75%였는데 광고 이후에 80%까지 올라가는 효과를 거뒀습니다. 그만큼 경기가 어려울수록 감정에 호소하는 광고들이 효과를 보입니다.

사례를 하나 더 보면, 2008년 미국발 세계 금융 위기가 발생하면서 우리나라 경기가 굉장히 어려워졌습니다. 다음의 광고는 당시 현대자동차가 국

내에서 했던 광고인데, 인간의 감정, 꿈과 희망을 강조하는 광고였습니다. 반면 외국 자동차들은 재미있게 광고를 만듭니다. 도서관에서 금발의 미녀가 와서 "저는 햄버거와 프렌치프라이를 주세요."라고 이야기를 합니다. 그랬더니 "여기는 도서관입니다."라고 도서관 직원이 이야기합니다. 그러자 금발 미녀는 아주 작은 목소리로 "햄버거와 프렌치프라이를 주세요." 라고 이야기합니다. 자동차가 그냥 예쁘기만 한 것은 효과가 없다는 것을 말한 것입니다. 비슷한 시기의 광고인데, 현대자동차는 동양적 사고, 특히 감정에 호소하는 광고를 하였고, 서양에서는 재미 중심의 광고를 합니다. 또 다른 TV 광고입니다.

광고의 콘셉트가 'Sound is another color(소리는 또 하나의 색깔이다.)'인데 TV가 화질로만 경쟁하는 것이 아니라 TV도 소리가 중요하다는 광고입니다. 똑같은 콘셉트를 가지고 외국과 우리나라에서 한 광고를 봅시다. 광고는 TV의 화질이 아니라 음향을 강조하고 있습니다. 반면 똑같은 콘셉트를 가지고 만든 우리나라 광고는 배경과 정서적인 면을 강조하는 광고를 합니다.

외국의 광고는 굉장히 재미있습니다. TV 볼륨을 높이니까 베이스음이

외국의 TV 광고

우리나라의 TV 광고

높은 사람들이 더 나와 노래를 부르는 방식으로 광고를 재미있게 만듭니다. 왜냐하면 그 나라 문화에 맞게 광고를 해야 하기 때문입니다. 예를 들어 미국의 광고를 우리나라에서 하는 식으로 감정에 호소를 하면, 당연히 미국에서 광고 효과가 제대로 나오지 않습니다. 반면에 팬틴 광고에서 봤듯이, 태국에서는 감정에 호소하는 광고를 만든다는 것입니다. 우리나라 기업이 해외에 나가서 광고할 때도 우리나라에서 하던 광고를 그대로 영어로 옮겨서 하면 안 되고 그 나라의 문화에 맞게 광고를 바꿔 줘야 합니다.

　지금까지 광고를 보여 준 이유는 문화를 설명하기 위한 것입니다. 각 나라의 문화가 다르다는 것입니다. 그렇다면 과연 도대체 문화란 무엇인가?

문화란 추상적으로 이야기하면 가치와 규범입니다. 가치란 그 나라 사람들이 옳다고 생각하는 사고방식이고, 규범이란 그 나라의 법과 규정이라고 할 수 있습니다. 그래서 가치와 규범은 추상적인 개념이고, 구체적으로 우리의 손에 닿는 그런 문화의 개념을 보면 그 나라의 문학 작품이나 도로, 즉 어느 나라에서는 자동차가 왼쪽으로 가고 다른 나라에서는 오른쪽으로 가고 이런 것도 문화의 일부입니다. TV 프로그램 드라마의 특징도 그 나라의 문화입니다. 문화는 굉장히 복잡한 개념을 가지고 있습니다. 예를 들면 종교도 문화의 일부분이고, 앞서 말한 가치, 규범도 일부분이고, 사회구조, 언어, 의사소통 방식도 모두 문화의 일부입니다. 정치 시스템, 역사, 교육 방식도 문화의 특징입니다.

문화는 빙산의 일각이라고 할 수 있습니다. 빙산의 대부분은 물속에 가라앉아 있고 일부만 떠 있습니다. 따라서 우리가 눈으로 보는 문화는 굉장히 작은 부분들입니다. 한 나라의 문학 서적을 한 권 보았다거나, 할리우드 영화를 보면서 미국의 문화를 파악한다는 것들은 우리가 눈으로 보는 문화이지만, 그 밑으로 보면 엄청나게 깊은 문화라는 게 있습니다. 예를 들면, 우리나라에서 상대방과 눈을 마주치는 것에 대해서 별로 긍정적인 생각을 하지 않습니다. 식당에서 밥을 먹는데 다른 자리에 있는 사람과 눈이 마주치면 잘못하면 싸움이 납니다. 우리나라에서는 눈을 뚫어지게 바라보는 것은 적대감을 나타내는 것으로 분석됩니다. 그러나 미국 같은 경우에는 다릅니다. 미국에서는 엘리베이터를 탈 때 처음 본 사람과 눈이 마주치면 가볍게 인사하고 웃어 줍니다. 그리고 처음 본 사람한테 인사를 잘하는데, 눈을 마주치는 것 자체가 적대감을 나타내지 않습니다. 확인되지는 않았지만, 미국 사람들이 모르는 사람과 눈이 마주쳤을 때 웃어 주는 이유는,

표민찬 교수는 다양하고 적합한 사례를 충분히 활용한다.

예전부터 미국 사람들은 총을 가지고 다녔는데 언제 저 사람이 나에게 총을 쏠지 모른다고 생각해서 모르는 사람을 만났을 때 웃어 줌으로써 '나는 너의 적이 아니다.'라는 것을 보여 주기 위해서 웃었다는 이야기가 있습니다. 그런 역사로 지금도 다른 사람과 눈이 마주치면 가볍게 인사하고 웃어 주는 문화가 나왔습니다. 이런 역사적 배경이 우리가 눈으로 볼 수 있는 한 나라의 문화의 밑에 자리를 잡고 있습니다. 우리가 한 나라의 문화를 파악하는 것은 굉장히 어렵습니다. 외국에 몇 년 산다고 해서 문화를 전체적으로 파악하는 것은 어렵습니다.

"현실과 동떨어진 이야기가 아닌 현실에 적용한 이야기를 많이 해 주시기 때문에 사회 전반 현상에 대해서 파악하기 쉽게 도와주신다."

"흥미로운 사례들을 많이 보여 주시고 여러 방면에서 걸친 지식을 쌓을 수 있는 시간이라 매우 흥미로웠습니다."

"많은 것을 배운 강의였습니다. 시립대학교에 이런 강의가 많아졌으면 좋겠습니다."

"일반 강의가 아니라 마치 명강의를 듣는 것 같았습니다. 해당 분야에 대해서 많은 지식을 쌓을 수 있었습니다. 교수님의 열정에 매우 감사드립니다."

표 교수 강의의 특징 중 하나는 다양하고 적합한 사례를 충분히 활용하는 것이다. "국가 간 문화의 차이를 경영학에서 반영해야 한다."는 단순한 설명보다, 다양한 국가의 문화 차이가 고려되어 제작된 광고를 보여 줌으로써 학생 스스로 '국가 간 문화 차이가 존재하고 있으며, 이것이 경영학에서 반영될 필요가 있구나.'라는 판단을 할 수 있도록 하는 것이다. 일반적으로 교수의 설명 이후 이를 보강하는 차원에서 사례가 활용되는 경우가 많은데, 표 교수는 교수의 설명 이전에 사례를 먼저 보여 줌으로써 학생 스스로 강의 핵심 내용을 호기심을 갖고 연상하며 공감할 수 있도록 독려한다.

## 형님 같은 교수님

표민찬 교수는 학생과의 소통을 위해서는 거리감을 줄여야 한다고 생각한다. 그래서 표 교수는 교수-학생 관계가 아니라 인간 대 인간이라는 관계를 조성하려고 노력한다. 복장도 정장을 지양하고 되도록 캐주얼한 옷을 입으려고 한다. 요즘 기업들도 소통에 관심이 많은데, 인간 대 인간의 수평적 관계가 형성되면 소통은 자연스럽게 이뤄지는 것 같기 때문이다.

미국의 대학뿐 아니라, 대만의 대학에서도 학생들은 강의실에서 매우 자유롭고 편안해 보인다. (표 교수는 대만에서 석사학위를 받았다.) 반면에 우리나라의 강의실 분위기는 매우 딱딱해 보인다. 이와 같은 딱딱한 분위기에서는 학생들과 감정적인 교류가 불가능하고, 따라서 자연스러운 의사소통도 어렵다.

표 교수는 강의실의 분위기가 너무 편안해서 학생들이 하고 싶은 말이 있으면 무의식중에 입에서 튀어나오는 분위기를 만들려고 노력한다. 학생들이 참여할 수 있어야 강의가 재미있어지기 때문이다. 학기 초에는 학생들이 많이 경직되어 있지만, 자유로운 분위기를 만들려고 노력하다 보면 학기 중반부터는 학생들의 표정과 태도가 달라지는 것을 느낄 수 있다.

그 결과, 표 교수는 강의를 통해 학생들과의 거리가 실제로 많이 가까워지는 것 같다고 느낀다. 실제로 수강한 학생 중에 연구실로 상담을 오는 학생들이 많이 있다. "형님 같아서 말씀드리는데……"라며 여자 친구 문제를 상담하는 학생도 있고, 때로는 아예 여자 친구를 데리고 연구실로 오는 학생도 있었다. 세세한 개인 문제들을 상담하러 오는 학생들을 보면 학생들과 거리감을 좁히려는 시도가 성과를 보이고 있는 것 같아 만족스럽다. 그리고 표 교수는 앞으로 나이가 더 들어서 학생들과 물리적인 거리(나이)가 멀어지더라도 심리적 거리는 지금과 같이 유지해야겠다는 생각을 한다.

그리고 표 교수의 마지막 강의는 특별하다. 마지막 시간에는 정규 강의 외의 이야기를 한다. 『하버드 졸업생은 마지막 강의에서 만들어진다』(2008)는 책을 읽고 난 뒤부터 이렇게 강의를 진행한다. 이 책에 따르면, 미국 하버드 대학교의 교수들은 마지막 시간에 정규 강의를 하지 않고 학생들에게 자기가 살면서 느꼈던 점들 그리고 학생들에게 꼭 하고 싶은 이야기를 해 준다. 이것이 하버드 대학교의 경쟁력이라는 것이다. 그래서 표 교수도

'문제해결 과정'이란 무엇인가에 대한 표민찬 교수의 인터뷰 내용

강의 마지막 시간은 커리큘럼에 따른 강의를 하지 않고 학생들에게 자신이 해 주고 싶은 이야기를 한다.

　마지막 강의에서 표 교수는 학생들에게 한 학기 동안 진행했던 강의의 키워드가 무엇인지 물어보고 학생들이 자유롭게 답한 내용들을 모아본다. 이번 학기 강의에서는 상생과 관련된 내용이 많았다. 기업도 서로 살아야 하고, 개인과 가계도 살아야 한다. 경영학에서 자꾸 돈 놓고 돈 먹기 식으로 배우다 보니 학생들도 돈을 목적으로 생각하게 된다. 하지만 욕심은 한도 끝도 없다. 표 교수는 특히 돈, 화폐가 나오면서 욕심의 한계가 없어졌다고 생각한다. 화폐가 없었을 때는 만약 쌀을 생산하면 몇 년씩 묵혀 둘 수가 없었다. 보관에 한계가 있다 보니 쌓아 놓을 수 없었다. 하지만 화폐는 얼마든지 은행에 보관이 가능하다 보니 갈수록 사람들의 욕심이 많아지는 것 같다고 표 교수는 말한다. 행복방정식을 보면 욕심, 욕망 분의 소비다. 욕망을 줄이면 행복해지는데 사람들의 욕망은 커지니까 자꾸 소비를 키우려고 한다. 소비는 아무리 키워 봐야 만족할 수 없다. 따라서 표 교수가 학생들에게 마지막 해 주는 이야기는 같이 살아야 한다는 것이다. 경영학을 배우더라도 나만 잘사는 법이 아니라 같이 잘사는 법을 배워야 한다고 말한다. 또 '국제비교경영' 과목은 4학년 과목이다. 따라서 수강생들은 취업을 눈앞에 둔 학생들이 대부분이다. 이들을 위해서 AQ(Adversity Quiotient)라는 역경지수(어려움에 처했을 때 포기하지 않고 극복하는 능력)에 대해서 설명한다. 역경이 닥쳤을 때, 그 역경을 헤쳐 나가려는 사람이 성공한다는 것이다. 따라서 앞으로는 지능지수(IQ)나 감성지수(EQ)보다 역경지수(AQ)가 중요하며, 이런 사람이 되도록 노력할 것을 마지막으로 당부한다.

표 교수는 강의 마지막 시간을 효율적으로 활용하고 있다. 한 학기 강의를 돌아보며 학생들이 제시하는 키워드를 통해 논의하고 전체 키워드를 통합하여 교수로서 학생에게 제언한다. 제언을 통해 경영학에서 중요한 또 다른 측면인 윤리, 상생 개념 등 경영학을 배우는 학생들 사고의 범주를 경영학의 세계 넘어 삶을 살아가는 차원까지 확장한다.

대개 대학 강의에서 한 학기 동안 중요한 내용을 많이 다룸에도 불구하고, 한 학기 동안의 강의를 교수와 학생이 함께 정리하는 시간을 갖는 경우는 거의 없다. 대개 15주 동안의 정해진 강의 일정이 끝나고 나면 교수와 학생은 지난 강의 내용에 대해 검토하거나 함께 논의하는 시간 없이 강의가 종료된다. 표 교수는 강의 마지막 시간에 한 학기 동안 강의 내용을 학생들과 함께 논의함으로써 강의의 의의와 가치에 대해 정리하는 기회를 가진다. 학생 입장에서도 한 학기 강의를 정리할 수 있는 유익한 시간이 된다.

표 교수의 강의는 생각하는 힘과 보는 시각을 길러 준다.

"교수님 정말 최고예요. 강의도 최고. 교수님도 최고. 강의 내용도 내용이었지만 그 속에서 경영적 지식뿐만 아니라 삶의 교훈을 많이 느낄 수 있는 정말 정말 만족하고 좋은 강의였습니다. 교수님 멋져요. 교수님 같은 사람 되고 싶어요. 항상 건강하세요."

"강의 준비를 아주 열성적으로 해 주신 게 눈에 보여서 그만큼 학생들도 교수님 강의에 열심히 참여하였습니다. 앞으로도 이러한 강의 계속 해 주시면 감사하겠습니다. 한 학기 동안 정말 유익한 강의 해 주셔서 감사드려요."

"시립대학교에서 들어 본 강의 중에서 손에 꼽을 정도로 유익하고 감사한 시간이었습니다. 덕분에 많은 것을 배우고 갑니다. 감사합니다."

"한 학기 동안 보여 주신 열정에 감사드립니다. 앞으로도 좋은 강의 계속 부탁드립니다."

끝으로 표민찬 교수의 '국제비교경영'의 좋은 강의 특성을 정리하면 다음과 같다. 첫째, 강의를 진행하면서 다양하고 적절한 예시 및 자료 활용 능력이 돋보인다. 강의에서 교수자는 다양한 국가의 광고를 통해 흥미 유발 및 문화 차이에 대한 이해를 도우면서 국제비교경영이라는 다소 무겁고 이론적으로 치우칠 수 있는 과목을 명쾌하게 설명한다. 상대적으로 오래 기억될 만한 강의력과 자료 활용도를 제공함으로써 학생 스스로 정리하고 학습한 내용을 살필 기회를 제공하고 있다. 둘째, 교수자는 강의 중간에 학생들에게 팀별로 자신들의 생각을 반영하는 기회를 제공함으로써 학생들로 하여금 다양한 시각으로 그 주제를 생각해 볼 수 있게 한다. 이러한 활동은 단순히 지식을 전달하는 것이 아니라 전달 후 분석을 통해 재학습함으로써 학습 몰입도 및 효과를 크게 높일 수 있다. 학생들은 배운 지식을 응용하여 다양한 이슈와 과제들을 생각하고 이를 통해 자신이 배운 내용을 정리하고 내면화시킬 수 있다.

머리로 배우지 말고 마음과 가슴으로 배우라는 이야기를 합니다.
왜냐하면 머리로 배운다는 이야기는 지식을 암기하는 거잖아요.
마음으로 배워야 행동으로 변화됩니다.

ㅡ'삶의 지혜를 배우다' 표민찬 교수의
인터뷰 내용 중에서

# 05

#

# 13개의
서로 다른
전공이 참여한
다학제 간
협동 프로젝트
강의

조정원 제주대학교 교수
'에듀워터'

인천대학교 정보통신공학과 공학사
한양대학교 전자통신공학과 공학석사
현대전자 근무
한양대학교 및 한양여자대학교 강사
한양대학교 전자통신전파공학과 공학박사
제주대학교 컴퓨터교육과 학과장
제주대학교 사범대학 부학장
제주대학교 사범대학 컴퓨터교육과 교수

　　'에듀워터(eduWater)'는 산·학·연·관 협동 프로젝트로
서 학제 간 융복합을 기반으로 하여 물 산업 전문가를 양성하는 특화 교육 프
로그램이다. 다양한 전공의 학생들과 지도교수들이 모여 팀을 구성하고, 각
팀은 산·학·연·관과 협력하여 주제를 선정한 후, 단계별 과제를 해결하며
프로젝트를 완성하는 일련의 과정으로 이루어져 있다. 이를 통해 산업 현장
에서 요구하는 실무 능력을 갖춘 현장 밀착형 인재를 양성하는 것을 목적으
로 한다. 이 특화 교육 프로그램을 기획하고 운영의 책임을 져 온 조정원 교
수는 미국 ABI 및 Marquis, 영국 IBC 등의 세계 3대 인명사전 발행기관으로
부터 국제 100대 공학자 및 교육자에 선정되는 등 각종 주요 국제인명사전에
등재되어 있다. 2011년에는 (사)한국융합학회로부터 융합교육대상을,
2012년에는 대학을 빛낸 우수교수상(제주대학교)과 대학 100대 명강의 수상자
로 선정됐다.

에듀워터 프로젝트 팀장 조정원 교수

에듀워터는 지역 산업과 인재를 키우기 위해서 정부의 지원을 받아 2006년부터 (제주문화콘텐츠 전문인력양성사업단) 협동 프로젝트 특화 교육 프로그램으로 시작하여 명강의에 선정된 2011년 1학기까지 계속 진행되어 왔다. 그동안의 결과는 놀라웠다. 에듀워터 교과 과정 관련 논문으로 2009년 (사)한국산학기술학회 산학기술혁신 분야 우수논문상 수상, (사)한국융합학회 최우수논문상을 받았다. 또 명강의에 선정된 2011년 1학기 동안 기능성 주류 3건, 기능성 음료 2건, 콘텐츠 및 S/W 프로그램 4건, 홍보 마케

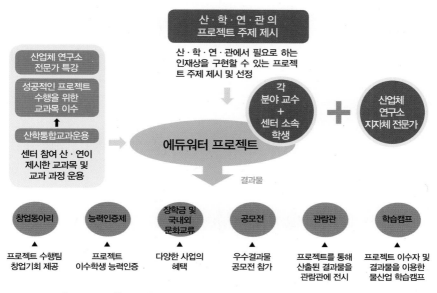

[그림 5-1] 산·학·연·관 협동 프로젝트 '에듀워터 프로젝트'

팅 전략 4건 등의 괄목할 만한 성과를 얻기도 했다. 이 특화 교육 프로그램은 앞서 2005~2009년 동안 진행된 지방대학교 혁신역량강화사업에서 우수사례로 연속 2회 선정되었고, 제주문화콘텐츠 전문인력양성사업단을 누리사업 최종 결산 중형 부분 전국 2위, 국립대학교 전체 1위 및 교육과학기술부 장관 표창 수상으로 이끌었다.

**〈에듀워터 프로젝트 팀 수상 내역〉**

| 날 짜 | 수상 내역 | 연구 내용 | 팀 명 | 지도 교수 | 팀원 | 협력 업체 |
|---|---|---|---|---|---|---|
| 2010/05/14 | (사)한국감성과학회 춘계학술대회 우수논문 발표상 | 상호 작용적 UCC 제작을 통한 감성적 홍보 | Comviron-ment Water | 김성백 교수 외 1명 | 김민수, 부경민, 임경덕 | 제주특별자치도개발공사/ 한국농어촌공사 제주지역본부 |
| 2010/05/28 | (사)한국산학기술학회 2010 춘계학술대회 우수논문상 | 기능성 주류의 소비기한을 고려한 쇼핑몰 이벤트 생성 알고리즘 연구 | 상선약수(주) | 고성보 교수 외 2명 | 임세홍, 박충훈, 고영민 | (주) CS |
| | (사)한국산학기술학회 2010 춘계학술대회 우수논문상 | 감태를 이용한 기능성 막걸리 홍보 콘텐츠 설계 | 장수 | 조정원 교수 외 2명 | 임세홍, 박충훈, 고영민 | (주)라이브켐, (주)아트피큐 |
| 2010/11/12 | (사)한국산학기술학회 2010 추계학술대회 우수논문상 | 제주 조릿대 추출액을 활용한 식초 음료의 항산화 활성 연구 | Sasa Quel | 이남호 교수 | 오한솔, 김성천, 한정환, 박소정, 이영주, 고하나 | 생물공학천연물연구소/ (주)제주느낌 |
| | (사)한국산학기술학회 2010 추계학술대회 우수논문상 | 소셜 네트워크와 위젯을 활용한 제주 용천수 홍보 방안 | 용천수 Guard | 방익찬 교수 외 1명 | 오수재, 양진혁, 우상곤, 박경호 | 네오인터넷 |

에듀워터 프로젝트 팀 수상 상패

　에듀워터 강의의 가장 큰 특징은 기존의 강의 형식이 아닌 팀별로 프로젝트를 수행하는 새롭고 다양한 방식의 강의 운영이라고 할 수 있다. 먼저 대학 내의 다양한 전공의 학생들과 지도교수가 모여 팀을 구성하고, 주제를 선정한 후, 단계별 과제를 해결하며 프로젝트를 수행한다. 그다음, 단계별 보고서를 정형화된 문서로 작성하여 정리하고, 발표하는 단계를 거친다. 설정된 강의 목적에 따라 강의 구성이 명쾌하고, 체계적인 일정이 학생들의 자발적인 동기유발을 이끌어 내는 점이 인상적이다. 나아가 이러한 실무형 프로젝트 진행의 강의 방식은 학생들의 기획력, 팀워크, 의사전달 능력, 보고서 작성, 프레젠테이션 능력 등 실무 능력을 습득·향상할 수 있는 기회를 제공함으로써 학생들이 사회인으로서 성장할 수 있는 발판을 제공한다. 학생들 또한 이러한 강의 방식에 긍정적 반응을 보인다.

　"실무에서 적용되고 있는 프로젝트 수행 절차라든지 이런 것들을 많이 배웠고, 잘 모르는 사람들끼리 팀을 짜서 하는 프로젝트의 힘든 점을 느꼈던 것 같다. 하지만 수행 과정에서 필요했던 여러 가지 소프트웨어와 응용 프로그램들을 접하면서 새로운 것을 배웠다."

"프로젝트란 이런 것이라는 것을 크게 느낄 수 있었다. 이러한 일을 해 본 것이 처음이었고, 팀장이라는 위치에서 팀을 이끌어 보는 등 사회생활을 미리 체험할 수가 있었다. 프로젝트나 어떠한 일을 할 때 좀 더 적극적으로 열심히 해서 좀 더 좋은 결과를 얻어 낼 수 있도록 노력해야 한다고 느꼈다."

"에듀워터에서 프로젝트를 수행하면서 막연하게 어려울 것만 같았던 사업, 사회생활에 자신감을 갖게 되었다. 그리고 타 전공에 대해서도 많이 알게 되었다."

⟨제주물산업인재양성센터 수상 내역⟩

| 날 짜 | 수상 내역 | 수상 내용 및 수상 부문 |
|---|---|---|
| 2009/12/04 | (사)한국산학기술학회 2009 추계학술대회 산학기술혁신우수논문상 | 물산업 전문가 양성을 위한 에듀워터 프로젝트 교과 과정 |
| 2010/04/14 | (사)한국산학기술학회 2010 대한민국산학협력대상 | 산학협력 부문 |
| 2010/11/12 | (사)한국산학기술학회 2010 인재양성 대상 | 산학 인재양성 부문 |

제주물산업인재양성센터 수상 상패

에듀워터 강의의 교수-학습적인 특징을 살펴보기 위해 2011년 1학기 운영 과정을 소개하면 다음과 같다.

### 〈2011년 1학기 에듀워터 실제 진행 일정〉

| 날 짜 | 세부 항목 | 제출 서류 |
|---|---|---|
| 2010/12/22 | 에듀워터 설명회 | – |
| 2010/12/27– 2010/12/31 | 팀 구성 및 지도교수 선정 주제 선정 | 팀 구성 및 지도교수 선정 보고서 주제 선정 보고서 산·학·연·관 협력 계획서 |
| 2011/01/20 | 에듀워터 주제 마켓 | – |
| 2011/02/17– 2011/02/23 | 수행 경비 및 실행 예산서 접수 | 수행 경비 실행 예산서 |
| 2011/03/05 | 모의 발표회 | 발표 PPT 자료 |
| 2011/03/11 | 제안 발표회 | 발표 PPT 자료 포스터 제안 보고서 |

| 2011/03/25–2011/03/27 | 에듀워터 산업체 국내 연수 | 국내 연수 참여 보고서 |
|---|---|---|
| 2011/04/08 | 중간 발표회 | 발표 PPT 자료<br>포스터<br>중간 보고서 |
| 2011/05/13 | 최종 발표 및 전시회(평가회 포함) | 발표 PPT 자료<br>포스터<br>최종 결과 보고서 |
| | | 최종 결과물 전시 |

　당시 학기에는 13개 전공[1]이 협력하여 학제 간 융합의 효과를 극대화하는 통섭적 프로젝트의 형태로 진행했다. 우선 강의에 참여하는 학생들이 해당 전공의 전문가는 물론 아닐 뿐만 아니라 프로젝트를 수행한 경험이 거의 없는 경우가 대부분이어서 강의 목표를 달성하게끔 하는 세심한 교육적 전략이 요구되었다. 사실상 강의는 개강을 하기 전인 방학부터 시작되었다. 그 이유는 방학 동안에 기본적으로 학생들이 해야 할 프로젝트 주제에 대한 조사를 마치고 주제를 결정해 기본 설계까지 마쳐야 하기 때문이다. 이 모든 과정이 끝나면 새 학기를 시작하자마자 첫째 주 금요일에 전체 프로젝트 팀이 모두 모여 제안 발표를 하였다. 그 자리에서는 각 팀이 방학 동안에 노력한 연구결과와 어떤 제품을 개발할지 구체적인 계획을 대외적으로 발표하였다.

---

　1 ・지구해양과학과 ・토목공학과 ・해양시스템공학과 ・컴퓨터교육과 ・생명화학공학과 ・환경공학과 ・화학과 ・식품생명공학과 ・수산생명의학전공 ・해양생명과학전공 ・경제학과 ・언론홍보학과 ・산업응용경제학과

# 원활한 피드백 제공의 기회

이 강의는 주제 선정과 프로젝트 수행 과정에서 교수-학생, 학생-학생의 다양한 피드백의 기회를 제공하고 있다. 특히 팀을 이룬 학생들이 준비한 자료를 차례로 발표하며 질의응답, 토론 등을 거쳐 서로의 지식 공유 및 전달하는 모습이 돋보인다.

주제와 기본 계획에 대한 발표를 마치고 난 후, 학생들은 [그림 5-2]와 같이 진행 목표에 따라 프로젝트를 종료할 때까지 매주 프로젝트를 진행해 나간다. 이때 수시로 팀 내에서 지도교수나 참여 산업체 전문가들이 프로젝트에 실질적 도움이 되는 피드백을 제공한다. 일정 기간의 과정을 거친 후에는 단계별로 발표회를 통해 팀의 진행 상황을 정리하여 발표하고, 다른 팀의 학생들과 지도교수, 전문가들로부터 피드백을 받는다. 즉, [그림 5-2]와 같이 프로젝트 진행의 전 과정을 단계별로 세분화·절차화하여 한

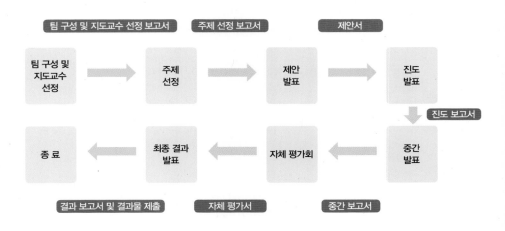

[그림 5-2] 에듀워터 진행 과정

학기 동안 특정한 분야의 프로젝트를 수행하며, 산업체 전문가 및 지도교수에 의한 수시평가와 제안·중간·최종 발표회를 통한 진행 단계별 평가 및 에듀워터 전시회를 통해 외부 전문 평가위원의 객관적 평가 등 종합평가 체제를 구축하여 운영된다. 학생들은 이 강의안에서 프로젝트의 주제를 정하고 다양한 전공의 학생들, 지도교수 그리고 산업체 전문가를 포함하여 팀을 이루고 진행 단계에 맞춰 프로젝트를 수행한다.

**〈2011년 1학기의 기능성 주류 관련 프로젝트 팀 구성 사례〉**

| 번 호 | 주 제 | 팀 명 | 지도 교수(학과) | 참여 산·학·연·관 |
|---|---|---|---|---|
| 1 | 제주 자생식물을 활용한 제주특화 맥주 개발 | 마시酒—Jeju | 목영선(생명화학공학과)<br>강영주(식품생명공학)<br>이상백(생명화학공학) | 제주특별자치도 개발공사<br>제주광역경제권 선도산업지원단<br>미룡ECO(주)<br>올레커피컴퍼니 |
| 2 | 제주 특산물의 추출물을 활용한 기능성 주류 개발 | 막걸리에 | 박은진(식품생명공학과) | 생명과학기술혁신센터 |
| 3 | 후코이단 성분을 이용한 차(茶) 및 올레 Smart Book 제작 | H.O.W | 조정원(컴퓨터교육과)<br>하진환(식품생명공학과)<br>고성보(산업응용경제학과) | (주)자우미디어<br>(주)아쿠아그린텍 |

| 번호 | 주제 | 팀 명 | 지도 교수(학과) | 참여 산·학·연·관 |
|------|------|-------|----------------|------------------|
| 4 | 화학감미료를 첨가하지 않은 막걸리 제조 | 모다들엉 | 허문수(수산생명의학) | 모던타임<br>제주브루어리 |
| 5 | 막걸리 추출효모를 활용한 기능성 음료 개발 연구 | 이너서클 | 이제희(수산생명의학) | (주)창조바이오텍 |

〈물 산업 관련 프로젝트 팀 구성 사례〉

| 번 호 | 주 제 | 팀 명 | 지도 교수(학과) | 참여 산·학·연·관 |
|-------|-------|-------|----------------|------------------|
| 1 | 제주도 기능성 음료자판기 시스템 제작 | 몽글몽글 | 김한일(컴퓨터교육과) | (주)아트피큐 |
| 2 | GIS 기반 제주 수자원 정보 웹사이트 구축 | J.G.P | 윤석훈(지구해양과학과) | (주)AOD |
| 3 | 안드로이드 어플리케이션을 활용한 제주 맥주 홍보 | J.B.P | 김한일(컴퓨터교육과)<br>고성보(산업응용경제학과) | 모던타임<br>제주브루어리 |

　이 과정에서 학생들은 프로젝트를 실질적으로 이끌어 가는 주인공이며, 끊임없이 동료 학습자들과 소통하고, 프로젝트 수행에 필요하다면 어떤 현장에라도 뛰어가 현장의 목소리를 프로젝트에 반영하게 된다. 조정원 교수는 어떻게 참여하고 어떻게 소통하면 되는지 절차와 양식을 제시하고 학생들이 다양한 참여와 소통을 할 수 있도록 끊임없이 노력하고 있다. 학생들은 모두 자신의 팀을 대표하여 프로젝트의 제안·중간·최종 발표회 등에서 직접 참여하여 발표하게 되며, 자신들의 프로젝트 주제 외에도 다른 팀의 프로젝트 진행 상황에 대해 소통하며, 때로는 경쟁하고 때로는 서로에게 도움을 주는 과정이 반복되어 진행된다.

"처음 시작해서는 개인적 시간을 너무 많이 뺏겨서 스트레스를 많이 받았지만, 나중에 완성하고 나니 굉장히 보람을 느꼈다. 실험 과정에서 실패를 계속 반복하면서 마지막 성공하기까지 주류 쪽의 이론적인 부분을 많이 습득할 수 있었으며, 나중에 취업해서도 많은 도움이 될 것으로 생각했다. 그리고 어떤 새로운 식품을 만들 때 무작정 만드는 것보다 순서를 가지고 차근차근 과정을 설계해 나가는 것을 알 수 있었다."

"다른 과 학생들과의 협동이 가장 뜻깊었다. 각기 다른 전공인데도 많은 것을 이해해 주며 협동하는 모습이 굉장히 인상 깊었다. 또한 아직 학생이지만 이러한 경험을 쌓음으로써 미래에 나에게 많은 도움이 될 것 같다. 협동심과 소중한 경험을 해보게 되어 정말 기쁘다."

"그냥 전공 공부를 할 때는 논문 등을 찾아볼 일이 없었는데 에듀워터를 통해서 여러 논문도 찾아보며 연구를 하게 되었고, 다른 학과의 사람과 프로젝트를 함으로써 협동심도 키울 수 있었다. 에듀워터를 통해 논문도 써 보고 좋은 경험이 되었다."

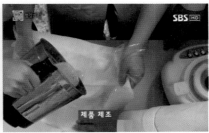

현장 실습

제품 제조

# 단계별 세밀한 가이드 제시

조정원 교수가 처음 프로젝트식의 강의를 설계하고 그 운영 계획을 교수들과 학생들 앞에서 소개하였을 때, 팀티칭으로 참여할 교수들은 실현 가능성에 대한 의구심을 나타냈지만, 학생들은 흥미와 기대감을 드러냈다고 한다. 하지만 기대와는 달리, 프로젝트의 주제를 선정하고 혼자가 아닌 팀으로 프로젝트를 수행하면서도 학생들은 수동적 모습에서 쉽게 탈피하지는 못했다. 지도교수에게 조언이 아닌 답을 직접 구하거나, 다음 단계로 뭘 해야 할지를 스스로 결정하지 못하는 모습을 보였다. 또한 예상치 못했던 이슈들이 발생했을 경우, 그 위기를 관리하고 극복하는 요령 또한 많이 부족했던 것이 사실이었다. 이러한 문제들은 단계별 가이드라인을 구체적으로 제시하는 방법으로 해결 방법을 찾아 나갔다. 주제를 선정하고, 팀을 구성하며, 프로젝트를 진행하는 각각의 단계를 더욱 세밀하고 구체적으로 안내해 준 것이다. 또한 선배들의 프로젝트 수행 비법이 축적되면서 학생들은 스스로 문제를 해결하기 시작했다. 누가 시키지 않아도 문제 상황을 극복하기 위해 대학원생 이상의 연구자들 정도나 살피는 학술논문을 찾기 시작하는 등, 학생들은 프로젝트가 진행됨에 따라 보다 능동적이고 적극적인 방식으로 문제를 해결해 나가는 모습을 보여 주었다.

## 관련 분야 전문가의 활용

에듀워터에서는 교수뿐 아니라 관련 분야의 전문가를 활용하였다. 산업계의 전문가도 피드백에 참여하여 학생들에게 연구와 관련된 핵심 정보 및 최신 정보, 적합성 높은 정보를 제공하였다. 이는 학생들로 하여금 단순한 학습 활동이 아닌 해당 분야의 전문성을 키우는 데 큰 도움이 된 것으로 보인다.

> "지금까지는 강의실 안에서 배우고 적고 외우고 시험 보는 식의 전통적인 학습이 이루어졌지만, 산 · 학 · 연 · 관 및 다학제 구성의 에듀워터 프로젝트를 수행하면서 강의실 안에 있던 내가 좀 더 넓은 세상을 보게 되었다. 모든 면에서 현실적이었고 사회생활을 한다는 마음과 프로젝트를 연구한다는 책임감마저 들었다. 작품 생산, 논문 작성, 학술대회 참가, 전시회 등 에듀워터는 여러모로 나를 한 층 더 성장하게 해 주었다."

학생들은 프로젝트 수행을 하며 문제에 직면하였을 경우, 직접 현장의 전문가를 방문하여 조언 및 지도를 받는 등 아주 적극적인 문제해결의 자세를 취하였다. 적극적인 문제해결의 자세는 나아가 학교 안의 울타리를

최종 발표 및 전시회

우승 팀 발표

넘어 대외의 학술발표, 공모전 참가 등 학부생으로서는 이전에 상상하지 못했던 적극적인 모습을 보이며 그 어떤 강의보다 대학에서의 멋진 경험을 스스로 만들어 갔다. 이렇게 프로젝트를 하면서 조 교수는 학생들의 변화를 보게 됐다. 무엇보다 해보니까 할 수 있다는 자신감을 학생들이 갖게 된 것이 가장 큰 성과였다. 또한 전문가를 프로젝트 수행 과정에 참여시켜 현장감 있는 학습과 앞으로 학생들의 진로와 관련된 네트워크 구축의 효과를 볼 수 있었다.

"한 학기 동안 에듀워터를 하면서 그래도 많이 배운 것 같다고 생각했는데 아무래도 아직은 많이 부족하다는 것을 느꼈다. 앞으로도 전공을 살려 이 길로 갈 사람 중의 하나로서 어떤 제품을 개발할 때 어떤 과정을 거쳐 이루어지는지 확실히 배울 수 있었다. 또한 교수님과 센터의 연구원들과도 친숙해지고, 많은 것을 배울 수 있어서 정말 좋은 경험이었다. 기회가 된다면 한 번 더 해 보고 싶다."

학부생들이 대학을 다니면서 관련 분야의 전문가를 직접 만나 볼 기회는 제한적이다. 에듀워터 강의를 수강한 학생들은 교수 외에 현장 경험이 있는 관련 연구자나 실무자와의 만남을 통해 관련 분야 이론에서부터 실무 지식까지 쌓을 수 있는 학습의 기회와 전문가와의 교류 기회까지를 부여받은 것이다.

## 다양한 전공 학생 참여 유도를 통한 학제 간 프로그램 특성 강화

조정원 교수는 프로젝트 주제만 아니라 각 팀에는 일부러 다양한 전공들의 학생들로 구성되도록 권장을 했다. 올레차 개발 프로젝트의 경우 컴퓨터교육과, 식품공학과, 산업응용경제학과 학생 등 세 개의 서로 다른 전공 학생들이 모여서 제주를 대표할 만한 특산품을 개발하기 위해 많은 노력을 기울였다. 올레차 개발은 식품공학과 학생들이 주축이 되었고, 실제 상품화를 위해 상업성·경제성에 대한 타당성 검토를 경제학과 학생들이 주인공이 되어 검토하도록 하였고, 제품화 이후에도 홍보와 마케팅이 무엇보다 중요하므로 올레차를 홍보할 수 있는 스마트폰 앱을 컴퓨터교육과 학생들이 개발할 수 있도록 지도하였다. 그 속에서 학생들은 서로의 세부 개발 과정에도 직접 참여하여 다른 전공을 이해할 수 있는 시간을 갖게 되었다. 통섭적인 팀의 구성과 활동을 통해 학생들은 다른 전공을 이해하고, 그 결과를 바탕으로 내가 해야 할 일들을 보다 명확하게 수행해 나갈 수 있게 된 것이다. 올레차의 직접적인 개발 과정을 이해하고 만든 스마트폰 앱 프로그램과 그런 과정 없이 만들어진 앱 프로그램의 차이가 날 수밖에 없음을 두고 조 교수는 통섭의 가능성과 가치를 다시 한 번 강조한다.

"지금은 두 번째인 에듀워터, 첫 번째 에듀워터를 할 때에는 '끝나면 절대 하지 말아야지.'라는 생각만 가득했다. 하지만 에듀워터가 끝나고 엄청난 눈물을 쏟아냈다. 아직도 눈시울이 붉어질 만큼 정말 벅찬 감동이었다. 감동으로 다시 에듀워터를 하게 만든, 내가 뼈로 느낀 에듀워터가 주는 첫 번째 장점! 팀에서 창의적으로 계획하고 목표한 프로젝트가 조건에 따라 예산을 주고 학생 스스로 예산을 짜고 계획적으로 사용할 수 있다. 이런 것들은 문서 작성, 견적 등 실제 현장에서의 실무 능력을 길러 준다. 지금은 팀장으로서 이런 것들이 직접 다가와서 처음 한 번은 정말 어렵지만, 이후에는 눈을 감고도 할 수 있을 정도로 능숙해진 모습을 보면 자신 스스로 너무 뿌듯하다."

〈에듀워터 수행에 따른 결과물〉

| 팀 명 | 결과물 |
|---|---|
| 마시酒-Jeju | · 천혜향, 녹차, 조릿대, 백년초 등 4가지 제주 기능성 자생식물을 첨가한 제주 특화맥주 |
| 막걸리에 | · 한라봉, 천혜향, 백년초, 참다래를 첨가한 기능성 막걸리 |

| H.O.W | · 후코이단을 첨가한 유채꽃차, 진피차, 유자차<br>· 차(茶)를 홍보할 수 있는 모바일 애플리케이션<br>· 차(茶)와 보리빵을 담은 올레 패키지 |
|---|---|
| 모다들엉 | · 당화성 높은 미생물을 활용한 누룩 제조 및 화학감미료가 첨가되지 않은 막걸리 |
| 이너서클 | · 막걸리 추출 효모(글루타티온)을 활용한 Near Water와 앰플 |
| 몽글몽글 | · 제주도 기능성 음료 자판기 시스템 |
| J.G.P | · GIS를 활용한 제주 수자원 정보 웹사이트 |
| J.B.P | · 제주맥주 홍보 모바일 게임 애플리케이션 |

"에듀워터를 수행하면서 새벽까지 일하고, 서류 작성에 실험까지 아주 힘들기도 했다. 바쁘게 3개월을 보냈는데, 지금 와서 생각해 보면 그때가 좋았던 것 같다. 서로 협동하고 함께 생활하면서 '아, 이런 게 팀이구나.' 하는 것도 느끼고, 결과물까지 좋은 성적을 받아서 보람 있었다."

"고등학생 때 연구를 할 때는 행정 부분이 하나도 없었는데 이 에듀워터는 진짜 우리가 취업했을 때 해야 할 일을 미리 연습시켜 주는 것 같았다. 돈 쓰는 것부터 보고서 작성 하나하나가 고등학교 때와는 비교도 안 될 만큼 체계적이었다. 에듀워터를 하면서 행정적인 부분에서도 많이 배웠고, 팀 간 의견 조율 방법 그리고 연구 과제를 실행하는 데 있어서 전반적인 흐름을 배울 수 있었다. 사회에 나갔을 때 정말 좋은 경험이 될 것 같다."

"에듀워터를 하면서 업무 처리 능력을 키울 수 있는 계기가 되었고,

팀원들 간에 협동심을 배울 수 있었고, 팀 내 분위기를 조율하는 팀장의 책임감이 그만큼 중요하다는 것을 몸소 느꼈다. 결과물을 내는 과정에서 제주 물의 우수성과 가치를 배울 수 있었다."

# 평가의 목표는 학습 동기 부여

평가는 최종 목표에 도달한 성취도 측면의 평가 목적 외에도 학습자의 학습 강화와 동기 부여에 초점을 두고 진행하였다. 조정원 교수는 이 평가 방식을 별도로 연구하여 프로젝트식 학습에서의 다차원적 수행평가 방법에 대한 연구결과를 논문으로 정리하여 발표하기도 하였다. 이 방법은 과거 지식 습득 여부나 학습의 결과만을 평가하는 방식에서 벗어나, 프로젝트의 전반적인 진행 과정과 학습자의 발전 정도를 단

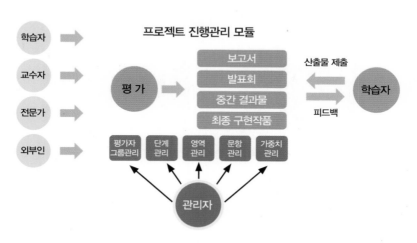

[그림 5-3] 학습강화와 동기 부여를 위한 프로젝트 수행평가의 구성

계별로 평가하여 그 결과를 학습자에게 피드백함으로써 학습효과 강화와 학습 동기를 부여하고 이를 통하여 수준 높은 프로젝트 결과가 산출될 수 있도록 하는 수행평가 방법이다.

[그림 5-3]은 다차원적 수행평가 시스템의 전체 개요를 나타낸 것이다. 다차원적 수행평가는 여러 평가자 집단에 의한 복합적 평가 환경에서 프로젝트 진행 단계에 따라 평가가 이루어지며, 이 평가 결과는 학습자에게 다양한 형태로 피드백되어 학습자의 학습효과 강화와 추후 프로젝트 진행에 대한 방향 수립 및 학습 동기를 극대화하도록 설계되었다. 또한 [그림 5-4]와 같이 더욱 합리적인 평가 결과를 도출하기 위해 평가 요소별로 가중치를 다차원적으로 적용할 수 있도록 하였다.

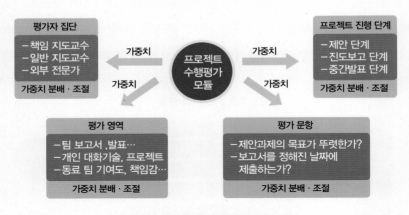

[그림 5-4] 프로젝트 수행평가 모듈

# 조정원 교수의
# '에듀워터' 지상 강의

## 대학생을 위한 성공적인 프로젝트 수행 전략

학생들이 대학에서 더 많은 꿈을 꾸고 그 꿈에 도전할 수 있는 여건을 우리 사회와 대학이 만들어 줄 때 더욱 건강하고 희망찬 미래를 만들어 갈 수 있을 것이다. '에듀워터'라는 교과목에 조정원 교수가 가장 담고자 했던 것이 바로 마음껏 꿈을 꾸고 그 꿈에 도전할 수 있게 하여 주는 것이었다. 현장에서 필요로 하는 실무 능력은 그 과정에서 자연스럽게 함양될 수 있었다.

대학을 졸업해도 취업 후에 짧으면 6개월에서 2~3년까지의 직무교육을 다시 받아야 한다는 현실 속에서 어떻게 하면 그 틈을 좁혀 볼 수 있겠느냐는 고민을 통해 '에듀워터' 특화 교육 프로그램의 기획이 시작되었다. 이 문제는 지금 현재도 계속 더 좋은 방안을 찾기 위해 조 교수가 고민을 거듭하고 있는 부분이기도 하다.

그리고 조 교수는 학생들에게 이 강의를 통해 자신의 전공 외에도 다른 전공을 이해하는 기회로 삼고 그 속에서 자신의 전공의 깊이를 더해 나갈 수 있도록 노력하라고 주문해 오고 있다. 다가올 지식 대통합의 시대에 걸맞은 인재를 양성하기 위해서는 꼭 필요한 부분이라 생각하기 때문이다.

　　"'거쳐 온 난관만큼 성장한다.'는 말에 나는 전적으로 동의한다. 에듀워터는 팀장으로서, 학도로서, 아직 사회에 나가지 않은 청년으로서 많은 난관에 부딪혔고, 많은 고민과 주위의 도움으로 극복해낼 수 있었다. 상, 논문상 등의 결과들은 우리 팀이 걸어온 길을 평가하기에는 너무나도 사소하며, 목표를 향한 길을 걸어오는 동안 성장해 가는 나와 팀원들의 모습을 떠올리면 물 산업 인재양성센터의 에듀워터의 목적은 성공적으로 달성되었다."

　　"에듀워터를 수행하기 위해 팀원들과 아이디어 구상부터 일정 및 계획을 세우기 위해 수많은 회의를 하게 되었다. 회의하면서 그동안 서로 잘 알지 못했던 부분들을 알 수 있는 계기가 되었다. 그리고 회의를 계속해서 진행하다 보니 회의를 할 때 갖추어야 할 예의 태도를 배워나갈 수 있었다. 또한 프로젝트를 수행하면서 성공적인 결과물을 이끌기 위해서 해야 하는 일들과 팀원 간의 신뢰 등을 배울 수 있었다. 처음에는 서툴러서 서로 실수도 했지만, 이 때문에 조금 더 성장할 수 있었던 좋은 기회였다."

　　"에듀워터를 수행하면서 조금씩밖에 할 줄 몰랐던 그래픽 프로그램을 좀 더 할 수 있게 되었고, 견학을 통해 여러 하우스 맥주에 대해 알게 되어 전문지식이 생긴 것 같아 좋았다. 그리고 프로젝트라는 것이 어떤 것이고 팀원 간의 협력이 얼마나 중요한지 깨닫게 되었다."

"팀별 과제를 수행하는 방법을 배웠고, 단순히 교수님께서 칠판에 쓰고 필기하는 강의식 강의 방식이 아니고 학생들이 힘을 모아서 프로젝트를 진행하여 어느 한 목표에 도달하였다는 점이 뿌듯하다."

중요한 연구 과제를 진행하고 있는 연구자, 대학 입학을 앞둔 수험생 자녀를 둔 부모, 학교에서 방과 후 과제를 받아든 초등학생 등, 그 정도와 깊이의 차이가 있긴 하겠지만 우리는 언제나 크고 작은 문제 상황에 놓이게 되고 그 문제를 가장 효과적으로 해결하기 위해 노력하게 됩니다. 문제해결의 목표를 달성하기 위한 과정을 프로젝트라 정의한다면 대학생을 위한 가장 기본적이고도 중요한 성공적인 프로젝트 수행 전략 세 가지에 대해 이 지면 강의를 통해 소개하고자 합니다.

### 1) 큰 문제를 작은 문제로 쪼개라!

최근의 아주 복잡하고 덩치가 커져 버린 Windows와 같은 컴퓨터 운영체제들도 그 내부를 들여다보면 각각의 목적을 이루기 위한 아주 작은 단위의 수많은 프로그램 모듈로 이루어져 있습니다. 여러분이 수행해야 하는 프로젝트의 목표를 달성하기 위해서는 그 요소들을 해결 가능한 작은 단위까지 계속해서 분해하고, 다시 그 결과를 재조합하여 원하는 결과를 찾아갈 수 있어야 합니다. 이것이 바로 최근 미국, 영국 등의 주요 선진국에서 문제해결력 신장을 위해 강조하고 있는 정보과학적 사고력(Computational Thinking)의 핵심입니다. 전체의 큰 목표를 달성할 수 있도록 작은 목표들로 나누고, 각각의 작은 목표들도 그보다 더 작은 목표로 다시 세분화하는 과정을 충분히 해결 가능한 단계까지 반복해 나가 보세요. 그리고 그렇게 해결한 결과들을 해석하고 재조합하며 프로젝트 진행을 계속해 나간다면 작은 문제의 해결이 모여 보다 큰 문제를 해결할 수 있게 되며, 어느덧 자연스럽게 전체의 큰 목표에 도달하게 될 것입니다. 여러분은 프로젝트를 통해 얻게 되는 여러 가지 지식적인 측면보다, 주어진 문제를 분석하여 작은 단위로 분해하고 분해된 각각의 결과를 재조합하여 큰 문제를 해결해 나가는 과정, 즉 문제해결의 방법을 경험하고 배우는 것이 더욱 중요합니다.

## 2) 절차적 · 논리적으로 프로젝트를 진행하라!

프로젝트의 진행 과정은 절차적이고 또 논리적이어야 합니다. 다행히도, 우리가 경험하게 되는 대부분의 문제해결 상황에 공통으로 적용할 수 있는 프로젝트 진행의 절차가 이미 잘 알려졌습니다. 학문 분야에 따라 그 과정과 이름이 조금씩 달리 소개되고 있기도 하지만, 대부분 같은 절차를 따르게 됩니다. 여기서는 컴퓨터 분야에서 주로 소개되는 다음 그림의 시스

〈시스템 개발 생명 주기〉

템 개발 생명 주기(System Development Life Cycle)를 이용하여 설명하겠습니다.

어떤 문제를 해결하는 과정에서든, 특정한 목적의 제품을 개발하는 과정에서는 프로젝트 목적을 달성하기 위해서는 이와 같이 각각의 단계를 차례대로 진행하는 것이 좋습니다. 프로젝트의 성격에 따라 제시한 절차를 응용 또는 변형하여 적용할 수도 있습니다.

각 단계에서 이루어지는 일에 대해 설명하면 다음과 같습니다.

첫째, 조사 및 계획 단계는 해결해야 하는 문제의 성격, 범위, 목적 등을 정확히 결정하는 단계라 할 수 있습니다. 프로젝트의 주제 선정이 과연 적절한지를 이 단계에서 판단해야 합니다. 기존에 유사하게 진행되었던 연구나 개발 사례 등을 충분히 조사하여 진행하고자 하는 프로젝트 주제의 타당성을 논리적으로 주장할 수 있는 근거를 마련해야 할 것입니다. 이 단계를 통해 프로젝트 주제가 창의적이고 충분한 가치를 갖고 있음을 논리적으로 보여야 합니다.

둘째, 분석 단계는 이전까지는 프로젝트 주제와 유사한 문제 상황에서 어떻게 해결 과정을 거쳐 나갔는지를 검토하면서 자료를 수집하고 분석해 나가는 단계입니다. 이 과정에서 프로젝트 수행에 필요한 요구사항과 목표가 새롭게 정해지기도 합니다.

셋째, 설계 및 개발 단계는 문제해결 과정을 설계하고 그 방법을 개발하는 단계입니다. 컴퓨터 시스템에서는 이 단계에서 시스템을 이루는 하드웨어와 소프트웨어의 상세 설계 및 개발이 이루어집니다.

넷째, 구현 및 평가 단계는 설계한 문제해결 방법을 시험 적용해 보는 단계입니다. 예상대로 적용되는지를 관찰하고, 그렇지 못한 부분에 대해서는 문제해결 방법을 조정하게 됩니다.

에듀워터 팀 프로젝트에 참여한 학생들은 사회구성원으로서 큰 가능성을 보여 준다.

마지막 단계는 프로젝트를 통해 제시된 문제해결 방법이 실제 사용되는 과정에서 나타나는 문제점을 찾고 유지 보수 및 지원이 이루어지는 단계입니다.

일상생활에서 우리에게 주어지는 여러 가지 문제 상황을 해결하는 과정에서도 이와 같은 절차적인 문제해결은 더욱 합리적이고 바람직한 결과를 얻도록 도와줄 것입니다.

### 3) 프로젝트의 대상을 명확히 하라!

여러분이 프로젝트를 진행하며 가장 놓치지 말아야 할 것은 프로젝트의 목표가 되는 대상이 누구이며, 그 대상은 무엇을 원하는지에 대한 부분입니다. 사실 이것은 앞서 말씀드린, 절차적이고 논리적으로 프로젝트를 진행하였다면 이미 어느 정도 충족되어야 하는 부분임에도 불구하고 프로젝트를 진행하면서 무심코 지나쳐 버리는 경우가 참 많습니다.

진행하고자 하는 프로젝트 대상의 성별에 따라, 연령층에 따라, 직업에 따라, 심지어는 사는 곳에 따라서도 프로젝트의 진행 과정과 내용이 아주 달라지기도 합니다. 기능성 음료를 개발하는 프로젝트를 가정해 봅시다.

이 기능성 음료의 주 고객층이 초등학생일 때, 20대 여성일 때, 70대 노인일 때 등 그 대상에 따라 기능성으로 첨가할 원료가 달라져야 하며, 음료의 맛도, 제품의 홍보 방향도 완전히 달라져야 할 것입니다.

지금 현재 여러분이 직면하고 있는 문제의 대상부터 명확히 해보세요. 조금 더 문제해결의 답이 보일 겁니다.

프로젝트의 대상이 명확해졌더라도 또 하나 명심해야 할 것이 있습니다. 프로젝트를 통해 만들어진 결과물을 보면 만든 사람의 입장과 생각만 반영된 경우가 많습니다. 프로젝트의 대상은 과연 무얼 원했는지를 살피지 못한 것입니다. 초등학생을 위해 제작자가 판단하기에 정말 꼭 필요한 기능성 음료를 상품화했는데 정작 초등학생들은 맛이 없어 찾지 않는 음료라면 시장에서 좋은 성과를 얻기는 힘들 테니까 말입니다.

문제를 우리 주변에 한 번 적용해 볼까요? 대학생활을 하며 좋은 학점을 얻고 싶다면 각 교과목을 열심히 공부하는 것 외에도 담당 교수에 대해 먼저 연구해 보면 어떨까요?

## 4) 끝내며……

요즘 대학생들에게는 졸업 후의 진로, 즉 취업이 가장 중요한 관심사입니다. 그런데 정작 내가 원하는 진로가 무엇인지, 그 진로 분야에서는 어떤 사람을 원하는지, 그렇게 되기 위해서는 지금 무엇을 어떻게 해야 하는지 몰라 방황하는 학생들을 너무나 많이 보게 됩니다.

무엇부터 해야 할까요?

여러분의 꿈을 실현하는 것! 이것도 여러분에게 놓인 또 하나의 프로젝트입니다. 꿈꾸고 있는 진로 분야가 내게 요구하는 것이 무엇인지 찾고, 하나하나 작은 문제들을 이 지상 강의에서 제시한 대로 절차적이고 논리적으로 해결해 나간다면, 반드시 여러분의 꿈을 실현하기 위한 이 프로젝트를 성공적으로 이끌 수 있을 것입니다.

조정원 교수의
열정적인 강의 모습

# 06

# 한 학기간의
# 가상 연애와
# 결혼생활
# 강의

장재숙 동국대학교 교수
'결혼과 가족'

동국대학교 대학원 가정교육학과 박사
서울중구건강가정지원센터 사무국장
동국대학교 가정교육과 외래강사/겸임교수

2008년 2학기에 개설된 장재숙 교수의 '결혼과 가족'은 60명의 학생이 파트너십을 통해 이성 간의 만남을 경험하게 함으로써 배려와 소통의 방법을 자연스럽게 체득할 수 있는 과목이다. 이 강좌는 동국대학교의 강의 평가제도가 시행된 이후 200점 만점을 4차례나 달성했을 뿐만 아니라 강의를 담당한 10학기 중 6학기에 걸쳐 전체 1등을 맡아 'Best Lecturer 상'을 8회 연속 수상한 동국대학교의 대표 강의다.

〈강의 평가 결과〉

| 개설 학기 | 강의평가 점수 (만점 200점) | 전체 순위/ 피평가 인원 | 비 고 |
|---|---|---|---|
| 2008-2 | 191.69 | – | Best Lecturer 상 수상 |
| 2009-1 | 199.76 | 1등/1112명 | Best Lecturer 상 수상 |
| 2009-2 | 200.00 | 1등/1064명 | – |
| 2010-2 | 200.00 | 1등/1151명 | Best Lecturer 상 수상 |
| 2011-1 | 199.45 | -1173명 | Best Lecturer 상 수상 |
| 2011-2 | 200.00 | 1등/1168명 | Best Lecturer 상 수상 |
| 2012-1 | 200.00 | 1등/1179명 | Best Lecturer 상 수상 |
| 2012-2 | 193.08 | -1167명 | – |
| 2013-1 | 199.81 | -1183명 | Best Lecturer 상 수상 |
| 2013-2 | 199.21 | 1등/1164명 | Best Lecturer 상 수상 |

이와 같은 강의 평가를 반영하듯 학생들의 반응도 뜨겁다.

"너무너무 좋은 강의입니다. 사실 강의평가 할 때에는 대충대충 '매우 그렇다.'만 무의식적으로 눌러댔는데, 이번에는 진심을 담아서 '매우 그렇다.'를 꾹꾹 눌렀습니다. 열정과 인내만큼 얻어 가는 것이 많았던 강의입니다."

"제가 들은 강의 중에서 제일 재미있고, 유익하고 듣기를 잘했다고 생각하게 되는 강의였습니다. 감사했습니다. 또 감사합니다."

"교수님 밝은 모습이 인상 깊었고 오래오래 기억에 남을 것 같습니다. 웃는 모습이 참 보기 좋으세요!"

'결혼과 가족' 강의의 목적은 학생들에게 현실과 같은 체험을 할 기회를 많이 주는 데 있다. 결혼과 가족은 실제 결혼을 해 보고 가족을 이루지 않으면 잘 알 수 없기 때문이다. 지식만 가진 것과는 다르다. 진짜는 아니지만, 학생들이 가상으로 함께 연애해 보고 자신들이 커플이라는 생각을 가짐으로써 감정의 미묘한 변화를 느낄 수 있다. 그래서 장 교수는 가상이지만 학생들에게 실전처럼 체험하도록 하고 있다.

'결혼과 가족' 강의는 남학생과 여학생들이 3차례에 걸쳐 커플을 선정하며 진행한다. 즉, 매달 파트너가 바뀌는 것이다. 이를 위해서 개강 첫 시간에는 자기소개를 한다. 자기소개를 한 뒤 첫 느낌을 갖고 파트너를 선정한다. 상대방의 간단한 소개를 듣고 마음에 든다면 그 사람의 이름을 적는다.

그리고 강의가 끝나고 나갈 때 쪽지를 장 교수에게 제출한다. 그러면 장 교수가 이를 토대로 지목한 학생들을 서로 연결한다. 하지만 투표 결과가 얽히고 설킨 경우는 장 교수가 임의로 정하게 된다. 이후 한 달 동안은 파트너가 되어서 연애와 관련된 전반적인 내용을 공부한다.

1차 선정을 하고 한 달 정도의 기간을 지내 보면서 학기 초에는 외모에 치우쳤던 선택의 기준이 점차 변화하기 시작한다. 파트너가 강의 시간에 얼마나 재미있게 발표를 하고, 친구들을 얼마나 끌어가는지 등의 모습들을 보게 되는 것이다. 그래서 2차 선정을 할 때에는 성격을 많이 본다. 고릴라 같이 생긴 남학생이라도 성격 좋은 친구들은 인기가 정말 많다고 한다. 물론, 3차 선정 때가 되면 또 다른 각도에서 파트너를 선택하게 된다. 이러한 과정을 통해 처음에는 멋진 외모가 자극이 될 수 있지만, 끝까지 함께해 줄 수 있는 유일한 요인은 못 된다는 것을 깨우친다. 그래서 파트너를 여러 번 선정하는 점이 좋았다는 설명이다.

강의는 강의실 안에서만 이뤄지지 않는다. 차수별로 밖에 나가서 데이트를 한다. 과제가 데이트다. 같이 영화도 보고, 한강공원에 가서 노을을 감상하기도 하고, 길거리 음식도 먹고, 함께 쇼핑도 해 본다. 2차 때는 교정에서 다 같이 단체 미션을 한다. 미션을 적은 쪽지를 교정에 숨겨 두면 학생들이 쪽지를 찾아서 미션을 수행하게 되는 것이다. 여러 가지 미션이 있는데, 마지막 미션 때에는 교외 성당이나 절 같은 곳에 가서 처음에 만났을 때의 느낌과 헤어짐을 앞두고의 감정을 교환한다. '앞으로 어떻게 지내자.' '이 강의가 우리에게 어떤 의미가 있었나?'와 같은 이야기를 한다. 반면에 사람들 많은 곳에서 단둘이 연애하는 것을 부끄러워하는 친구들도 많다. 그래서 자신감을 심어 주기 위해서 명동 한복판에서 두 사람이 커플 샷을 찍어 오는 과제도 있다. 학생들은 당시에는 정말 쑥스러웠지만 정말 좋은 추억이었고, 순간은 창피했지만 별게 아니었더라고 소감을 표현한다.

또한 사랑, 이별, 성, 데이트 폭력에 대해서도 배운다. 그리고 배우자 선택에 대해서는 연애할 때 이상형과 배우자로서의 이상형에 어떤 차이점이 있는지에 대해서도 알아본다. 요즘 결혼문화에 대한 젊은이들의 생각 변화를 반영한 새로운 혼례문화에 대해서도 논의한다. 또 결혼의 주체는 나 자신이라는 생각을 하도록 하기 위해 부모 도움을 전혀 받지 않는다는 전제로 졸업 후 어떻게 돈을 벌고 얼마만큼의 비용을 가지고 결혼을 준비할 수 있는가에 대한 구체적인 예산을 짜 보고 토론한다. 부부가 된 이후에 부부 간 소통은 어떻게 해야 할지, 부모가 되었다면 자녀를 어떻게 키워야 할지를 토론하며 또한 생생한 체험을 위해 임부체험부터 신생아 다루기까지 실습도 해 본다.

또 이혼이라는 주제를 다루며, 최근 높아지는 이혼율과 이혼식이라는 문화가 생겨나고 있다는 점도 살펴본다. 마지막 강의 시간에는 가족을 이루는 많은 방법의 하나가 결혼일 뿐, 전부는 아니라는 것을 생각해 보게 한다. 이를 위해 폴리아모리, 동거가족, 독신가족, 무자녀 가족, 동성애 가족 등 다양한 방법과 형태로 이루어진 가족을 소개한다. 장 교수는 이 강의를 통해 학생들이 더욱 넓은 선택의 폭을 가지고 인생을 설계하기를 바란다.

# 철저한 강의 준비:
# 소재 발굴을 위한 노력과 학생의 요구 반영

장재숙 교수의 강의 시작은 13년 전, 180명 정원의 '인간 형성론'이라는 동국대학교 경주캠퍼스 교양강의였다. 첫 강의였던 만큼 긴장된 마음으로 들어가 준비한 내용을 열심히 이야기했지만, 생각보다 귀 기울여 들어주는 학생은 적었다. 장 교수는 학생들을 몰입시키지 못하는 강의는 가르치는 사람도 배우는 학생들도 크게 의미 없는 시간이란 생각을 하였고, 그래서 일단 무엇보다 한 사람이라도 더 귀 기울일 수 있는 방법을 생각해 내야 했다. 그러던 중 먼저 학생들한테 조금씩 농담도 하고 웃긴 이야기도 좀 해 주면서 강의를 진행했더니 뜻밖에 180명의 마음을 조금이나마 움직일 수 있었다. 장 교수는 거기서부터 시작했다. 약간 지식의 깊이는 덜하더라도 일단은 좀 재미가 있어서 한 명이라도 더 귀 기울이게 하고, '이런 강의도 있구나.' '어, 들어보니까 참 괜찮네.' '공부 좀 해 볼까?' 이런 동기 부여가 됐으면 좋겠다는 생각이 장 교수의 강의의 변화의 시초가 됐다.

학생들의 흥미를 불러일으키고 학생들이 좀 더 쉽게 이해하고 강의 내용에 접근할 수 있도록 TV 프로그램을 활용하는 것은 장 교수가 가지고 있는 여러 전략 중 하나다. 드라마를 봐도 어떤 장면에 딱 꽂히면 메모지에 항상 적는다. 실제로 남녀차이나 사랑에 대해서 강의할 때 드라마 '청담동 앨리스'의 중요한 장면들을 설명하기도 한다. 학생들은 이야기로만 듣는 것보다 드라마의 장면으로 들으면 쉽게 이해를 한다. 예를 들면, 여자는 사랑을 하는 데에 대단히 소극적 자세를 취한다. 내가 어디 있든 운명이라면 멋있는 남자가 와서 나를 구해 줄 것 같고 대시 해 줄 것 같다고 말이다. 하지만 현실은 자기가 적극적으로 움직여도 그런 일이 있을까 말까 한다. 그런 일은 드라마에서나 가능하다는 것이다. 이를 드라마로 설명하면, '청담동 앨리스'에서 한세경(문근영)이 추운 겨울 힐을 신고 호호거리며 청담동 길 한복판을 걷고 있다가 어느 벤치에 앉아 있을 때 우연히 차승조(박시후)가 딱 나타난다. 그리고 손을 내민다. 이를 보고 장 교수는 학생들에게 이렇게 말한다. "청담동 실제로 가 봐라. 바닥이 그렇게 좁지 않다. 정말 커서 이웃도 온종일 만날 수 없는 곳이 청담동이다. 그럼에도 가는 곳마다 그 사람이 있다는 건 드라마 속이기 때문에 가능한 것이다."라고 말이다. 그래서 장 교수는 적극적으로 나서라고 한다. 드라마는 드라마일 뿐 현실은 현실이다. 단지 우리가 드라마를 보는 이유는 현실 속에서 일어날 확률은 낮지만, 드라마를 통해서라도 꿈꿔 볼 수 있는 사랑 또한 필요하기 때문이다. 그러나 현실은 다르다는 것을 잊지 말아야 한다고 강조한다. 이렇다 보니 장 교수는 드라마 한 편을 봐도 온전히 제대로 보기가 어려워 일주일 뒤에 무료로 다시보기를 꼭 본다.

　장 교수는 항상 휴대전화를 들고 있다. 그 이유는 그 상황이 인터넷을 보고 있든, 거리에서 어떤 상황을 보고 있든, 매 순간 강의에 필요하다고 판단되는 모든 것들을 메모장에 기록하기 위해서다. '결혼과 가족' 강의는 다양한 상황에 대한 이해가 중요한 과목인 만큼 되도록 이런 상황을 보충

학생들에게 늘 친근한 미소로 먼저 다가가는 장재숙 교수

하기 위해서다.

또 장 교수는 자신이 학생 입장이라면 이 과목을 신청할 때 어떤 부분에 대한 요구가 가장 높을까 하고 생각해 본다. 따라서 되도록 대학생들의 일상이 어떻게 이루어지고 있는지, 고민은 무엇인지, 무엇이 학생들을 가장 힘이 나게 하는지 등에 대한 이야기를 많이 나눈다. 최대한 그들의 입장에서 원하는 것들을 전달해 주기 위한 노력이다.

장 교수는 첫 강의에 들어가기 전에 학생들의 사진출석부를 미리 다운받아서 어느 정도 숙지하고 들어간다. 첫 강의부터 학생들의 이름을 부르고 시작한다. 그럼 학생들은 당황하고 깜짝깜짝 놀라기도 한다. 이름을 부르고 강의를 하다 보니 자연스럽게 학생들이 서로의 이름을 알게 된다. 학생의 이름을 숙지하는 노력은 학생들로 하여금 긴장을 풀고 친근한 강의 환경을 조성하는 역할을 한다고 볼 수 있다.

> "교수님이 학생에 대한 애정이 특별하시고 강의 준비 역시 철저하게
> 해오십니다. 매우 만족스러운 강의입니다."

# 다양한 상황에 바로 대처할 수 있는
# 유연한 강의 능력

앞에서 설명한 '철저한 강의 준비'와 함께 장재숙 교수의 강의가 명강의로 꼽히게 된 상반된 특징이 강의 진행에서 보이는 강의자의 유연성이다. 장 교수의 강의가 가진 특징 중 하나는 강의 현장에서 진행되는 학생과의 호흡이다. '결혼과 가족'은 가상으로 현실을 체험하는 강의이기 때문에 다양한 상황이 벌어질 수 있고 강의 운영의 예측 가능성이 타 강의에 비해 낮다는 특성이 있다. 장 교수는 교육자가 아님에도 불구하고 개그맨 신동엽 씨를 롤모델로 삼고 있다. 그 이유는 무엇보다 신동엽 씨의 뛰어난 애드리브 때문이다. 좋은 강의는 그 강의를 위해 교수가 미리 준비해 가는 부분도 매우 중요하지만, 그에 못지않게 학생들과 함께 호흡하는 그 순간과 상황을 잘 잡아내는 것이 중요하다. 때로는 학생들의 말 한마디와 표정 하나, 몸짓 하나로도 생각하지 못했던 기막힌 아이디어가 떠올라 전혀 예상치 못한 새로운 이야기들을 나눌 수 있을 때가 종종 있기 때문이다. 따라서 장 교수는 순간적으로 상황에 적합한 이야기들을 주고받을 수 있는 입담도 교육자로서 지녀야 할 능력 중 하나라고 생각한다. 실제

김하빈 동국대 통계학과 2학년
이론적으로만 배우는 게 아니라
실제로 써먹을 수 있다는 느낌을 받죠

안세진 동국대 화학과 2학년
교수님이 일방적으로 가르치시는 게 아니라
서로 쌍방향으로 대화가 통하는 분위기에서

장재숙 교수의 강의를 신뢰하고 따르는 학생들의 모습

로 '결혼과 가족' 강의도 80%는 사전 준비를 통해서, 20%는 현재의 강의 상황에서 순간적으로 나오는 애드리브로 구성이 된다. 매 학기 같은 과목을 강의하지만, 매 강의가 다른 이유가 바로 그 20%에 있다. 그런 이유로 매 학기 60명의 학생에 따라 매우 다양하고도 새로운 강의 방식을 선보일 수 있다.

## 객관적 평가 방식

현실에서 일어날 수 있는 일을 학생들이 가상에서 체험하도록 구성된 강의는 유연성과 흥미, 그리고 다소 비구조적일 수 있는 특성이 있기 때문에 학생 평가에서 그 평가 방식은 더욱 높은 객관성이 요구된다. 학생 개개인은 다양한 능력을 갖추고 있으므로, 장 교수는 평가는 되도록 다양한 척도를 통해 이루어져야 한다고 생각한다.

첫째, 리더십 및 배려심 평가다. 조별로 7~8인으로 구성된 팀원들은 한 가지의 주제를 가지고 과제물을 준비하고 발표하는 작업을 한다. 평가에서 중요시하는 부분은 서로 간의 다른 관점을 어떤 방식으로 좁혀 나갈 것인가, 학생들 앞에서 자신들의 생각을 얼마나 논리적으로 표현해 낼 수 있는가 그리고 학생들로 하여금 자신들의 이야기에 얼마나 공감을 이끌어낼 수 있는가 등을 평가한다.

둘째, 대인관계 능력 평가다. 한 학기에 총 3회에 걸쳐 2인 1조가 된 커플들은 데이트 또는 밥 먹기 미션을 통해 일대일 관계 맺기를 연습한다. 서로 친밀해지기 위해 어떤 방법을 사용했는지, 그 방법이 상대에게는 어떤 느낌을 받게 했는지 등을 평가한다.

셋째, 성실성 및 적극적 참여도 평가다. 출석 및 강의 시간 내 발표를 점검함으로써 성실성과 적극적 참여도를 평가한다.

마지막으로 교과 이해 능력 평가다. 중간고사 및 기말고사를 통한 평가로, 강의의 특성상 시험문제를 어떻게 내는지에 대해 궁금증을 갖는 사람들도 많다.

장 교수는 사랑이 감정만 갖고 되는 것 같지만 사실 과학이라고 말한다. 그래서 과학적인 사실들을 출제하기도 한다. 예를 들면, 사랑하는 사람에 대한 열정이 평생 유지될 것 같지만, 그 열정이 얼마 못 간다고 한다. 과학적으로 증명된 기간은 900일이다. 이처럼 과학적 사실에 관련된 문제를 내기도 하고 또 다양한 가족에 대해서 설명을 했으면 다양한 가족들에 대한 학생들의 견해를 물어보기도 한다. 다음은 실제 중간고사 문제의 일부다.

## 2013년 1학기 '결혼과 가족' 중간고사(총 50점 만점)

과목명: 결혼과 가족               학번:

일시: 2013년 4월 24일(수)

교수명: 장재숙                성명:

\* 객관식 문제의 경우, 반드시 정답 번호를 기재할 것!

\* 단답형 & 괄호 완성형 문제 중 # 표시가 있는 문항은 부분점수 없음!

▶ 단답형 및 괄호 완성형 문제–총 23점

(각 2점씩, 단 1번 문항만 3점)

1. 미국 룻거스 대학교의 헬렌피셔 교수가 제시한 사랑의 변화 과정 3단계는 순서대로 (     ) → (     ) → (     )이다.

2. 미국 코넬 대학교의 신시아하잔 교수가 제시한 '열정'의 유효 기간은 (     )일이다. #

3. 사랑의 유형 중 '연애를 사랑이 아닌, 다른 목적을 달성하기 위한 수단'으로 생각하는 타입은 (     )(이)다. #

4. 매일 생산되는 정자가 만들어지기까지 걸리는 기간은 (     )일이다. #

5. 남성은 성적으로 민감한 페니스의 이 부분을 통해 빠른 성적 쾌감을 느끼기 쉽다. 이 부분은 (     )(이)다. #

6. 여성의 외생식기에 위치한 것으로, 오르가슴을 느낄 수 있도록 해 주는 생식기는 (     )(이)다. #

## 학생과의 끊임없는 소통 노력:
## 1,000명의 학생들과의 '카카오톡'

장재숙 교수와 학생들의 소통은 강의실에만 머물지 않는다. 지하철, 교정, 학생이 아르바이트하는 장소에서 우연히 만났던 상관이 없다. 만나면 이산가족 상봉 이상의 반가움을 표시하고 그 학생이 5년 전에 강의를 들었더라도 어느 정도의 기억을 갖고 있다 보니 학생들은 굉장히 고마워한다. 이런 결과는 장 교수의 많은 노력이 있어서 가능했다. 장 교수의 '카카오톡'에는 1,000명 정도의 학생이 등록되어 있다. 장 교수는 학기마다 강의를 들은 지 보통 3년 이내에 학생들의 명단을 업데이트한다. 그리고 시간 날 때마다 새로 올려놓은 사진도 보고, 상태 메시지도 체크하면서 학생들의 요즘 근황에 대해 알려고 한다. 학생들에게 연락이 왔을 때 "군대 갔구나." "취직 축하한다." 하고 학생들의 안부를 장 교수가 먼저 이야기할 때도 있어 학생들은 깜짝 놀란다고 한다. 이렇다 보니 장 교수 카카오톡에는 엄청난 메시지들이 온다. 하루 평균 수십 개, 스승의 날이나 연말 같은 특별한 때에는 수백 건의 메시지가 와 있기도 해 답문을 보내다 보면 시간이 어떻게 지나는지도 모를 정도다. 장 교수는 많은 학생들에게 사랑받고 있는 이런 시간이 영원한 것이 아닌 만큼 늘 최선을 다해 답해 주려고 노력한다고 한다.

또 아파서 강의에 참석하지 못한 학생이 다음 주에 결강 사유서 들고 왔을 때 그걸 받아서 체크하는 것도 중요하지만, 몸이 얼마나 괜찮아졌는지에 대한 이야기를 먼저 나눈다. 학생이기에 앞서 한 인간으로서 먼저 존중받아야 한다는 생각을 하고 있기 때문이다. 장 교수의 이런 모습은 학생들로 하여금 다른 곳에서 다른 사람과 함께할 때 역시도 그렇게 행동할 수 있도록 도울 수 있기 때문에 중요하다. 학생들은 이런 과정을 통해 조금씩 소통하는 법을 알아 가고, 더 나아가 관계 또한 좋아질 것이다. 이런 과정을 함께 경험하며 배워 나가서 그런지 '결혼과 가족'을 듣는 학생들은 종강 후에도 계속해서 또 하나의 가족이 된다.


## 가상이 현실로

'결혼과 가족' 강의를 듣는 학생들은 강의를 통해 실제 커플로 연결되는 경우도 제법 많다. 지금까지 10호 커플이 나왔고, 2013년 1학기에 세 커플이 프러포즈를 했다. 한 커플은 다른 학교에 다니는 여자 친구를 초대해서 언약식의 의미로 프러포즈를 했다. 다른 한 커플은 같이 강의를 들으면서 호감이 생겼고, 이때 프러포즈를 하지 않으면 후회할 것 같아서 고백을 했다. 또 다른 커플은 우연하게도 학기 중에 실연을 경험하게 되면서 힘든 마음을 주고받는 과정에서 프러포즈를 결심하게 됐다. 그 남학생은 야외 강의 시간에 교정 한가운데에서 여학생을 안고 앉았다 일어났다 하면서 "○○야, 사랑해!'를 외치기도 했다. 다음은 2011년 2학기 강의에서 파트너로 만나 실제 커플이 된 학생들의 이야기다.

**저희는 2살 차이 여자 연상, 남자 연하 커플입니다.**

우리가 만난 지 벌써 500일이 다 되어 가니, 서로라는 인연을 선물해 준 동국대학교 '결혼과 가족' 강의를 들은 지도 1년 반이 조금 못 되었네요. 그 사이 우리의 변화를 말해 보자면, 저는 졸업 후 직장인이 되었고, 우리 애인은 군에 입대했습니다.

여느 연인들이 다 그렇듯 숱한 이별의 고비도 있었지만, 그럼에도 불구하고 우리가 아직 서로 믿으며 사랑하는 건 '결혼과 가족' 강의를 들으며 재정비된 남녀의 차이점에 대한 생각 덕분이라고 말하고 싶습니다. 남녀의 다른 점을 받아들이고 느끼면서 서로의 입장과 마음을 다시 한 번 생각해 보고 배려하고, 존중하며 이해할 수 있게 되는 거죠. 또한 다툼을 예방하고,

동국대학교 안준성, 심미리 커플

원활히 해결할 수 있는 '나-전달법'의 대화 기법은 저희에게 많은 도움을 주었습니다. 서로의 마음 또는 생각을 잘 전달하고, 잘 읽을 수 있는 원만한 소통을 할 수 있기 때문이죠. 그래서 저희는 다툼이 생길 때면 다툰 후 침묵의 시간도 길지 않고, 서로 먼저 미안하다고 말하며

사과할 수 있는 너그러운 마음을 가질 수 있게 되었습니다.

'결혼과 가족'에서는 결혼의 기초가 되는 연애뿐만 아니라 정말 그 제목처럼 결혼, 나아가 가족을 이루어 그 공동체가 잘 성장해 나갈 수 있는 방법을 배웁니다.

20대 초반이 대부분인 대학생들에게 결혼과 가족이란 조금 동떨어져 있는 것이라고 느낄지도 모르겠지만, 저는 이 강의를 통해 결혼 그리고 가족에 대해 더 깊이 생각해 보는 시간을 가질 수 있었습니다.

여자라면 한 번쯤 생각해 봤을 법한 결혼식, 혼수, 시댁이라는 새로운 울타리 그리고 임신과 출산은 이상과 현실의 경계에서만 오가던 생각들을 확실히 정리해 볼 수 있었죠.

제가 직장인이 된 이후로는 전과 다른 바쁜 나날을 보내고 또 회사에서의 고충을 토로할 때면, 저보다 나이는 어리지만 오빠 같은 넓은 품을 가진 우리 애인은 따뜻한 말로 저를 감싸 줍니다. 가끔은 밑도 끝도 없는 투정을 부리는 저에게 우리 애인은 "장재숙 교수님이 그랬잖아. blah-blah-blah……"라고 옳은 말만 해서 서운할 때도 있지만요.

어느덧 우리 애인의 제대가 곧 1년 앞으로 다가옵니다.

우리는 '결혼과 가족'이라는 좋은 강의에서 '안준성, 심미리'라는 좋은 사람으로 만나 지금까지 해 왔던 것만큼 더 잘 지내고 싶어요. 세상에서 가장 행복한 연인이 될 수 있도록 서로 아껴 주고 배려하겠습니다. 장재숙 교수님, 좋은 인연 만들어 주셔서 감사합니다.

이 외에도 학생들의 반응은 다양하다.

"교수님께서 강의 시간 외에도 조언해 주시고 많이 가르쳐주셔서 그 점에 대해서 깊게 감사하고 있습니다."

"교수님 안녕하세요. 항상 강의에 열정적이시고 열심이신 모습이 정말 보기 좋았고 존경스러웠습니다! 강의 준비도 탄탄히 해오시고. 다른 강의, 다른 교수님과는 다르다는 생각 들었어요. 단순히 강의가 재밌어서 명강의가 아니라 이렇게 준비된 강의라서 명강의인 것 같네요~!!! 교수님, 건강하시고 안녕히 계세요. 교정에서 마주치면 반갑게 인사드릴게요."

장재숙 교수의 '결혼과 가족'은 다음과 같은 좋은 강의의 특성이 있다.

첫째, 학생들이 2인 1조를 구성하여 가상 결혼 과정을 수행하는 미션을 부여한 프로젝트 성 강의라는 점이다. 결혼과 가족이라는 주제를 학문적·이론적으로 접근하는 데 머무르지 않고 실제 경험을 통해 학습효과를 높였다. 또한 강의 중 상황극을 유도하여 학생들의 참여를 이끌고, 서로의 경험을 공유하게 함으로써 강의 집중도를 높이며, 교양강의에서 나타날 수 있는 학습자의 집중도 문제를 해결하였다.

둘째, 유머 활용과 명확한 표현력으로 교수의 강의력을 극대화하였다. 교수가 쉽고 구체적으로 강의 내용을 설명하고 있으며, 뛰어난 강의 전달력을 통해 학습 목표와 연계된 학습 내용을 학생들이 부담 없이 받아들이고 적극적으로 강의에 임하도록 유도하고 있었다. 교수의 위트와 긴장 완화를 통한 유쾌한 강의력은 학습자의 지적 호기심을 자극하는 데 이바지하였다. 이를 통해 소극적인 태도의 학생조차 학습에 점차 몰입해 나가고 있었는데, 학생의 참여를 이끌어 내는 교수의 적극적 태도와 기술이 뛰어났다.

셋째, 자유로운 분위기 속에서 학생과의 상호작용뿐만 아니라 학습 내용에 대한 논의가 활발하게 이루어진다는 점이다. 강의에서 장 교수는 60명이라는 적지 않은 학생 규모에도 불구하고 학생들의 질문에 경청하고 의견에 대한 피드백을 강의 전반에 걸쳐 제공하고 있다. 학생과의 상호작용 측면에서도 교수는 학생들의 이름을 다 외우고 학생의 이름을 불러주며 강의를 진행하는 등 학생들과의 친근한 유대관계를 형성하려는 노력이 돋보인다.

'삶의 지혜를 배운다' 장재숙 교수의 인터뷰 내용 중에서

# 장재숙 교수의
# '결혼과 가족' 지상 강의

## 사랑 그리고 소통

지금 사랑하는 사람이 있습니까?

그 사람과 함께여서 행복한가요? 불행한가요?

서로 사랑한다면서 오히려 서로 힘들게 하고 있지는 않나요?

　　　　　우리는 때때로 서로 사랑한다면서 서로 힘들게 할 때가 있습니다. 그 이유는 서로 사랑하지 않아서가 아니라, 사랑에 대해 서로 다른 생각을 하고 있어서입니다. 즉, '사랑은 모든 걸 함께 공유하는 것'이란 생각을 하는 남자와 '사랑은 서로의 영역을 존중해 주는 것'이라는 생각을 하는 여자가 만나면, 서로 사랑하는 감정이 있음에도 사랑에 대한 생각 차이로 매번 갈등을 일으키기 쉽다는 의미입니다. 그래서 지금 이 순간, 여러분에게 사랑하는 사람이 생겼다면 가장 먼저 해야 할 일은 '사랑에 대한 대화'를 나누는 일입니다. "사랑은 무엇이라고 생각하나요?" "사랑하는 마음을 어떤 방식으로 표현하나요?" 등.

그 사랑이 연인 간의 사랑이든, 부부간의 사랑이든 서로 행복해지기 위해서는 소통이 필요합니다. 소통은 서로 사랑하는 감정과 함께 나에 대한 이해, 상대에 대한 인정, 서로에 대한 존중이 갖추어져야 건강하게 유지될 수 있습니다.

### 1) 유통기한을 넘긴 사랑! 먹고 탈 나는 건 아닐까요?

여러분은 사랑이 곧 열정이라고 생각하십니까? 아니면 열정도 중요하지만 그게 곧 사랑은 아니라고 생각하십니까? 열정은 이제 막 사랑을 시작한 연인에게는 가장 먼저 나타나는 감정이지만, 오래된 연인에게는 가장 먼저 사라지는 감정이기도 합니다. 그만큼 유지 기간이 짧아서일까요? 열정만 가지고 사랑을 오랜 기간 지켜 가는 커플은 그리 많지 않습니다.

사랑에도 유통기한이 있습니다. 더 정확히 표현하자면, 열정에 유통기한이 있습니다. 열정의 유통기한은 900일입니다.[1] 그렇다고 이 세상 사람들 모두 사랑하는 사람과 900일을 넘기지 못하고 헤어지는 걸까요? 답은 "No!"입니다. 스턴버그에 따르면, 사랑은 친밀감 · 열정 · 언약이라는 세 가지 요소로 구성됩니다.[2] 즉, 열정이 유통기한을 넘겼다 하더라도 친밀감

---

1 송웅달(2007). 900일 간의 폭풍 '사랑'. 서울: 김영사. pp. 69-70.

2 최정혜, 구명숙(2010). 결혼과 가족탐구. 경남: 경상대학교 출판부. pp. 69-70.

이나 언약과 같은 부분으로 얼마든지 서로의 사랑을 키워 갈 수 있음을 의미하는 것입니다.

지금 이 순간, '그 사람을 봐도 이제는 설레지 않아.' 또는 '이 사람이 변한 것 같아.'라는 생각이 드나요? 그건 나 또는 그 사람이 변한 것이 아니라, 열정에 취해 그동안 보지 못했던 내 마음 그리고 그 사람의 모습을 객관적으로 보게 되었다는 신호입니다. 즉, 그런 생각이 드는 건 열정이 식어서 그런 거지, 사랑이 식어서 그런 건 아닙니다. 지금부터가 중요합니다. 두 사람 간의 관계를 제대로 살펴보세요. 열정 없이도 충분히 사랑할 수 있는지……. 그래서 앞으로도 좋은 관계를 유지해 나갈 수 있을지! 그것이 유통기한을 넘긴 후에도 탈이 나지 않는 사랑을 할 수 있는 최선의 방법입니다.

### 2) 서로 사랑하니까 말하지 않아도 다 알겠지?

'사랑하는 사이인데……. 말하지 않아도 알겠지.' 그건 독심술사나 가능한 이야기입니다. 같은 이불을 덮고 자는 부부조차도 서로 말하지 않으면 그 속을 알 수 없는 게 사람의 속마음입니다. 흔히 다른 사람에게는 행여나 오해라도 할까 봐 말 한마디도 신경 쓰고, 상대의 말 또한 귀 기울여 들어주면서, 정작 사랑하는 사람에게는 다 이해해 줄 거라는 생각에 아예 말하지 않거나 생각 없이 말하고, 그 사람의 말 또한 대충 들어 넘기는 경우가 많습니다. 지금 이 순간부터라도 내가 다 안다고 생각했던 그 사람의 말! 아무 생각도 첨가하지 말고, 있는 그대로 끝까지 들어보세요. 그 사람이 하려고 했던 말은 내가 생각했던 그 말이 아닐 수도 있습니다. 그리고 말하지 않아도 알아줄 것 같았던 그 사람을 위해 친절하게 속마음을 말해 보세요. 그 사람은 내가 말하려던 것과는 전혀 다른 엉뚱한 생각을 하고 있을지도 모릅니다.

여러분, 이런 상상 해 보셨나요? 며칠 동안 밥을 많이 먹었는데, 전혀 배설하지 못하고 있다면, 과연 여러분 몸속에서는 어떤 일이 일어날까요? 또는 며칠간 아무것도 먹지 못했는데 계속해서 설사만 한다면, 어떨까요? 상상하고 싶지 않겠지만, 여러분의 몸에는 이미 독소가 가득 찼거나 혹은 속이 텅 비어 어지럼병이 날지도 모릅니다. 말하고 듣는 것도 마찬가지입니다. '서로 사랑하니까 말 안 해도 알겠지?'가 아니라, '서로 사랑하니까 더 세심하게 말해 주어야지!'가 되어야 합니다. 서로의 마음을 적절하게 표현하고, 그 표현을 읽어 주는 건 사랑하는 사람과의 소통에서 기본입니다.

### 3) 상대와의 소통? 나 자신과의 소통이 먼저다!

"상대와 좋은 관계를 유지하고 싶다면, 상대를 있는 그대로 받아들여라!" 이제 어디서든 쉽게 들을 수 있는 말이지만, 행하기에는 여전히 어려운 문장입니다. 상대를 있는 그대로 받아들이기 위해서는 일단 나 자신을 먼저 받아들일 수 있어야 하는데, 그러기 위해서는 나의 콤플렉스까지도 사랑할 수 있어야 합니다. 그렇다면, 여러분은 자신의 콤플렉스가 무엇인지 알고 있나요?

우리는 간혹 상대의 어떤 모습에 이유 없이 짜증 날 때가 있습니다. 그런데 놀랍게도 그 모습이 바로 당신이 가진 콤플렉스일 가능성이 높습니다. 그건 콤플렉스가 많은 사람일수록 그만큼 마음에 들지 않는 사람이 많아짐을 의미하는 것이기도 합니다. 그래서 나의 콤플렉스를 사랑할 수 있다는 건 단순히 나 자신의 문제를 떠나 그만큼 상대를 편안하게 바라볼 수 있고, 더 나아가 상대를 있는 그대로 받아들일 수 있음을 의미하는 것입니다.

조셉 머피는 "인간관계를 고민하는 사람은 다른 사람과 사이가 나빠서가 아니라, 자기와의 사이가 나쁘기 때문에 고민한다."[3]라는 말을 했습니다. 결국 누군가와 소통하고, 좋은 관계를 유지한다는 건 무엇보다 나 자신과의 소통이 우선되어야 함을 의미하는 게 아닐까요?

### 4) 그 사람과 오랫동안 사랑하고 싶다면, 적당한 거리를 두세요!

인간은 본능에 따라 자유를 원한다고 합니다. 그래서일까요? 사랑하는 사람이 생겨 기쁜 마음에 성큼성큼 다가가다 보면, 어느새 그 사람은 저만치 달아나 있을 때가 많습니다. 지금 사랑하는 그 사람을 곁에 두고 싶으신가요? 그렇다면 그 사람에게 혼자만의 시간을 주세요. 그리고 그 시간만큼 당신도 당신만의 시간을 가져야 합니다.

사랑은 마주 보는 게 아니라, 같은 방향을 보고 나란히 걷는 것입니다. 연인 간의 사랑, 부부간의 사랑 모두 마찬가지입니다. 사랑하는 그 사람과 좀 더 오랜 기간 함께하고 싶다면, 서로 자신의 얼굴을 봐 달라고 하지 말고, 같은 곳을 볼 수 있도록 서로 배려해 줘야 합니다. 마주 보고 달리는 기차가 서로 충돌할 일밖에 없듯이, 연인도 부부도 마주 보면 싸울 일만 늘어납니다. 같은 방향으로 계속해서 나아갈 수 있도록 서로 끊임없이 응원해

---

3 이철우(2009). 관계의 심리학 서울: 경향미디어. p. 5.

주고 이끌면서 서로의 관계를 발전시키세요. 사랑은 서로 성장시킬 수 있을 때 그만큼 더 오랫동안 유지되는 법이니까요.

### 결혼과 가족 강의 계획서(2012년 2학기)

**1주**

1. 강의 소개: 강의 목표 및 강의 일정 소개

2. 학습 활동: 단원별 3커플씩 총 10개의 학습 활동!

3. 1차 파트너 선정: 1분간 자기소개 후 첫인상으로 1차 파트너 선정!

파트너 선정 후 좌석을 재배치하여 나란히 앉은 가상커플들

**2주: 20대 청춘의 사랑이란?**

1. 사랑에 대한 정의

2. 사랑의 징후들

3. 사랑에 빠진 남녀의 속마음 훔쳐보기

4. Lee의 사랑의 색채이론

# 학습 활동 1. "나는 이럴 때 내가 사랑에 빠졌구나."를 실감한다.


**3주: 새로운 사랑을 위한 성장통! 실연!**

1. 헤어짐의 심리

2. 이별의 징후들

3. 실연 후 감정과 행동

4. 이별에 대처하는 자세

5. 실연 극복 방법

# 학습 활동 2. 헤어짐의 심리, 이별의 징후들을 읽다!


**4주: 사랑하는 사람과 몸으로 하는 대화!**

1. 여자의 성! 남자의 성! 과연 무엇이 다른가?

2. 남녀가 선호하는 키스 종류 및 방법

3. 오르가슴을 느끼기 쉬운 성교 자세 및 다양한 체위 소개

4. 내가 알고 있는 성 지식 체크

5. 임신, 피임 방법

# 학습 활동 3. 그것이 알고 싶다! 키스! 섹스! 임신!


**5주: 데이트 폭력 '위험한 데이트'**

1. 데이트 폭력의 종류

2. 데이트 폭력 사전 예방 및 사후 해결 방법

3. 데이트 폭력! 이런 사람 조심해라!

# 학습 활동 4. 데이트 폭력을 고발한다!

  나의 경험담 혹은 친구의 경험담(문제 & 해결 방안 제시)


## 6주: 남자 그리고 여자로 살아왔던 이야기

1. 성 역할 발달이론

2. 성 역할 발달에 영향을 미치는 요인들

3. 성 역할 사회화의 결과(남녀 능력의 차이/성 역할 콤플렉스)

# 학습 활동 5. 내 안에 숨겨진 성 역할 콤플렉스! 극복하는 방법

  제시!


## 7주: 이제 결혼을 꿈꾸다. 배우자로서의 이상형 선택하기

1. 연인 vs 배우자의 결정적 차이!

2. 배우자 선택 이론/선택 기준/선택 시 고려할 점

# (이벤트) "당신을 사랑합니다."

– 현재 사랑하고 있는 대상에게 프러포즈!

– '결혼과 가족' 강의를 들으며 내 마음에 들어온 친구에게 좋은
  우정 제안

* 신청 시 혜택: 커플 기념품 및 장미꽃 한 송이 제공! 커플 사진
  촬영!

# 학습 활동 6. 나는 배우자로서 ○○○를 원한다(외모, 성격, 가
  치관, 능력 등)!

여학생에게 프로포즈하는
남학생들의 모습

**8주: 중간고사**

**9주: 행복한 결혼문화 만들기**

1. 결혼에 대한 기본적 이해(결혼의 조건, 법적 성립)

2. 새로운 혼례문화 만들기(예식장, 주례, 예단, 신혼여행 등)

# 학습 활동 7. 부부 재산 약정서/혼수 예산 세우기

**10주: 부부로 살아간다는 건…**

1. 남녀 차이의 이해

– 남녀 차이 인식

– 관점 차이 인식

# (Test) 커플 간 성격 궁합 맞춰 보기!!!

# 학습 활동 8.

1. 남자가 이해하기 어려운 여자의 행동(언어) & 여자가 이해하기
   어려운 남자의 행동(언어)

2. 효과적인 의사소통기법

– 반영적 경청, 나–전달법, 5:1의 법칙, 커플 간 의사소통 연습

# 학습 활동 9. 이런 상황에서 나는 벽과 대화를 나누는 것 같다!
  상황별 해결 방법 제시!


## 11주: 부모로 살아간다는 건…

1. 부모 됨이란 무엇인가?

– 부모 됨의 의미, 부모 역할의 특성, 부모 역할에 대한 잘못된
  신화

# (Test) 나는 몇 점짜리 부모인가?

2. 효과적인 양육 기법

– 자연적 결과, 논리적 결과

# (체험) 임산부 체험 & 신생아 다루기!


## 12주: 이혼 또 다른 선택

1. 이혼은 더 이상 위기가 아니다.

2. '이혼식'에 대한 이해

3. 이혼 제도의 변화(칠출삼불거/유책주의/파탄주의)

# (체험) '이혼식' 체험하기


## 13주: 다양한 가족을 논하다

– 내가 선택할 제2의 삶은 어떤 방식인가?

– 독신가족, 무자녀 가족, 재혼가족, 동성애 가족 알아보기

단체 데이트 미션을 즐기는 학생들의 모습이 즐거워 보인다.

# 학습 활동 10. 나의 제2의 삶의 방식은 바로 이것! 선택 이유 및 구체적 노력 방법 제시!

**14주: 단체 데이트 미션**

**15주: 10월 1일(월), 3일(수) 추석 연휴**

**16주: 기말고사**

# 07

# 엄마가
# 딸에게
# 추천하는
# 인생 강의

이명학 성균관대학교 교수
'한자와 한문의 세계'

성균관대학교 한문교육과 졸업
성균관대학교 한문학과 박사과정 수료
북경사범대학 중문학과 박사과정 수료
한국한문교육학회 회장
성균관대학교 사범대학 학장 겸 교육대학원 원장
성균관대학교 한국어위원회 위원장
성균관대학교 한문교육과 교수
한국고전번역원 원장

　　　　　이명학 교수는 2005년 '성균관대학교 e+ 최우수 강
의상'과 '교육대학원 최우수 강의상'을 수상하였으며, 2011년 처음 시행한
성균관대학교 'SKKU Teaching Award'를 수상하였으며, 이 교수의 '한자
와 한문의 세계'는 SBS 문화재단과 한국교육개발원, 한국대학교육협의회
가 제정한 대학 100대 좋은 강의에 선정됐다. 이 교수는 1983년 박사과정
입학 후부터 강의했다. 교양과목인 '기초한문'과 '동양의 고전' '한문의 세
계'를 강의하였는데, 수강생이 많을 때는 300여 명이나 되었다. 20여 년 전
불문학과의 어느 교수가 불문과 졸업생들에게 재학 중 어떤 과목이 가장
기억에 남느냐고 물었더니, 뜻밖에도 이명학 교수가 강의한 '한문의 세계'
라고 답을 했다는 것이다. 그 불문과 교수도 과 학생이 한문 과목이 기억에
남는다고 하니 놀랐다고 한다. 또 몇 년 전에는 한 여학생이 강의 시간에
이 교수를 열심히 쳐다보며 듣더니, 어느 날 이 교수에게 와서 "제 어머니
께서 교수님 강의를 강력히 추천해서 듣게 됐어요."라고 하기에 깜짝 놀랐
다고 한다. 그 주인공은 성균관대학교 의상학과 82학번 '엄마 제자' 정혜우
씨와 성균관대학교 자유전공학부 09학번 '딸 제자' 안혜성 양이었다. 모녀
제자의 사연은 언론에 보도되기도 했다.[1] 이제 대(代)를 이은 명품 강의의
특징이 무엇인지 알아보자.

---

1 동아일보(2012. 05. 12.). 엄마와 딸 代이은 제자. '스승의 은혜에 편지를 쓰다'.

# 강의를 통한 인성교육

　　　　　　이명학 교수 강의의 가장 중요한 특징 중 하나는 단순한 지식 전달이 아니라 한문 텍스트에 담긴 가치관과 철학을 학생들이 익히도록 한다는 것이다. 교육의 중요한 목표는 교육 내용에 담긴 가치와 철학을 학생이 체화하는 것이다. 이 교수는 강의를 통해 한문 문장에 담긴 교훈을 생활 속에서 실천해 보는 것을 강조한다. 이 교수는 대학 공부가 강의실과 책에 머무르지 않고, 사회에 나갔을 때 교양인이나 지식인으로서의 인간다운 품성을 갖고 행동하도록 인성교육을 강조하고 있다.

　이런 특징은 강의뿐만 아니라 평가에서도 나타나는데, 평가는 학기 중 배운 모든 사항에 대해 제대로 숙지하고 있는지 지필고사를 치르고, 학기 중 두 차례 리포트를 제출하게 한다. 특히 리포트는 7주간 충분한 여유를 주고 작성하도록 하는데, 주제는 한문을 익히는 것을 넘어 텍스트가 갖는 주제와 가치를 이해하고 적용할 수 있는 능력까지 요구하고 있다.

　중간고사 과제로 첫 강의 시간에 배운 논어의 "見爲不爲 無勇也(의를 알고도 행하지 않는 것은 용기가 없는 것이다)"라는 문장과 연관 지어 전제용 선장의 이야기를 다룬 다큐멘터리[2]를 보고 감상문을 제출하는 것이다. 이 다큐멘

---

2 KBS 스페셜 〈어떤 인연〉 전 선장과 96인의 난민들(2009. 10. 11.)

최승아 법학과 4학년

학생들에게 한 번쯤 꼭 대학에 와서 배워야 하는
인성 같은 것에 대해서 많이 가르쳐 주려고 하시고

이명학 교수의 인성교육에 대한
강의를 들은 학생의 인터뷰 내용

터리는 96명의 난민을 구한 전제용 선장과 그 은혜를 잊지 못해 십여 년 동안 전 선장을 찾아 헤맨 보트 피플 피터 누엔 씨의 이야기다. 1985년 11월 14일 남중국해 연안에서 전 선장이 타고 있던 '광명 87호'는 베트남에서 탈출한 난민 96명의 곁을 지나게 됐다. 버림받은 그 수많은 사람을 어떻게 해야 할지 선원들과 논의한 끝에 무슨 일이 생길 경우 전 선장이 모든 책임을 지기로 하고 난민들을 배 위로 끌어올렸다. 25명을 수용할 수 있는 선박은 100명이 넘는 인원을 먹이고 재우기에는 부족했다. 그러나 표류하는 동안 제대로 먹지도 자지도 못한 난민들을 위해 선원들은 기꺼이 선실을 내주고 하루에 한 끼를 먹는 한이 있어도 식량을 나눴다. 7일 만에 식량이 다 떨어지자 전 선장은 급기야 일감으로 잡은 참치를 내 주었다. 이런 가운데 회사로부터 난민들을 무인도에 버리고 오라는 명령을 받고 선원들에게 뗏목을 만들 것을 지시했으나, 갈등 끝에 전 선장은 난민 모두를 데리고 부산으로 향하기로 했다. 난민들을 데리고 입국하자 전 선장은 결국 해고 통지를 받았고, 이후 힘든 생활을 해야 했다. 전 선장이 모든 것을 바쳐 구해 낸 보트 피플 피터 누엔 씨. 그는 구조된 후 부산에 와 임시 난민 수용소로 보내졌으며, 미국에 정착한 뒤 헤어진 가족과 상봉하여 성공적인 정착을 하게 됐다. 그러나 피터 씨가 미국에서 가족을 데려오는 것보다 먼저 하고 싶었던 일은 전 선장과 연락이 닿는 것이었다. 우여곡절 끝에 피터 씨는 19년 만에 마침내 전 선장과 상봉을 하게 된다.

언뜻 한문과는 연관이 없는 주제이지만 감동적 일화를 통해서 학생들은 많은 것을 생각하게 된다. 즉, 자연스럽게 '사람이 지켜야 할 도리'에 대해서 숙고하게 되는 것이다. 이 교수가 만들어 전국 초등학교에 무상으로 배부한 '효(孝) 애니메이션' 중 '특별한 대금소리를 찾아라.'라는 이 이야기를 패러디해서 만든 것이다. 그만큼 이 이야기가 주는 교훈과 감동을 소중히 생각하여 학생들에게 반드시 보고 느껴 보도록 한 것이다.

이 교수의 과제 리포트는 반드시 펜이나 연필로 직접 써서 내야 한다. 컴퓨터 자판으로 빨리 치는 것보다 손으로 쓰면 한 번 더 생각하게 된다는 것이 이 교수의 생각이다. 그래서 프린터로 출력한 리포트는 받지 않는다. 꼭 손으로 써야 한다. 분량 제한은 없다. 반 페이지가 돼도 상관없다. 한 줄

이명학 교수가 사비를 들여 만든
한국의 효(孝) 애니메이션

이라도 자기 생각이 있으면 된다. 다음은 학생이 쓴 실제 리포트다.

## 중간 과제-한자와 한문의 세계

### 見義不爲는 無勇也라
-論語-

### KBS 스페셜 〈어떤 인연〉 - 전 성장과 96인의 난민들

KBS 스페셜 〈어떤 인연〉 편은 96명의 난민들을 구한 전제용 선장과 그에게 입은 은혜를 잊지 못해 십여 년이나 전 선장을 찾아 헤맨 피터 누엔 씨의 이야기다. 1985년 11월 14일 남중국해 연안에서 전 선장이 타고 있던 배 '광명 87호'는 베트남에서 탈출한 난민 96명의 곁을 지나갔다. 버림받은 그 수많은 사람들을 어떻게 해야 하는가를 선원들과 논의한 끝에, 무슨 일이 생길 경우 전 선장이 모든 일을 책임지기로 하고 난민들을 배 위로 끌어올렸다.

본래 25명을 위한 시설들은 순식간에 100명이 넘어 버린 인원을 먹이고 재우기에는 부족했다. 그러나 표류하는 동안 제대로 먹지도 자지도 못한 난민들을 위해 선원들은 기꺼이 선실을 내주고 하루에 한 끼를 먹는 한이 있어도 식량을 나눴다. 7일 만에 식량이 다 떨어지자, 전 선장은 급기야 일감으로 잡은 참치를 내 주었다. 도중 회사로부터 난민들을 무인도에 버리고 오라는 명령을 받고 선원들에게 뗏목을 만들 것을 지시했으나, 갈등 끝에 전 선장은 난민 모두를 데리고 부산으로 향하기로 결심했다.

전 선장은 이렇게 말했다. 그런 고민을 한 자신이 너무 미웠고, 화가 났다고……

난민들을 데리고 입국하자 전 선장은 결국 해고 통지를 받았고, 심지어 자신이 구해 준 난민들의 면회조차 금지 당했다. 소문이 퍼져 일거리를 주는 곳도 없었다. 빚을 내 자신의 배를 마련하지만, 몇 년 못 가서 그 일마저 그만두었다. 힘든 생활이었다. 앞이 보이지 않는 막연한 상황이었다. 그러나 후회한 적은 없었다.

"의를 알고도 행하지 않는 것은 용기가 없는 것이다."

전 선장은 계속해서 말했다. 난민들을 구하는 것은 누구나 할 수 있는 일이었고, 본인이 난민을 발견하였기 때문에 구한 것뿐이라고 하였다. 그러나 난민들을 구해 내는 일은 누구나 할 수 있는 행동이 아니었다. 누구나 아는 일에 불과했다. 그들을 구해야 한다는 것은 알지만 선뜻 행하는 사람은 없었다. 난민들이 광명 87호를 만나기 전까지 떠나 보낸 배는 10척 가량이었다. 그러나 그 어떤 배도 난민들을 구해 주지 않았다. 전 선장의 말대로라면, 누구나 할 수 있는 일이었음에도 불구하고……

1980년대의 불안한 국제 정세로 인한 외교 마찰, 국제해상법 위반, 난민들의 불확실한 신분(신원) 그리고 전 선장 자신의 생계 문제까지 전 선장이 외면할 수 없는 문제는 많았다. 그 문제들 앞에서 엄청난 용기가 필요했을 것이다. 나 자신을 버리고 남을 구한다는 것은 언뜻 보기에는 말만 쉬운 그 명제 앞에서 전 선장은 그것을 말로만 내버려두지 않았다. 모든 책임을 자신의 등에 홀로 업고서라도 구해 내야 할 목숨들, 불투명한 생계와 귀국 후 벌어질 일들보다 더 중요한 것은 8개월 된 임산부를 포함한 난민 96.5명의 생명이었다.

베트남 난민들을 보고 지나쳤다가 다시 돌아온 전제용 선장의 결단은 이미 96명이라는 수많은 사람의 생명을 구했지만, 그 이후에 훨씬 더 많은 사람의 가슴 속에 사랑과 희생이라는 소중한 가치를 심어 주었다. 나도 이제는 한 개인이 큰 사회를 변화시킬 수 있다고 믿는다. 한 마리의 개미가 코끼리를 밀어 움직일 수는 없겠지만, 코끼리의 마음을 움직여 스스로 걸어 나가게 만들 수는 있기 때문이다. 그리고 나라는 한 명의 개인이 사회에 미칠 영향은 전 선장과 피터의 이야기만큼이나 따뜻하고 긍정적이었으면 좋겠다.

이 교수가 전제용 선장 일화를 가지고 한문 시간에 배운 내용과 연관 지어서 느낌을 쓰라고 하면, 학생들은 처음에는 아니 한문 시간에 무슨 다큐멘터리를 보느냐고 하지만, 나중에 리포트를 낸 것을 보면 학생들은 자기의 감정을 진솔하게 써 놓게 된다. 이 교수는 이것도 하나의 교육이라고 생각한다. 이런 일화를 보고 학생들은 의로움이 무엇이고 다른 사람들이 곤경에 처했을 때 나는 어떻게 했을까를 스스로 생각하게 된다. 그런 생각을 하다 보면 전 선장도 대단하지만 또 20년 가까이 지나서도 은혜를 갚기 위해서 애쓴 사람 역시 대단하다고 느낀다. 이를 통해서 인간의 삶에 중요한 가치가 있다고 학생 스스로 생각을 하게 된다. 리포트를 받아 보면 학생들이 이렇게 느끼고 있다는 것을 확인할 수 있다.

# 첨단기술과 교육공학의 그릇에 담긴
# 고전의 가치

　　　　　　　　　　'한자와 한문의 세계' 강의는 고전을 가르치고 배운 다고 할 때, '오래된 강의실에서 칠판에 분필로 판서하는 강의겠지……'라는 예상을 뒤집고 교육공학이론에 기초하여 개발된 콘텐츠를 활용하고, 원격 화상 강의실에서 첨단 기술을 이용하는 방식으로 진행된다. 강의 자료로 활용되는 콘텐츠는 학습자 혼자 공부하게 하려고 만든 것이 아니라, 교실 강의의 효과를 높이기 위해 개발·활용되고 있다. 오래된 것을 가장 새로운 방식으로 가르치고 배우는 것이 이 강의의 특징이다.

　좋은 강의는 좋은 콘텐츠로부터 출발한다고 볼 수 있다. 교수 설계에 기반을 두어 체계적으로 설계·개발된 콘텐츠의 활용은 학생들의 학습효과에 큰 도움이 되고 있음이 확인되었다. 나아가 단순 PPT가 아닌 성균관대학교 교육지원팀이 html과 플래시를 기반으로 제작한 콘텐츠 활용의 차별성은 학생들에게 자기주도 학습의 기회를 제공하는 데 있다. 이는 학습 대상자가 성인 학습자라는 점을 고려할 때 자기주도 학습 형태가 더욱 뛰어난 학습 성과 및 결과를 나타낼 수 있음에 의미하는 바가 크다. 실제로 이 콘텐츠는 학습 주제별로 메뉴를 구분하여 학습 내용을 제시하고 퀴즈나 낱말 퍼즐을 활용한 평가를 시행하는 체계적인 구조를 갖추어 학생 혼자서도 학습 내용을 습득할 수 있다. 이와 더불어 한자와 관련된 플래시나 동영상 등을 활용하여 단순한 암기나 책의 내용을 이해하기 어려워하는 학생들에게 흥미를 유발하여 한문 자체에 흥미를 느낄 수 있도록 강의의 집중도를 높이려 하였다.

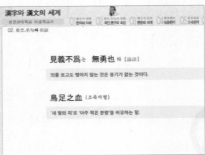

"이미 만들어진 프로그램을 가지고 강의를 진행하신다는 것이 인상적입니다. 생활에 잘 쓰이고 알아두어야 할 필수 한자어들과 사자성어, 고사성어 등으로 구성된 강의안이 이미 나와 있어서 예습·복습이 쉽고 강의안 끝에 가로세로 낱말 퍼즐, 복습 문제가 수록되어 있어 그때그때 익힌 한자들을 다시 확인할 수 있어서 학습효과가 배가 됩니다."

"강의 자료의 질이 우수합니다. 단지 배우는 내용만 있는 것이 아니고 시청각 자료와 재미있는 이야기가 있어 오래 기억에 남습니다. 동영상이나 소리 자료 등은 직접 만드신 노력이 보여서 더 재미있습니다."

"교재에 한자만 쭉 나열하는 것이 아니라 고사성어에 관련된 플래시라든지 한시를 암송하는 것을 녹음해서 들려주신다든지 다양한 방면으로 강의 내용을 활용하는 것이 좋은 것 같습니다. 교재의 질이 강의 참여도에 큰 영향을 미친다고 생각합니다."

또한 성균관대학교 학습관리 시스템인 '아이 캠퍼스'를 통한 강의는 학생들의 예습·복습 활동을 독려하는 것으로 나타났다. 특히 주목해야 할 점은 전자 칠판 및 e+강의 녹화 시스템의 활용이다. 원격 화상강의 시스템을 통해 캠퍼스 간 지리적 한계를 극복하려는 노력이 돋보인다. 자연과학 캠퍼스와 함께하는 강의라 어느 정도 산만해질 수 있으나, 서울에 있는 인문사회 캠퍼스와 수원에 있는 자연과학 캠퍼스 학생들에게 번갈아 질문을 하여 양 캠퍼스 모두 집중률을 높이고 있다.

앞서 언급했듯이, 교육공학 기술을 활용한 강의 진행은 단순히 교수자가 지식을 전달하는 형식에서 학생이 자기주도적 학습 방식으로의 전환을 유도하고 학생과 상호작용할 수 있는 기회를 확대하는 효과를 불러일으켰다고 볼 수 있다. 또한 자칫 고루한 느낌이 들 수 있는 한문 강의에서 미디어를 활용하여 첨단기기를 활용하는 강의에 익숙한 학생들로 하여금 지루하지 않은 강의 운영을 한 점 등이 특징이라고 할 수 있다.


## 익숙한 소재의 활용

이명학 교수 강의의 또 다른 특징은 익숙한 소재의 활용이다. 단순히 실생활에 유용한 한자 상식 및 한자와 관련된 일상생활 속 에피소드를 다루는 것에 국한하지 않고, 학생들이 흔히 실수할 수 있는 점을 명시하고 이를 위주로 설명하는 강의의 기술도 '한자와 한문의 세계'에서만 보이는 주목할 만한 점이라고 할 수 있다. 이러한 강의 기술은 학생들의 관심과 유도를 이끌어 낼 뿐만 아니라 학습 효과도 아울러 상승시키는 요인으로 나타났다.

우리가 사용하고 있는 어휘의 약 70%가 한자어다. 그래서 이 교수는 강의 시간에 한자를 통해 한자어의 뜻을 분명하게 익히고, 대화 속에서 쓰이는 예도 스스로 찾아보게 하여 한자어의 정확한 개념을 익히도록 한다. 이것은 우리 말을 정확하게 말하고, 우리 글을 바르게 쓰는 능력을 배양하도록 하기 위해서다.

이 교수는 학생들이 잘못 알고 있는 한자어들이 많다고 한다. 그것은 한자어를 한자를 통해 배우지 않고 한글 낱말과 사전적인 의미를 주입식으로 함께 암기했기 때문이다. 대부분의 학생은 '부동표'를 '不動票'로 알고 있으면서 본인 스스로 당황해한다. 왜냐하면 선거 때 "부동표로 판세를 알 수 없다."는 방송을 들으면서 왜 "움직이지 않는 고정표인데 판세를 알 수 없다."고 하는지 이해를 못 한다. 부동표(浮動票)가 '떠서 돌아다니는 표, 즉 고정되지 않은 표'라는 의미를 모르기 때문이다.

또 '박진감'을 '액션 영화'를 보면서 '화려한 액션, 역동적인 행동'으로 생각하는 학생이 많다. '迫眞感'에서 '迫'은 '가깝다.'는 뜻이다. 곧 '박진감'은 '진짜에 가까워 진실감이 넘치는 느낌'인데 그렇게 생각하지 않는 것이다.

또 '蜂起'를 '불만을 해소하기 위해 싸우다.'라고 알고 있는데 이렇게 알고 있는 학생이 말하기와 글쓰기를 하면 어떻게 되겠는가? "시민이 시청 앞 광장에 모여 촛불을 들고 봉기했다."라고 쓰고 말할 텐데, 그 의미는 엄청난 차이가 있다. 그래서 한자 공부를 해야 하는 것이다. 한자어는 한자를 통해 익혀야 정확한 뜻을 알 수 있으며, 그래야 우리 말을 정확히 말하고 글쓰기도 정확하게 하게 되는 것이다.

첫 강의 때 학생들에게 '대각선'의 뜻을 이야기해 보라 하면 처음에는 무슨 그런 질문이 있나 싶은 표정이다가 설명을 못 하고 심지어 답답해하면서 손을 들어 빗금을 긋는 학생도 있다. '대각선'의 뜻을 모르는 학생이 어디 있겠는가? 그러나 그 개념을 말로 설명을 못하는 것이다. 그것은 한글 낱말 '대각선'과 그 사전적 의미를 무조건 암기했기 때문이다. 만약 '대각선'을 '對角線' 한자어로 '마주 보다 對, 각 角, 줄 線'으로 익혔다면 바로 '마주 보고 있는 각을 잇는 선'이라고 대답했을 것이다.

> "뻔하고 단편적인 사례가 아닌 신선하고 잘못 쓰인 사례 위주로 말씀
> 해 주시기 때문에 기억에 오래 남고 유용합니다."

## 활발한 상호작용

이 강의의 다른 특징은 빠르고 구체적인 피드백 제공이다. 온라인 질의응답 채널을 열어 두어 강의 내용에 대한 궁금증을 해결할 수 있도록 학생들의 학습 관리에 주의를 기울였다. 교수자와 학습자 개인 간의 상호작용을 지원하기 위한 사이버 캠퍼스 '쪽지' 활용은 개별 수

준의 피드백 제공을 더욱 활성화시켰다. 이는 교수자와 일대일로 접할 기회가 많지 않은 학생들에게 학습 동기를 불러일으키는 데 큰 힘이 된다. 이 교수는 학생들이 홈페이지 '쪽지'에 질문을 올려 놓으면 질문에 대한 답을 당일 해 주거나 늦어도 그 다음 날 아침까지 답을 주어 한 번도 24시간을 넘긴 적이 없다.

> "I-cam 쪽지를 매우 활발하게 이용할 수 있습니다. 쪽지 체크를 자주 하셔서 답장을 빨리 주십니다."

그리고 이 교수는 모든 리포트를 꼼꼼히 다 읽는다. 틀린 한자나 내용이 있으면 그 학생한테 교내 SNS인 '쪽지'로 잘못 쓴 것을 알려 주는데, 이를 받은 학생들은 깜짝 놀란다. 그렇게 자세히 읽나 싶은데, 이 교수는 정말 다 읽는다고 한다. 학생들이 쓴 정성만큼 시간 내서 읽는 것이 도리라고 생각하기 때문이다.

강의 내용에서 인성을 강조한다면 교수 방식, 특히 학생 평가에서는 학생의 정성과 노력을 강조하는 만큼 교수 자신도 상응하는 노력을 기울인다.

또 이 교수는 매주 강의가 끝나면 좋은 명언, 명구나 명사들이 한 이야기 등을 '쪽지'를 이용해 학생들에게 보낸다. 정호승 시인의 〈고래를 위하여〉와 같은 좋은 시도 보낸다. 이를 위해 이 교수는 신문 등에 난 좋은 글들을 스크랩해 둔다. 학생들은 이를 보고 좋은 글을 읽었다거나 자신을 되돌아보는 시간이었다는 쪽지가 온다. 최근에는 부산교육대학 부속 초등학교에 있는 짧은 글을 보냈는데, 육영수 여사가 쓴 글이었다. "웃고 뛰놀자, 그리고 하늘을 보며 생각하고, 푸른 내일의 꿈을 키우자!" 초등학생들에게

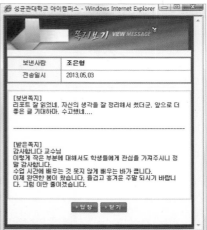

어른들이 한 이야기이지만 대학생들에게도 도움이 되는 글이어서 등록금이나 취업 문제로 답답할 때 한 번쯤 가슴을 펴고 하늘을 보며 마음의 여유를 가져 보라는 것이다.

쪽지라는 상호작용의 수단과 더불어 이를 통한 칭찬과 격려는 교육적 효과를 극대화한 것으로 보인다. 이러한 외적 보상을 통한 동기 부여는 학습자의 적극적인 강의 참여 유도를 이끌어 낸 핵심 요인이라고 할 수 있다.

## 학생들에게 기억되는 교사가 참스승

이명학 교수의 인성교육에 대한 진심 어린 지도는 학생뿐만 아니라 동료 교수들에게도 큰 호평을 받았다. 동료 교수들은 강의 내용의 연장선에서 바른 품성, 삶의 철학을 다루면서 학생들로 하여금 바른 인성을 기르도록 유도한 점을 추천 사유로 꼽았다.

> "강의 외적인 측면에서 사범대학 학생들의 인성과 자질 연마를 위해
> 조언과 충고를 아끼지 않음으로써, 어린 학생들이 인간적인 성장과 모
> 범적인 사도(師道) 상을 확립하는 데 큰 역할을 하였습니다."

> "질문에 대한 답변 시, 학생이 대답하지 못하는 경우에도 절대 그 학
> 생이 부담을 느끼지 않게 배려해 주셔서 두려움 없이 강의에 임할 수
> 있는 것이 교수님 강의의 인상적인 특징입니다."

> "아무리 미숙해도 끝까지 격려하며, 책망하지 않으시는 교수님의 학생
> 에 대한 배려에 매우 깊은 인상을 받았습니다. ……이명학 교수님은
> 결과에 대해서 '요즘 학생들은 한자 실력이 이 모양'이라느니 책망 한
> 마디 없이 다음번에 잘 보면 되니 실망하지 말라고 격려해 주셨고, 큰
> 힘이 되었습니다."

이 교수는 강의 평가서에서 학생들이 이 강의를 듣고 자신이 변하게 된
점과 다시 생각하게 된 점이 많다는 것을 읽으면서, 강의의 중요성과 학생
들이 현재 대학 강의에 바라고 있는 것이 무엇인지 파악할 수 있다고 한다.
또 강의 시간에 얼마나 충실해야 하는지도 느낄 수 있다. 이 교수는 강의
첫 시간에 "강의실에도 교수와 학생 간에 예의라는 것이 있다. 예의라는
것이 아랫사람이 윗사람에게 무조건 지켜야 하는 것이 아니라, 교수도 학
생들에게 지켜야 할 예의가 있는데, 강의 시간에 늦지 않게 정확한 시간에

들어와 충실하게 열성을 갖고 가르쳐야 하고, 학생들이 제출한 리포트는 꼼꼼히 성의를 갖고 읽어야 하고, 강의에 대한 인터넷상 질문에 조속히 성실히 답해 주는 것이 교수가 지켜야 할 예의다. 또 학생들은 강의 시간에 휴대전화를 보거나, 옆 친구와 잡담하거나, 졸거나 하지 않고 충실히 강의에 임하고 리포트도 자기 생각을 정성껏 잘 정리해서 내는 것이 지켜야 할 예의다.'라고 말한다.

> "한자와 함께 '인간'으로서의 기본 마음가짐, 지식인이 지녀야 할 품성 등을 가르쳐 주시고 깨닫게 해 주십니다. 단순히 한자뿐만 아니라 인생에 대한 교훈까지 얻을 수 있는 말 그대로 '성균 명품 강좌'입니다."

> "교수자에게 필요한 유머를 가지고 계시고 강의 외적으로도 좋은 말씀을 많이 해 주셔서 인간적인 매력을 느낄 수 있습니다."

이 교수는 대학의 역할이 연구도 중요하지만 '사회에 도움이 되는 인재'를 양성하는 것도 중요한 기능이라고 생각한다. 결국 '남을 배려할 줄 아는 인간' '사회적 약자에 대한 봉사 정신' 등이 중요한 덕목이라고 생각한다. 그런 관점에서 강의를 준비하고 그런 이야기를 많이 해 주려 노력하고 있다. 경쟁만 가르친다면 이 사회가 어떻게 되겠는가?

이런 점에서 이 교수는 모교인 중동(中東) 고등학교 설립자 백농(白儂) 최규동(崔奎東) 선생을 교육자로서 가장 존경한다. 최 선생은 일제하에서 "우리의 자제는 우리의 손으로 교육시키자."라는 민족교육에 뜻을 두고 어떻게 하든지 많은 학생을 교육시켜 민족정신을 이어가게 하려고 부단히 노

이명학 교수의 지루하지 않은 강의는 학생들에게 '한자와 한문의 세계'에 대한 흥미를 잃지 않도록 한다.

력한 분이다. 『민성(民聲)』이라는 잡지에서 "일제 말년에 가서 절의를 굽히고 추하게 군 교육자가 한둘이 아니다. 이 점에서 그는 8·15를 감격의 눈물로 맞이할 수 있었던 명사 중의 한 사람이다."라고 할 정도로 일제에 절의를 굽히거나 비굴하지 않은 자세로 학생들에게 민족의식을 고취했을 뿐 아니라, 교육에서 가장 중요한 목표는 '덕의적(德義的) 훈육' '인격 함양' '품성과 인격의 도야'라는 말을 하며 '인격이 가장 중요하다.'고 늘 강조하였다. 또 천식으로 고생하면서도 일주일에 58시간 강의를 하였고, 분초(分秒)도 어김없이 강의 시간에 들어갔다고 한다. '조선의 페스탈로치'라는 동아일보(1940.1.1) 기사가 있을 정도였다.

특히 백농 선생은 자신의 과거를 회상하면서 "신지식(新知識)을 배움에서 나의 지적(知的) 두뇌가 발달한 것만큼 한학(漢學)에서 나의 의지(意志)의 서야 할 곳을 배웠다."(新生 2卷, 1929.3)고 하여 자신의 올곧은 정신 자세는 바로 사서삼경(四書三經)과 사기(史記) 등 동양(東洋)의 고전을 공부하는 가운데 확립되었다고 하였다.

"士志於道而恥惡食惡衣者, 不足與議也"(論語, 里仁)

(선비가 도에 뜻을 두고 허술한 옷과 거친 음식을 부끄럽게 여기는 사람과는 의논할 것이 없다.)

"與衣狐貉者, 立而不恥" (論語, 子罕)

(여우나 담비의 털옷을 입은 자와 함께 서있어도 부끄러워하지 않는다.)


"其爭也君子" (論語, 八佾)

(그 다툼이 군자답도다.)


　이것은 백농 선생이 애송(愛誦)하던 글이다. 이 세 글에서 강조하는 것은 '떳떳함', 즉 '당당함'이다. 즉, 자신이 지향(志向)하는 바가 있고 목표가 뚜렷하다면 옷과 음식 등 외적인 물질적 가치는 의미가 없다는 것이며, 자존의식(自尊意識)이 있다면 제아무리 좋은 옷을 입은 사람과 함께 있더라도 마음속으로 조금도 부끄러움이 없이 당당할 수 있다는 것이다. 다시 말하면, 내면의 정신 자세가 중요하다는 것이다. 아울러 군자(君子)는 남과 잘 다투지 않지만, 만일 다툴 일이 있다면 오직 군자답게 정정당당(正正堂堂)한 자세로 하라는 것이다. 이 같은 백농 선생의 가르침을 마음에 새긴 이 교수는 학생 교육뿐만 아니라 바른 도리를 실천하려고 노력하고 있다. 이 교수의 연구실에는 '학위인사 행위세범(學爲人師 行爲世範)'이라 적은 액자가 있다. 사범(師範)의 어원이 된 말로 "학문은 다른 사람의 스승이 돼야 하고 행실은 세상의 모범이 돼야 한다."는 뜻이다. 사범대학은 '학위인사'가 아니라 '행위세범'이 중요하며, 사범대학 학생들에게 중요한 덕목으로 이것을 잘 지키면서 사는 게 쉬운 건 아니지만 그래도 앞으로 학생들을 지도하는 선생이 될 사람들은 되새겨서 생각할 필요가 있다는 것이다.
　이에 따라 이 교수는 사범대학 학창 시절 '올바른 인성'을 갖춘 참다운 예비 교사 양성을 위한 다양한 프로그램을 운영하였다. 2007년부터 사범대학 신입생들에게 입학 때 다짐을 담은 사명패를 제작하여 주었고, 지식과 인성을 갖춘 예비 교사에게 인증장을 수여하는 사도인증제를 실시했다. 인성을 갖추지 못한 교사가 나가면 지식 전달자이지 선생이 아니다. 더구나 말로 사람을 변화시킬 수 있는 직업은 교사밖에 없다. 말로 사람을 변화시키려면 학생에게 신뢰를 얻어야 하고, 그러기 위해서는 언행이 진실 되고 모범이 되어야 한다고 생각하기 때문이다. 2006년에는 소외된 이웃을 배려하고 더불어 살아가는 자세를 갖게 하도록 사범대학 봉사대 '참빛누리'를 결성했다. 참빛누리는 매월 삼육재활관 등 사회복지시설에서 봉사활동을 하고 있다. 이에 대한 공로를 인정받아 2008년 성균관대학교에서 학교발전에 이바지한 공적이 탁월한 구성원에게 수여하는 '성균 가족상'을 수상했다. 이뿐만 아니라 국내 최초로 다문화가정 자녀와 사범대학 재학생을 일대일로 맺어 원격 화상 멘토링을 실시하고 새터민 재학생 멘토링 및 장학금 지원, 다문화 가족 백일장 개최 등 사회 소외 계층을 위한 적극적인 활동을 펼치고 있다. 이런 공적으로 2012년 교육부와 한국교직원공제회가 제정한 '제1회 대한민국 스승상'과 '녹조근정훈장'을 받기도 하였다.

이 교수는 참스승이란 교사가 해 준 말과 교사가 보여 줬던 행동 중 학생에게 오랫동안 기억에 남는 게 하나라도 있다면 그가 참스승이라고 말한다. 모두 학창 시절을 생각해 보면 그런 교사를 떠올리기란 쉽지 않다. 즉, 참스승은 거창한 것이 아니라는 것이다. 따라서 이 교수는 학생들이 졸업한 뒤 자신이 했던 말 한마디, 행동 하나라도 오래 기억을 했으면 하고 바란다.

이 교수의 강의는 여기서 그치지 않고 한문 문장을 통해서 사람의 도리를 실천하도록 하고 있다. 강의 가운데는 "父母愛之 喜而勿忘, 父母責之

反省勿怨(부모님께서 사랑해 주시거든 기뻐하며 잊지 말고, 꾸짖으시거든 반성하면 원망하지 마라.)"이라는 사자소학에 실린 '효'에 관한 문장을 공부하는 시간이 있다. 이와 관련해 개자추(介子推)[3]에 대해 이야기하고 '개자추 콤플렉스'[4]도 설명한다. 학창 시절 자기 뜻대로 안 되면 부모님에게 "밥 안 먹어." 하고 방문을 쾅 닫고 들어가는 행동이 '개자추 콤플렉스'와 같은 것이라 이야기해 준다. 또 부모-자식 간의 관계도 설명해 준다. "부모님은 자식에게 10개를 바라는데 자식이 9개는 안 하고 단 하나라도 하면 기뻐하시는 것이 부모님이고, 자식들은 부모님께 10개를 바라는데 부모님이 9개는 해 주시고 하나를 안 해 주면 원망하는 것이 자식이다."라고 하며 부모님의 마음이 어떤 것인지 이해하도록 해 주고, 이어 꼭 그날 붕어빵 두 개를 사서 부모님께 드리고 마음에서 우러나오는 말로 감사하다는 말씀을 드려 보라고 한다. 한 번도 해 본 적이 없으니 어렵겠지만, 용기를 내어 해 보라고 한다. 그리고 '효'가 거창한 무엇이 아니라 사소한 것이라도 마음을 어떻게 쓰느냐에 달려있다고 이야기한다. 그다음 주에 학생들에게 부모님이 어떻게 반응하

---

3 진(晉)나라 문공(文公)이 왕위에 오르기 전에 아버지 헌공(獻公)에게 추방되었을 때, 19년 동안 그를 모시며 같이 망명생활을 하였다. 뒤에 문공이 진(秦)나라 목공(穆公)의 주선으로 귀국하여 왕위에 오르고 많은 현신(賢臣)을 등용하였으나, 개자추에게는 봉록을 주지 않았다. 실망한 그는 면산(綿山)에 들어가 숨어 살았다. 문공이 자신의 잘못을 뉘우치고 그를 불렀으나 나오지 않았다. 문공은 그를 나오게 하기 위해 산에다 불을 질렀다. 그러나 끝내 나오지 않고 어머니와 함께 그대로 타 죽었다. 한식(寒食)은 개자추가 타 죽은 것을 기리기 위하여 행사로 기념한 날로서, 이때 찬밥을 먹는다(두산백과).

4 개자추처럼 누군가에게 섭섭하거나 억울할 때 적극적으로 해명하거나 복수하기보다는 스스로를 더욱 망가뜨려 그 사람의 마음을 아프게 함으로써 억울함을 호소하거나 복수하는 심리를 '개자추 콤플렉스'라고 한다.

준비된 영상 화면에 직접 한자를 쓰면서 학생들에게 강의하는 이명학 교수의 모습

셨는지 물어보면, 어떤 학생은 부모님이 눈물이 그렁그렁하시더라고 하고, 어떤 학생의 부모님은 쓸데없는 짓하지 말랬다고 해서 한바탕 웃기도 한다. 그게 말씀만 그렇게 하신 것이지 속마음은 그렇지 않으실 것이라고 덧붙여 이야기도 해 준다. 나중에 학생들이 당시 말은 못했지만 지방에 계시는 부모님 생각이 많이 났고 잘 해드려야겠다는 생각도 들었다는 이야기를 들으면, 이 교수는 '강의가 교육적인 효과가 있구나.' 하는 생각을 한다.

# 이명학 교수의
# '한자와 한문의 세계' 지상 강의

이번 시간에는 『논어』에 있는 "己所不欲, 勿施於人"이라는 문장을 배우겠습니다.

**己所不欲을 勿施於人하라.**

자기가 하고 싶지 않은 것을 남에게 베풀지(시행) 말라.

* 己(기): 자기    * 所(소): ~바
* 欲(욕): 하려고 하다.    * 勿(물):~하지 마라.
* 施(시): 베풀다. 시행하다. '시키다'는 의미    * 於(어): ~에게

"己所不欲, 勿施於人" 해석부터 먼저 할까요. '己'는 '몸, 기' 자이고 보통 '자기'라는 뜻으로 쓰입니다. '所'는 '바, 소'로 '~하는 바, ~하는 것'으로, '欲'은 '~하고자 하다'입니다. 따라서 '不欲'은 '~하고자 하지 않다' 즉, '~하고 싶지 않다.'로 풀이할 수 있습니다. 따라서 '己所不欲'은 '자기가 하고

#07 엄마가 딸에게 추천하는 인생 강의  229

싶지 않은 것'이라고 해석할 수 있습니다.

다음으로 '勿施於人'에서 '勿'은 금지사로 '~마라.'는 뜻입니다. 우리가 잘 아는 '勿忘草'라는 꽃도 'forget-me-not'이라는 꽃 이름을 한자로 바꾼 것이지요. '勿忘', 즉 '잊지 말라.'는 뜻입니다. '施'는 '베풀, 시'로 '시행하다, 시키다.'는 의미로 쓰였습니다. '於'는 어조사로 보통 뒤에 장소나 사람이 많이 옵니다. '~에서, ~에, ~에게' 등의 뜻이지요. '人'은 '사람'보다는 한문 문장에서는 '남, 다른 사람'의 뜻으로 많이 쓰입니다. 곧 '勿施於人'은 '남에게 시키지 말라.'로 해석할 수 있습니다. "己所不欲, 勿施於人"은 "내가 하고 싶지 않은 것을 다른 사람에게 시키지 말라."로 해석할 수 있습니다. 즉, 내가 하고 싶지 않은 것은 다른 사람들도 하기 싫다는 것이지요. 내가 저기 가서 물 떠오기 싫으면 다른 사람도 당연히 싫다는 것입니다. 즉, 易地思之 하는 자세로 다른 사람의 마음을 헤아려 내가 그 입장이 되어 생각해 보라 는 것이지요. '배려'의 중요성을 일깨운 말씀입니다.

원래 논어 원문에는 다음과 같이 되어 있습니다.

子貢(자공)이 공자에게 "한마디 말로 평생토록 행할 만한 것이 있습니까?"라고 물으니, 공자는 "그것은 아마도 '恕'일 것이다. 자기가 하고자 하지 않는 것을 남에게 베풀지 말지니."라고 하셨다.

공자는 자공의 질문에 '恕'라 답해 주고, 혹 다른 뜻으로 오해할까 그 의미는 "己所不欲, 勿施於人"이라고 친절하게 설명해 준 것입니다. 이 구절은 지금도 스위스 홍십자사 건물에 걸려 있다고 합니다. '적십자 정신'이라 는 것이 바로 이런 것인지도 모르겠습니다. 어려운 사람의 입장에서 생각 하고 배려하는 것이지요. 그리고 공자 탄신 2560주년이던 2009년 미국 의회에서 중국에 축하 메시지를 보내며 특히 이 구절을 들어 극찬하면서 이 정신을 잘 구현한다면 인류의 평화와 화해를 기약할 수 있다고도 하였습니다. 가만 생각해 보면 맞는 말인 것 같습니다. 강대국이 약소국 입장에서 생각하고 정책을 편다면 이 세상은 갈등 없이 얼마나 조화롭고 평화롭겠습니까? 사회에서도 강자가 약자의 입장에서 한 번 생각해 본다면 함부로 하지 않겠지요. 요즈음 화두가 된 '경제민주화'도 이런 자세에서 출발해야 하지 않을까요? 또 최근 어느 분유회사의 횡포도 그들이 약자인 대리점주의 입장에서 생각하고 배려했다면 그런 일은 일어나지도 않았을 것입니다.

중국 주석인 시진핑(習近平)도 어려서 아버지에게 귀에 못이 박히도록 들은 이야기가 바로 "己所不欲, 勿施於人"이었다고 합니다. 그래서 한 나라의 덕망 있는 지도자가 되었는지도 모르겠습니다. 2013년 6월 멕시코 의회에서도 이 구절을 인용하면서 양국 간의 공동 번영에 대해 연설을 했다고 합니다. "己所不欲, 勿施於人"이 좌우명인 시진핑이 앞으로 우리나라에 어떤 정책을 펼지 기대해 볼까요.

다른 사람의 입장이 되어 생각해 보려는 자세는 굉장히 중요한 덕목입니다. 이솝우화에서 '두루미와 여우' 이야기는 잘 알려진 우화지요. 두루미는 제 입장만 생각하여 호리병에 음식을 주었고, 여우도 제 입장만 고집하여 납작한 접시에 음식을 주었던 것이지요. 상대방의 입장과 처지를 전혀 생각하지 않았던 것입니다. 바로 이 이야기는 배려의 자세가 얼마나 중요한지 일깨운 것이지요.

시 한 편 소개할까요. 함민복 시인이 쓴 〈부부〉라는 시입니다.

이 작품은 앞뒤에서 긴 상을 들고 가는 두 사람을 소재로, 부부 사이에 배려가 얼마나 중요한가를 쉽고도 재미있게 쓴 시입니다. 기다란 상을 앞

부부의 인연을 소중히 알고
늘 서로를 배려하며 살라는 이명학 교수

에서 들고 가는 사람이나 뒤에서 들고 가는 사람이나 서로서로 배려하지 않으면 안 된다는 것이지요. 걸음의 속도도 상대방을 생각하며 맞추어야 하고, 허리를 굽힐 때도 상대방을 생각하며 높낮이를 맞추어야 하고, 상을 내려놓을 때에도 먼저 내려놓아서는 안 된다는 것입니다.

그렇지요. 제목은 '부부'지만 어디 부부 사이만 그럴까요. 친구 사이도 그렇고, 인간사 모든 관계 어디고 해당하겠지요. 참 음미해 볼 만한 시라고 생각합니다. '배려라는 것은' 참 중요한 덕목이고 가르침인 것 같습니다.

세상 사람들은 '孝'라는 것을 거창한 어떤 것으로 생각하는 것 같습니다. 어느 신경정신과 의사선생님이 이런 말씀을 하셨더군요. "나중에 자식들에게 효도를 받고 싶으면 어려서부터 남을 배려하는 자세를 가르쳐라." 맞는 말씀입니다. 상대방 입장에서 생각하는 자세가 바로 배려 아니겠습니까? 연세 드시고 거동이 자유스럽지 못한 부모님을 보면서 그 입장이 되어 생각해 보면 어떻게 효도를 안 할 수 있겠습니까? '효'는 이렇듯 거창한 그 무엇이 아닙니다.

그렇다고 오늘 저녁 집에서 아버지께서 "저기 물 좀 떠 다오."라고 하는데 "아버지, 공자께서 자기가 하고 싶지 않은 일을 다른 사람에게 시키지 말라고 했습니다." 그러면 또 안 되겠지요. 또 직장생활을 막 시작하면서 부장님이 일을 시키는데 "부장님 논어에요……." 이래도 안 되겠지요. 참 여러 가지로 힘들어질 겁니다. 나는 이렇게 생각합니다. 여러분이 언제까지 학생 신분이 아닐 것이고, 사회에 나가 직장생활을 하다 보면 점점 지위도 올라갈 것입니다. 지위가 올라가면 올라갈수록 공자의 이 말씀의 의미를 되새기면서 실천해 보기 바랍니다.

그리고 지금도 가족, 친구, 모르는 사람들에게도 얼마든지 실천할 수 있을 겁니다. 지하철에서 시끄럽게 전화 받는 사람들, 자리에 다리 쩍 벌리고 앉는 사람들, 신문을 활짝 펼치고 읽는 사람들……. 우리 주변에는 남의 입장에서 생각하지 않는 사람들도 꽤 많이 있습니다. 그런 사람들을 보면서 "己所不欲, 勿施於人"이라는 공자의 말씀을 새겨 보기 바랍니다.

> "생활에서 재고해야 할 이야깃거리를 말씀해 주시곤 합니다. 예를 들어, 부모님께 편지를 쓰거나, 시를 적어 드린다는 일을 생각해 볼 필요가 있는 유익한 일임에도 하지 않았습니다. 교수님께서 함민복 시인의 〈부부〉를 읊으신 것을 옮겨 적어 부산에 계신 부모님께 편지 세 장과 함께 보내드렸더니 매우 좋아하셨습니다."

# 08

\# 학생과
공명(共鳴)하는
강의

권순복 부산대학교 교수
'일반음성학'

대구대학교 재활과학대학 언어치료학과 학사
대구대학교 재활과학대학 언어치료학과 석사
부산대학교 일반대학원 의공학협동과정 박사
부산대학교병원 이비인후과 언어임상가 역임
미국 메인 대학교(Communication Science & Disorders) 방문 교수 역임
(사)한국언어치료학회 회장
부산대학교 언어정보학과 교수

권순복 교수는 보물처럼 소중하게 간직하고 있는 파일들이 있다. 학생들의 출석부와 성적 평가, 수강 소감을 담은 것이다.

권순복 교수가 대학에 와서 처음 받은 학생들의 강의 평가는 실망스러웠다. 단과대학교 평균보다 낮았기 때문이었다. 학생들은 권 교수의 설명이 이해할 수 없는 부분이 많다는 반응이었다. 당시 강의를 돌이켜보면 열정으로만 충만했다. 학생들에게 열의를 가지고, 되도록 많은 것들을 학생들에게 제시하고 교육하려는 마음이 많았다. 학생들에게 좀 더 많은 것을 주려고 쉬는 시간까지 할애해서 강의했지만, 이런 것들이 오히려 학생들에게는 더 부담으로 여겨졌다. 따라서 교수자와 학습자와의 틈을 제대로 아는 데 좀 더 많은 시간이 필요했다. 첫술에 배부를 수 없듯이, 학생들과 소통하려는 방법에서 다소 간의 차이를 가졌다.

이런 우여곡절을 겪은 이후, 권순복 교수의 '일반음성학' 강의는 2010년 부산대학교의 '다시 듣고 싶은 강의'에 선정됐다. 권 교수의 강의는 편안한

권순복 교수가 보물처럼
여기는 파일을 살펴보고 있다.

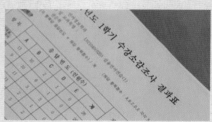

학생들의 강의에 대한 메모                    수강 소감 조사 결과표

분위기에서 학생들과 소통하며, 다양한 자료를 활용하여 학생들의 이해를
돕고, 삶에 대한 긍정적인 자세를 가르치는 좋은 특징을 가진다.

# 오감을 자극하는 멀티 강의

먼저 권순복 교수의 강의는 언제나 강의 목표를 학생들과 같이 읽는 것으로 시작한다. 학생들에게 강의 내용을 명확하게 인지시키기 위함이다. 일반음성학에서 한 부분에 해당하는 청각 음성학 강의에서 권 교수는 일반음성학이란 과목 자체에 대해 막연하게 느끼는 지루함 등을 해결하기 위해 오리엔테이션의 첫 시간에 재미와 감성을 통해 학생들에게 친밀하고 쉽게 다가가도록 노력한다. 학생들의 눈과 귀를 사로잡기 위한 권 교수의 선택은 다양한 동영상을 활용한 멀티미디어 활용 강의였다. 말로만 진행했을 때보다 학생들의 이해도가 훨씬 높아졌다고 판단되었기 때문이다.

"1. 화자가 말하는 소리는 청자가 어떻게 듣고 이해하는가? 2. 청각기관의 해부와 생리에 대한 원리는 어떠한가? 3. 청각에 문제가 있을 때는 어떠한 조치 방법들이 있는가?"와 같이 딱딱하다고 느낄 수 있는 문제에 더욱 쉽게 접근할 수 있도록 다양한 자료를 활용하는 것이다.

이 내용에 맞는 동영상 자료를 여러 가지 다큐멘터리 혹은 방송에서 다루어진 내용을 녹화해 두거나 방송국에서 제공하는 프로그램을 다운로드하는 등의 방법으로 모아 놓은 후 필요한 부분을 편집하여 사용한다.

또한 자칫 지루한 강의에 흥미를 불어넣고자 권순복 교수는 '변형생성문법' 등 딱딱한 내용 대신 음성학과 일상생활의 접점을 파고든다. 즉, 학생들이 일상생활에서 무심히 지나칠 수 있는 사례나 상식 등 복잡하지 않은 주제를 선택하여 강의를 진행하는 것이다. 예를 들면, '좋은 목소리의 비밀' '목소리는 왜 중요한가?' '노래하기 전 날달걀을 먹으면 과연 효과가 있을까?' '이병헌의 목소리와 박경림의 목소리는 왜 그렇게 다르게 들릴까?' 등 관심이 가는 주제를 통해서 강의를 진행한다.

다음은 '이병헌의 목소리와 박경림의 목소리는 왜 그렇게 다르게 들릴까?'라는 강의 내용이다.

사람들은 어떤 목소리에 마음을 빼앗기는가? 혹은 어떤 목소리가 매력적인 목소리인가? 남자의 경우에는 중저음의 목소리이고, 여자의 경우에는 보통 여성의 음도(음성)보다 약간 더 높은 맑은 음성이라는 것을 알 수 있다. 이것은 동서양(국내외)을 막론하고 같은 결과를 나타낸다. 또한 현재까지의 국내외 연구들을 종합해 보면, 음도가 중요성 요소임을 강조하고 있다는 사실을 우리는 알 수 있다.

상대방의 마음을 사로잡는 목소리, 그 비밀은 무엇일까? '말의 내용'보다 '목소리'가 메시지를 전달할 때, 아주 더 많은 부분을 차지한다는 사실! 미국의 저명한 사회심리학자인 메라비언(Merabian, 1969)이라는 학자의 보고에 따르면, 메시지 전달에 미치는 요소 중에서 목소리는 38%, 표정은 35%, 태도가 20%, 말의 내용은 불과 7%밖에 차지하지 않는다. 이것을 흔히 우리는 메라비언의 법칙이라고 이야기하는데, 여기서 우리가 기억해야 할 내용은 목소리가 그만큼 중요하다는 사실을 알 수 있다. 즉, 의사소통 구성요소 중에서 목소리가 그 어떤 다른 요소보다 많은 부분을 차지한다는 것을 말한다.

학생들이 이해하기 쉽도록 거듭 생각하며
방학 때도 연구실에 나와 강의 자료를
준비하는 권순복 교수

메라비언의 법칙: 시각+청각(말할 때)=메시지 전달(100):

목소리(38)+표정(35)+태도(20)+말의 내용(7) =〉목소리의 중요성을 강조함

이병헌의 목소리와 박경림의 목소리는 이와 같은 원리에 의해서 다르게 느껴진다는 것을 알 수 있다.

부연 설명하면, 상대방의 마음을 사로잡는 매력적인 목소리! 과연 어떤 목소리가 좋을 목소리일까? 일반적으로 남자는 중저음(이병헌, 한석규, 이선균 등)이고, 여자는 보통의 여성의 음도 보다 약간 맑은 음성의 고음(한예슬, 김태희, 김민희 등)이라는 것을 알 수 있다. 그리고 종합적인 측면에서는 억양의 변화를 가지는 말소리, 적절한 쉼을 통해 말의 속도는 천천히 하며, 깨끗한 음색을 가지고, 높낮이와 강세가 정확하며, 또렷한 발음과 공명을 사용하는 경우에 우리는 흔히 '매력적이고 좋은 목소리'라고 생각한다.

## 상대방의 마음을 사로잡는 매력적인 목소리

과연, 어떤 목소리가 좋은 목소리일까요?

남자: 중저음        여자: 고음(보통의 여성 음도 보다)

종합적인 측면에서의 매력적인 목소리

1. 억양의 변화를 가지는 말소리

2. 적절한 쉼을 통해 말의 속도는 천천히

3. 깨끗한 음색(성대가 건강한)

4. 높낮이와 강세가 정확하게

5. 또렷한 발음과 공명

따라서 '일반음성학'에서 나타난 좋은 강의의 특성은 다양한 학습 자료 활용과 강의의 구조화에 있다. 학습 주제에 맞춰 다양한 시각 및 청각 자료의 활용은 강의에 대한 교수의 준비도가 높다고 할 수 있으며, 다양한 자료를 통해(영상 및 음성 자료의 활용) 이해하게 하여 호기심을 유발하게 한다. 또한 강의 내용이 전문적인 지식일 뿐만 아니라 일상적이면서도 우리의 생활과 밀접하게 연관되어 있다는 사실을 알려 줌으로써 이 강의의 참여 및 집중을 높인다.

이처럼 다양한 소재와 자료를 가지고 강의를 진행하는 권 교수의 강의는 다음과 같은 학생의 평가를 이끌어 내고 있다.

준비한 강의 자료를 제시하며 강의에 열중하는 권순복 교수

"교수님께서 다양한 동영상과 자료들을 보여 주시며 재미있는 강의를
해 주셔서 좋았습니다. 시를 발표하기도 했는데, 뜻 깊은 활동이었다고
생각합니다."

"교수님께서 강의의 목표에 적합한 강의 내용과 자료 등을 늘 성실히
준비해 주셔서 정말 감사했고, 이해하는 데 많은 도움이 되었습니다.
특히 학생들이 프로그램을 통해 직접 녹음을 할 수 있도록 해 주신다
던가 강의 시간에 교수님께서 직접 녹음을 하셔서 결과물들을 보여 주
신 것들은 보다 내용을 구체적으로 자세히 이해하는 데 많은 도움이
되었습니다."

"교수님께서 최선을 다해 지식을 전달해 주시고 관련 내용을 명확한
설명과 다양한 자료들을 통해 이해하기 쉽도록 해 주셔서 정말 감사했
습니다."

"매시간이 정말 신기하고 즐거웠습니다. 교수님의 강의는 다양한 학습
자료를 통해 효과적으로 학습할 수 있었습니다. 음성학은 특히 인문대

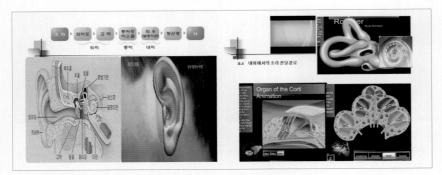

권순복 교수가 준비한 강의 자료(소리의 전달 통로 매커니즘과 귀의 구조와 기관)

생인 저희에게 더욱 생소한 내용이라 어렵고, 지루했던 부분입니다. 그러나 매시간마다 교수님께서 보여 주시는 동영상이나 사진 자료 등은 저와 다른 학생들이 더욱 강의에 집중할 수 있고, 흥미를 계속해서 가질 수 있도록 해 주었습니다. 슬라이드를 가득 채울 정도로 다양한 자료들을 보면서 교수님께서 얼마나 열정적으로 준비하시는지 매번 느끼며 감사히 공부할 수 있었던 것 같습니다.”

이와 같은 학생들의 평가는 다양한 강의 자료와 학생들이 접근하기 쉬운 소재를 활용한 강의를 통해, 권 교수는 지루할 수 있는 강의에 생명력을 불어넣어 학생들의 흥미를 자극하고, 복잡한 학습 내용을 이해하기 쉽도록 도와 학생들의 학습효과를 높였다는 것을 보여 준다.

# 학생과의 소통

　　　　　　권순복 교수의 강의가 가진 두 번째 특징은 학생과
의 소통을 위한 노력이다. 권 교수는 학생들의 강의 참여도나 흥미를 유도
하고 같이 호흡할 수 있는 강의가 되기 위해 학생들에게 강의에 대한 내용
이나 혹은 요즘 고민거리가 무엇인지에 대한 질문을 던지고, 그에 대한 반
응이나 대답이 자유롭게 이어지는 내용으로 강의를 이끌어간다.

> "소통을 많이 하는 강의를 하고 싶었는데, 이 강의를 들으면서 진짜
> 대학 강의를 듣는 것 같다는 생각이 많이 들었습니다."

　또한 권 교수는 자신의 강의에 대한 학생의 피드백과 의견에 계속된 관
심을 두고 강의를 진행한다. 학기 중간과 기말에 자신의 강의에 대한 평가
를 시행하는 것 외에 여러 번의 평가 기회를 학생들에게 제공하고 있다. 무
엇보다도 교수자의 강의 내용에 대한 수준 혹은 진행 정도가 적절한지에
대한 점검을 한다. 먼저 개강 후 첫 1개월 사이에 이루어진 강의 내용을 토
대로 강의 내용에 대한 문제점이나 건의사항 및 개인적으로 바라는 사항을

학생들은 재미있고 유익한 권순복 교수의 강의를 좋아한다.

A4 용지 반 장 정도에 이름을 적지 않고 자유롭게 기술하도록 한다. 이를 통해서 강의의 수준이나 속도 등에서 학생들의 수준과 같은 눈높이로 맞출 수 있는 시간을 가져서, 적절한 수준에서 재수정이 필요한 경우에는 다소의 강의 슬라이드나 내용에서 수정한 후에 강의 진행을 한다.

시험 시행 후 그 결과에 대한 설명과 이해도 측면에서 성적을 웹 카페에 공지(물론 점수와 학번을 무작위로 배치해서 공지함)해서 자기 점수에 대한 피드백을 주고, 문의사항이 있는 경우에는 교수연구실에서 문의할 수 있는 절차를 거쳐 최종 점수를 확정하는 방식으로 진행한다. 권 교수는 이러한 절차 과정을 거치면서 학생들의 수긍도와 만족도를 이전에 비해 많은 개선하였다고 생각한다.

학생과의 원활한 소통을 위해 권 교수가 신경을 쓰는 전략 중 하나는, 학생들의 이름을 강의 시간에 자주 부른다는 것이다. 이는 자발적인 학생들의 참여를 유도하기 위한 것이다.

"따로 담임선생님이 계신 것도 아니고 중학교나 고등학교 때처럼 서로 살을 맞대고 있는 시간이 길지도 않은, 아니 터무니없이 부족한 대학교. 그 속에서 저의 이름을 기억해 주고, 저의 꿈을 진심으로 응원해 주는 참 스승님을 만날 수 있다는 것은 정말 큰 행운입니다. 그렇게 치면 저는 정말 행운아입니다. 저는 언제라도 저를 따뜻하게 맞아 주고 저의 이야기에 귀를 기울여 주시는 저의 참 선생님이 계시기 때문입니다."

학생의 이름을 기억하고 강의 시간에 불러 줌으로써 학생들의 자발적인

강의에 집중하고 있는
학생들

참여를 유도하고자 하는 권 교수의 의도는 교수가 학생 개개인에 관심을
갖고 있다는 느낌과 함께 가까이 하기 어려운 존재가 아닌 따뜻하고 친근
한 감정을 불러일으키는 효과까지 얻어 내고 있음을 알 수 있다. 이러한 친
근함은 학생과의 소통을 좀 더 쉽게 하는 기재로 작용한다.


## 교수와 학생의 신뢰 시(詩)

권순복 교수의 또 다른 강의 특징 중 하나는 시(詩)의 활용이다. 지각 혹
은 결석을 하는 경우에는 다음 시간 강의 시작 전에 자작시(자신의 현재 상황을
시로 표현하는 내용)를 발표하도록 하는 과제를 부여한다(이 모든 내용은 강의 계획서
에 제시하고, 학생들과 약속을 해서 출석 평가에 반영하는 것을 원칙으로 한다고 미리 공지함).
그래서 시 발표를 하는 학생에게는 지각 혹은 결석에 대한 감점을 감해 주
는 방법을 사용한다.

권 교수는 시 낭독은 교수와 학생 간의 신뢰 쌓기에도 도움이 되지만,
학업 분위기를 전환하는 데도 효과적이라고 한다. 권 교수가 기억하는 한

여학생은 마지막 강의 시간에 한 학기 동안 지내왔던 본인의 삶에 대한 자세 혹은 현재 어떻게 지내고 있는지에 대한 것을 '행복'을 주제로 발표하다가 눈물을 흘렸다. 왜 시를 읽다가 그렇게 눈물을 흘리는지에 대해 묻자 "오늘 제 동생이 군대에 입대하는데, 동생에 대한 생각과 그동안 많이 다퉜던 것에 후회와 좀 더 잘해 주지 못했던 점과 제 자신이 너무 행복한 것에 대한 미안함이 한꺼번에 밀려오는 것 같아서 눈물이 납니다."라고 하였다. 다음은 학생들이 발표한 시 2편이다.

〈꽃〉 - 전혜정
머리에 남은 짧은 추억 하나
가슴에 남은 순수했던 어린 나날
다시는 돌아갈 수 없는
그때 그 시절
이 복잡한 현실속의 못다핀
꽃봉오리처럼 작지만
크게 꿈틀대는 의지
아직은 어색하고 초라하지만
누구보다 예쁘고 화사한
한 송이 꽃을 피워 내기 위해
오늘도 나는 나에게 희망이라는 물을 준다.

〈졸업의 문턱에서〉 - 김슬기

새내기란 이름표를 달고

무슨 일이든 다 해보고 싶던 일학년

학교에 겨우 적응하고 연애도 하고

학점을 챙기기 시작하던 이학년

학점 영어공부 공모전 봉사활동

이것저것 기웃거리던 삼학년

달려오던 새내기는 졸업 문 앞에

멈추어 섰다. 무얼 더 해야 될까?

4학년, 8학기, 16번의 시험

이렇게 대학생활이 흘러간다.

새내기는 이제 사회의 새내기가 될

준비를 하고 있다.

시 낭송을 통해 이 시대 우리 학생들의 고민을 공유하고 교감하는데, 이는 학생들에게 궁극적으로 창의적인 활동이 되고 있다. 지각한 학생들에게 부정적인 피드백을 주는 것이 아니라, 자작시를 지어오게 하여 그 발표로 강의를 시작하는 장면은 매우 인상적이다. 또한 강의 규칙을 정하여 권 교수 자신도 실천하는 것을 볼 때 학생과 교수가 함께 강의를 만들어 가고 있다는 느낌을 받았다. 권 교수는 강의를 통해 많은 학생들이 분명 많은 것을 느끼고 배울 수 있다고 판단하고 있다.

다른 한편으로 권 교수는 강의 내용 중 매시간 마지막에는 학생들에게 '공부를 왜 하는지?' '현재 학생들이 행복한지?' '어떻게 살아야 하는지?' '가장 고민하고 있는 것이 무엇인지?' 등 학생들이 스스로 돌이켜보는 시간을 가져보는 토론의 시간을 진행한다. 또한 인문학적 사고를 증진할 수 있는 동영상 자료들을 활용하여 학생들이 흥미와 관심을 갖게 하고, 활기찬 토론과 흥미를 유발할 수 있도록 한다.

　권 교수는 참여를 이끌어 내기 위해 다양한 질문을 학생들에게 하는데, 학생들은 처음에는 다소 어색하거나 어려워한다. 그 질문의 내용은 우리가 살아가면서 늘 생각할 수 있는 주제(행복, 사랑, 정의, 건강한 생활이란, 왜 사는가 등)에 대해 화두를 이끌어 내고 제시하기도 한다. 더불어 매 강의 마지막 5분 전에는 다음 시간에 다룰 내용에 대한 주제(위 내용)를 미리 알려준다. 이어 다음 강의에는 학생들이 이 주제에 대해 어떻게 받아들이고 생각하는지에 대해서 강의 중간마다 다루어서 강의 내용 중심으로 같이 토론을 이끌어 낸다. 서로 간의 의사소통은 웹 카페나 블로그를 이용해서 소통하려고 노력하고 있다. 물론 강의 과제나 자료는 미리 홈페이지를 통해 제공하며, 웹 공간에서의 활동을 통해 오프라인에서 이루어지기 어려운 점을 다소나마 해결하려고 노력한다.

　인문학이란 학문이 사회의 구성원으로서 직업을 구하는 데 직접 영향을 미치는 학문은 아니지만, 그 이면에는 기본적인 인문학적 사고와 마인드를 갖는 기초적인 학문이라고 말할 수 있다. 권 교수는 '일반음성학' 강의를 통해 음성언어를 가지고 살아가는 데 있어서 우리 인간이 어떤 편리한 점을 가지는지와 이 강의를 통해 과연 궁극적인 삶의 방향이 무엇인지를 되돌아볼 수 있는 시간을 갖고자 한다. 권 교수는 무엇보다도 인문학적 사고와 시대적 변화에 잘 적응하고 문제해결을 할 수 있는 방안을 모색하고, 4년간 대학 캠퍼스에서 공동체 생활을 통해 자기 성찰의 준비 시간을 가짐과 동시에 우리가 어떻게 살아가야 하는지에 대한 의문과 해답의 시간을 찾아보는 것에 근원적인 목표를 두고 있다. 이러한 강의와 학기 운영 방식은 학생들에게 교수가 학생의 인생과 진로에 깊은 관심이 있음을 보여 주며 또한 단순 지식 전달자의 모습이 아닌 스승의 모습을 보여 준다.

> "무엇보다 학생들을 누구보다 사랑하는 마음으로 모든 학생에게 관심을 가지시고, 진로에 관해 나아가 인생 전반에 관한 좋은 말씀들을 해 주셔서 행복했고 정말 감사했습니다."

> "무엇보다 교수님께서는 늘 저희가 꿈을 꿀 수 있도록 응원해 주셨습니다. 교수님과 나눈 진솔한 대화를 통해 저는 교수님께서 마음을 다해 저희를 가르쳐 주신다는 것, 진심으로 저희를 사랑하시고 대해 주신다는 것을 느낄 수 있었습니다. 저에게 교수님의 강의는 단지 지식만 얻어 가는 강의가 아닙니다. 꼼꼼하고 자세한 설명보다 더 섬세하고 따뜻한 교수님의 진심. 저는 그 진심을 통해서 마음을 다해 응원해 주는 어른을 만날 수 있었습니다. 모두가 취업을 걱정하고 이야기할 때 행복은 무엇이냐고, 너의 꿈은 무엇이냐고 물어봐 주시는 참스승님이 계셔 든든합니다. 교수님의 강의를 통해서 지식뿐 아니라 마음과 꿈도 튼튼해지는 후배들이 많이 생겨나기를 기대합니다."

권 교수는 강의를 구조화하는 데 있어서 강의 목표에 대한 명확한 전

 미소를 머금은 권순복 교수의
얼굴표정에서 강의 분위기를
느낄 수 있다.

달—소통과 설명을 통한 강의 내용 전달—강의 내용에 대한 정리로 진행
한다. 다시 말해, 학생이 강의의 목표와 큰 흐름을 놓치지 않도록 강의의
목표를 명확하게 상기시켜 전달하고, 학생에게 끊임없는 질문을 함으로써
단순한 확인형·복습형 질문이 아닌 실제 대답과 생각을 필요로 하는 질문
으로서 학생들의 참여를 유도한다. 이러한 과정을 통해 적당한 피드백을
제공하며, 학생의 지적 호기심을 자극하는 동시에 학생의 학습 욕구를 채
워 주고 있다. 일방적인 지식 전달이 아닌 강의 전반에 걸친 이해도를 확인
하고, 학생들의 의견을 듣기 위한 소통을 하고 있다. 또한 강의 마지막에
하루의 배운 내용을 정리하여 학생 스스로 학습한 내용을 정리할 수 있게
돕는다.

## 그대들은 몇 번이나 절망 속에 쓰러져 보았는가?

누구에게나 시련과 절망의 시간이 강도의 차이는 있겠지만, 인생을 살아가면서 한 번쯤은 겪고 넘어서야 하는 현실에 맞부딪쳤을 것으로 생각합니다. 현재의 대학생들이나 과거의 대학생활을 경험한 많은 사람들이 똑같은 경험을 한 것은 아니겠지만, 중·고등학교에서의 획일화된 교육과 명문대학, 인기 있는 학과, 대기업에 들어가야 한다는 정형화된 목표와 생각 속에 갇혀 한 방향을 향해 달려왔을 것입니다. 돌이켜 보건대, 저 역시 젊음의 고뇌와 절망이 있었습니다. 기억 저편 언저리에 파편처럼 남아 있는 지난 시절 고뇌를 대뇌여 봅니다.

대학 전공을 선택하면서 그 당시 시쳇말로 인기 있는 학과를 선택하지 않았던 나는 불확실한 미래에 대한 두려움과 고뇌가 있었고, 군 제대 후 예비역으로 학생회장을 지내며 학내 분규, 정치적 소용돌이 속에서 의견의 충돌과 논쟁 속에 무력감과 절망을 체험하며 대학 시절을 보낸 기억이 있습니다. 뒤돌아보면, 고뇌와 절망은 언제나 나의 인생과 함께한 친구 같은 것이었습니다. 누구나 자기의 짐이 더 큰 것처럼 생각하겠지만, 사람이 살아가는 바가 그리 다르지 않음을 많이 경험합니다. 젊은 그대들이 고민하는 많은 것들은 선인들이 경험했고, 미래의 다음 세대도 그러할 것입니다. 그러므로 '아름다운 청춘들이여!' 캠퍼스 생활을 통해 공부하고 정진하며, 때로 절망과 고뇌 속에 웃음 지으며 살아갑시다.

의대를 나오면 의사가 되고, 약대를 나오면 약사가 되고, 법대를 나오면 법조인이 되고, 사범대를 나오면 교사가 되는 정형화된 등식이 이제 우리 사회에서 사라지고 있습니다. 현재의 '안철수 신드롬'을 보면서, 이제 우리 대다수의 많은 사람들은 안정과 부과 보장되는 직업을 쫓아가지 않고 계속된 변화를 추구하고 도전하는 안철수 교수의 삶의 자세를 인정하고 있는 것 같습니다. 아마 그 호응 속에는 나의 젊은 시절 불확실한 비전을 고민했던 것처럼 그 고뇌를 극복하고 늦은 나이에 다시 새로운 학문에 도전하고 정진한 그의 도전적 삶과 실천을 보면서 많은 사람이 감동하였을 것입니다.

젊은이들이여 !

"어디서나 흔히 볼 수 있는 자는 무의미한 존재다." (토마스 풀러)

절망을 두려워하지 말고 지금 바로 시작하기를 바랍니다. 그러면 여러분은 그 날갯짓이 처음에 서툴고 위험한 듯 보이지만, 그 서툰 몸부림이 훗날 자신이 꿈꾸고 소망하던 자신의 마음속 모습에 가까워져 있음을 발견할 것입니다.

'젊은이들이여!' 누군가와 같은 삶을 쫓지 말고 그대의 삶을 살아가기를 바랍니다.

# 09

# #인문학적
체험의
식물학 강의

최성화 서울대학교 교수
'식물과 생활'

서울대학교 식물학과 학사
미국 애리조나 대학교 대학원 식물과학 생화학 박사
세레스 선임연구원
서울대학교 차세대융합기술연구원 부원장
서울대학교 생명과학부 교수

　　최성화 교수의 '식물과 생활'은 2006년 서울대학교 기초교육원에서 공모한 '핵심교양 과목 개발' 사업에 응모해 개설된 강좌다. 처음에는 낮은 인지도로 수강생이 10명도 되지 않아 폐강 대상이 되기도 했다. 하지만 강의를 포기하지 않고 계속한 끝에 지금은 출석률 100%에 가까운 대표적인 교양 강의가 되었다.

　최성화 교수는 돌연변이 애기장대의 DNA 구조를 세계 최초로 밝혀냄으로써 불치병인 다지증의 원인을 규명하는 직접적인 단서를 제공했다.

　최성화 교수는 앞으로도 꾸준한 연구와 식물에 대한 올바른 강의를 이어나가려 한다.

애기장대를 주의 깊게
살펴보는 최성화 교수

# 식물에 관한 새로운 접근법:
# 과학의 인문학적 이해를 위한 체험 강조

　　'식물과 생활' 강의에서는 학생들이 식물과 직접 접해 보는 것에 중점을 둔다. 식물도감에서 볼 수 있는 설명이 아닌, 식물을 봤을 때의 느낌과 감상을 중시하기 때문이다. 이 강의를 듣는 수강생들은 모두 식물원을 방문하여 방문기를 작성하여 제출하여야 한다. 식물원 방문은 혼자서 할 수도 있지만 2~3명이 조를 짜서 방문한다. 조는 스스로 친구들과 함께 구성하기도 하고, 조교가 짜 주기도 한다. 첫 시간에 학생들은 스스로 조를 구성할지 조교에게 일임할 것인지 알려 준다. 같은 대학교에 다니면서 다른 과의 친구들과 가까이 지내는 일이 많지 않기 때문에, 학생들은 이런 기회를 통해서 함께 프로젝트도 진행하고 여러 가지로 교류할 기회를 얻는 부수적 효과도 얻게 된다. 각 조는 개강 3주 이내에 기말 식물원 방문 보고서 작성 계획서를 제출한다. 어느 식물원을 방문하려고 하는지 그리고 방문하여 알아볼 식물들을 어떤 방식으로 스토리텔링할 것인지 등의 아이디어를 담아 제출한다. 제출된 시안은 조사 범위가 적절한지, 창의적인 아이디어가 충분한지 등을 중심으로 첨삭 지도하게 된다. 이런 의견을 반영하여 학생들은 최종 계획서를 작성한 후 본격적으로 식물에 대한 공부를 진행하게 된다. 학생들은 교수가 추천하는 식물원 중에 하나를

연구실에서 식물을 늘 가까이 두고
관찰하며 연구하는 최성화 교수

선택하여 1~3회 정도 방문하여 식물을 피부로 느끼며 공부하게 된다.

다음은 식물도감에 있는 꽃에 대한 설명이다. 이 설명을 보고 무슨 꽃인지 알아맞혀 보자.

"줄기는 적갈색으로 오른쪽으로 감고 올라가고 어린 가지는 황갈색의 털이 많고 속이 비어 있다. 잎은 마주나고 장타원형으로 예두, 원저다. 잎자루에는 털이 있고 잎에는 털이 없어지거나 뒷면 일부에만 남는다. 가장자리가 밋밋하지만, 뿌리 쪽의 잎은 결각이 나타나기도 한다. 잎겨드랑이에서 입술 모양의 흰색 꽃이 2개씩 피고 꽃받침은 털이 없으며 화관은 끝이 5개로 갈라지고 그중 1개가 깊게 갈라져 뒤로 말린다. 수술은 5개, 암술은 1개가 있다. 개화 시기는 6~7월이다. 둥근 열매는 9~10월에 검은색으로 익는다."

이와 같이 식물도감에 나온 설명으로는 일반인이 그 꽃의 이름을 알기 어렵다. 식물학자와 같이 학문적으로 공부하는 사람들이 봤을 때는 정확한 표현이 될지 모르지만, 일반인에게는 아무 감흥이 없다. 그래서 최 교수는 학생들에게 절대 이런 표현을 못 쓰게 한다. 대신 처음에 그 식물을 봤을 때 어떤 느낌이 들었는지 인문학적인 감상을 쓰라고 한다.

다음은 학생들의 식물원 방문기 일부다.

○○○라는 꽃의 이름을 가지게 된 것은, 이 꽃이 겨울에도 강인한 생명력으로 죽지 않고 빛바랜 잎사귀로 버티고 이듬해 꽃을 피우기 때문이다. 겨울을 인내하고 꽃을 피워낼 줄 안다는 뜻에서, '○○○'라는 이름이 붙은 것이다. ○○○는 다른 이름으로는 '금은화'라고도 부르는데, 그 이름의 유래로는 다음과 같은 이야기가 전해진다.

### 금은화 꽃의 유래

옛날 어느 부부가 예쁜 쌍둥이 두 딸을 낳아 언니는 금화, 동생은 은화라고 이름을 지었다. 이들은 예쁘게 자라 어느덧 시집갈 나이가 되었다. 그런데 어느 날 언니 금화가 심한 열병에 걸리게 되었다. 결국 금화는 동생의 지극한 간병에도 불구하고 세상을 떠나고, 며칠 뒤 동생 은화도 언니처럼 시름시름 앓다가 죽게 되었다. 은화는 자신의 앞에서 슬퍼하는 부모에게 저희는 비록 죽지만, 죽어서라도 열병을 치료하는 약초가 되겠다는 말을 남기고 세상을 떠났다. 그리고 그다음 해에 두 자매의 무덤에서 이름 모를 싹이 자라났다.

그 꽃은 처음에는 흰색으로 피었다가, 점점 노란색으로 변하였다. 얼마 후 이 마을에 열병이 돌기 시작하였는데, 이 꽃을 달여서 먹고 나서 열병이 낮게 되었다. 그래서 마을 사람들은 이 꽃을 언니와 동생의 이름을 따서 '금은화'라고 불렀다.

전설로 미루어 알 수 있듯. 이 '금은화'라는 이름은 ○○○의 생태적 특징에서 비롯된 것이다. 꽃이 처음에 필 때는 흰색이었다가 시간이 지나면 노랗게 변하기 때문이다.

○○○를 보며, 전반적인 생김새는 제비꽃과 약간 비슷하다는 느낌을 받는다. 꽃잎이 크게는 두 갈래로 벌어져 있고 그 안에 암술과 수술이 길게 뻗어 나와 꽃의 매력을 더하고 있다. 덩굴의 형태로 얼기설기 빽빽하게 자라나면서 한 줄기에 많은 꽃을 피우는 모습이 꽃의 강인한 생명력을 뽐내기라도 하는 것처럼 느껴진다.

답은 다음에 있는 꽃이다.

## 〈인동초〉 - 김민수

인동초의 아름다운 자태

천상을 향하는 덩굴의 마음
동토의 온갖 아픔을 모두어 담고
행여나 겨울의 추위가 남았을까
속내에 들어 있는 꿈같은 것들을 보듬고
큰 여름 산 들 바람에 흰 눈을 피우고
따가운 햇살에 행여 흰 눈 녹을까
하늘을 향해 온몸을 풀무질하여

변하지 않는 금으로 다시 태어나
천상을 향하는 인동초

이를 보면 학생들의 감성이 정말로 풍부하다는 것을 알 수 있다. 이뿐만 아니라 최 교수는 한 번도 꽃사과나무를 보고 그런 생각을 한 적이 없는데, 학생들은 '멀리서 봤을 때 흰색 꽃이 많이 피어 있어 학이 나는 것 같다.' '가까이 다가가니 정말 안아 주는 느낌이었다.'는 등 인문학적 상상력이 있는 학생들은 이렇게 다르다는 생각을 하게 됐다. 최 교수는 학생들이 교과서 등의 텍스트를 벗어나 현장을 직접 체험하게 함으로써 자연과학의 영역인 식물학을 학생들이 새로운 측면에서 접근하고 이해할 수 있도록 강의를 진행하고 있다. 앞서 제시한 학생의 식물원 방문기를 보면 이러한 최 교수가 의도한 접근법이 잘 반영되고 있음을 알 수 있다.

최종적으로 제출하는 식물원 보고서에는 20종의 식물 사진과 더불어 그 식물에 대한 자신들의 인문학적 감상을 담게 된다. 방문한 식물원의 일반적 특징 또한 조사하여 기재한다. 식물원 보고서의 주제가 우리나라 자생식물 중심이라든지, 수생식물 중심으로 구성된 식물원이라든지 또는 아로마 허브를 중심으로 꾸며진 식물원이라든지 각각의 식물원은 저마다 특징을 가지고 있기 때문에 그런 부분을 부각하여 작성한다. 보고서에 들어가는 식물 사진을 구성하는 데에는 가이드라인을 따른다. 한 식물에 대해 적어도 3장의 사진을 게재한다. 우선 해당 식물이 다른 식물과 어떻게 어우러져 자라는지를 이해할 수 있도록 그리고 해당 식물의 상대적인 크기는 어느 정도인지 알 수 있도록 전경 사진을 찍는다. 다음으로 해당 식물의 일반적인 특징을 보여 주기 위해 개체 사진을 찍는다. 마지막으로 그 식물을 더욱 자세히 이해하기 위해 잎의 모양, 잎맥의 구성 방향, 잎의 수, 가지의 수, 꽃의 일반적인 형태, 꽃의 수, 열매의 모양이나 수 등을 자세히 알아볼 수 있는 확대 사진을 찍는다. 이렇게 3종류의 사진으로 구성된 소개 그림을 완성하면 이 식물에 대한 인문학적 감상을 적는다. 인터넷이나 식물도감에 적혀있는 식물학적 기재가 아닌 자신이 이 식물과 어떤 교감을 가졌는지의 느낌을 중심으로 서술한다.

식물의 형태와 아름다움을 서술하면서 딱딱한 식물학적 용어에서 벗어나니 그 아름다움과 우리 생활과의 밀접함이 얼마나 큰지를 학생들이 느낀 후 보고하고 있다. 식물에 대해 전문적으로 배우지 않는 학생들이지만 세밀한 것을 관찰하고 그것으로부터 감춰져 있던 아름다움을 이끌어 내는 데는 아주 탁월한 감각을 보여 준다. 놀라운 것은 많은 학생들이 지금까지 생활하면서 식물을 접할 기회가 많지 않았다는 것이다. 그래서인지 우리가 쉽게 접할 수 있는 진달래와 국화에 관해서도 그동안 무심코 지나쳐 잘 알지 못했던 친구를 만난 것처럼 반가워하는 것을 보게 된다고 최 교수는 설명한다. 이런 기회를 통해 학생들의 생활이 식물을 통해 좀 더 풍요로워지고, 보다 자연과 가까워지는 계기를 갖게 된다.

최 교수가 처음부터 강의를 진행할 때 중점을 두었던 것은 식물이 우리 생활에서 어떻게 중요하게 사용되고 있는지 그리고 그 식물을 이해하면 우리 생활이 얼마나 풍요로워지는가였다. 관련된 내용을 학생들에게 최대한 많이 소개하는 것이 필요하다고 생각하여 때로는 학생들이 소화하기 어려운 부분까지도 다뤘다. 더 많이 가르치고 싶은 생각에 제한된 강의 시간도 넘긴 적도 있다. 하지만 수동적으로 지식을 전수받는 학생들은 편안해 보이기는 했지만 즐거워 보이지는 않았다. 그래서 학생들이 스스로 생각하고 성취해 나가는 데 도움을 줄 수 없을까를 생각하여 이와 같은 방법을 생각하게 되었다. 강의와 시험의 부담을 줄이는 대신 자기주도적 기말 보고서 프로젝트를 도입하게 되었다. 식물원을 방문하여 보고서를 작성해 제출하는 것이다. 강의 시간에 보여 줄 수 없는 화려하고 아름다운 식물의 모습들을 직접 체험하여 자연이 주는 풍요로움을 마음껏 느낄 수 있도록 지도하고 있다. 이처럼 실습을 가미한 강의 방식은 전체적으로 강의를 이끌어 나가는 데 활력소가 되고 있다. 전달식 일방적인 강의에서 소통형 강의로 발전이 이루어진 셈이다.

최 교수는 진전된 강의는 생활과 맞닿아 있는 살아있는 교육이라고 생각한다. 스스로 학창 시절 강의를 마치고 나올 때 '많은 내용을 배운 것 같으나 전체적인 그림은 그려지지 않아.'라고 생각한 적이 있었다. "그래서 도대체 어떻다는 것이냐?"라고 자신에게 반문한 적도 있었다. 지금 강의자의 입장에 서 보니 실제로 강의 내용을 종합해서 생활 속에 적용할 수 있는 지혜를 도출해 내는 것은 쉬운 작업이 아니었다. 하지만 그런 지혜를 조금이라도 발견했다면 이를 공유해서 그 가치를 키우는 것이 필요하고 우선 교수자부터 강의 내용에서 생활의 지혜를 발견하여 그것을 적극적으로 나눠야 한다는 것이 최 교수의 생각이다.

특히 이 강의는 생명과학의 지식을 심도 있게 제시하는 과목이라기보다는 비전공학생들이 생명과학의 원리를 깨우치고 그 원리 속에 숨어 있는 생활의 진리를 파악하게 하는 데 더 중점을 두고 있다. 그래서 최 교수는 앞으로는 매 강의의 마지막 부분에서 짧은 시간이나마 생활의 지혜를 추려 내는 작업을 진행하고자 한다. 최 교수는 그런 과정에서 도출되는 작은 철학들이 학생들의 마음 밭에서 자라 울창한 숲을 형성하기를 기대한다.

하지만 최 교수의 '식물과 생활' 강의가 처음부터 순조로웠던 것은 아니다. 강의 개설 후 처음 몇 학기는 강의 자체가 여러 가지 면에서 미숙한 면도 있겠지만, 학생들에게도 잘 알려지지 않다 보니 수강 인원이 적어서 어려움을 겪었다. 학부생을 대상으로 하는 강의의 경우 수강생이 15명 이하일 경우에는 폐강 대상이기 때문에 매 학기 수강 신청 때마다 수강생이 15명을 넘느냐가 우선 관심의 대상이 되었다. 수강생이 적어 몇 번 폐강되고 난 이후로 이 과목을 적극적으로 살려야겠다는 생각을 하게 되었다.

수강생이 5명에 불과해서 폐강 대상 과목 목록에 올랐지만, 강의 계속 진행에 대한 소명서를 제출하고 그 5명을 대상으로 강의를 시작했다. 수가 적다 보니 강의는 개인 교습 형태로 진행되었다. 탁자에 앉아 서로 마주 보고 토론식으로 강의를 진행하며, 이해되지 않는 어려운 부분이 있으면 즉석에서 설명하여 해결하며 강의를 진행했다. 수강생이 적은 것은 식물원 방문 때는 좋은 점으로 작용했다. 강의를 개설한 초기에는 학생 모두를 미니밴인 최 교수 차에 태우고 토요일 하루를 잡아 평창에 위치한 허브나라로 이동했다. 아침 일찍 학생들을 모두 태우고 허브나라로 이동하여 점심을 곁들여 가며 온종일 식물원에서 강의를 진행한 후 다시 학교로 돌아왔다. 학생들을 태우고 가서 직접 식물을 보며 그때 함께 친해진 식물들이 학생들뿐 아니라 최 교수에게도 아름다운 기억으로 남아 있다.

강의에 대한 인지도가 점점 올라가자 수강생의 수도 늘었다. 몇 해 전에는 40여 명의 학생과 버스를 대절해 토요일 아침 일찍 출발하여 포천의 평강식물원으로 일일 식물여행을 다녀왔다.

수강생의 수가 60명을 넘으면서부터는 함께 식물원을 방문하기가 어려웠다. 권 교수는 대신 학생들이 방문했으면 하는 식물원을 6개 정도 추천해 준 다음 조별로 편리한 시간에 방문하게 지도하고 있다. 친한 친구들끼리 또는 강의를 통해 새로 만난 친구들끼리 조별로 식물원을 방문하여 하루라도 자연을 친구 삼아 식물과 친해지는 시간을 갖는 것은 이 과목의 전통이 되고 있다.

## 학생 개개인의 학습 성취 제고를 위한 평가

최 교수는 평가에서 성취도의 극대화에 중점을 두고 있다. 줄 세우기를 위한 평가보다는 평가를 통해 더 잘 알게 하고자 한다. 따라서 평가 이전에 학생들을 평가 목표에 맞게 지도하여 최대한 좋은 성적을 얻게 하고자 한다. 강의는 크게 네 가지 영역에서 진행되며, 각 영역은 각기 특성에 따라 평가된다. 평가 영역은 강의 시간에 다뤄지는 이론교육, 추천 도서에 대한 독후감, 식물원 보고서 그리고 강의 시간의 참여도다.

최성화 교수의 연구실

강의 내용에 대한 평가는 매시간 주어지는 퀴즈 문제의 풀이를 중심으로 진행한다. 매시간 강의가 끝나면 학생들은 강의 홈페이지에서 10~15문항으로 구성된 객관식 퀴즈를 다운받는다. 이 퀴즈 문제를 풀어 다음 강의 시간에 제출한다. 제출한 퀴즈 답안지는 학생들의 출석 체크용으로도 사용된다. 강의 내용에 대한 중간 및 기말 평가 문제의 약 60%는 평소에 풀었던 이 퀴즈를 기반으로 출제된다. 나머지 40% 정도는 개념을 묻는 방식의 서술형으로 출제된다. 이런 평가를 통해서 볼 때 전반적으로 학생들의 성취도는 매우 높아서 평균 성적은 85점을 웃돈다.

**식물과 생활 1—과학과 생명**(2012년 1학기)

이름: _____     학번: _____

1. 과학적 방법론에서 가설은 다음 조건을 반드시 만족해야 한다
   ( ② )

   ① 측정 가능
   ② 검증 가능
   ③ 이론화 가능
   ④ 모두 옳다

2. 다음 질문 중 과학적 발견을 위한 것으로 적절하지 않은 것은?
( ③ )


① 식물의 잎 모양은 왜 다양할까?
② 커피는 왜 종에 따라 향이 다를까?
③ 사람은 왜 사는 것일까?
④ 암은 왜 생기는 것일까?


3. 논문을 출판하기 전 해당 과학연구가 오류가 없고 해당 학계에 서 설정한 기준을 충족하도록 동료 심사를 거친다. 여기서 심사 자는 누구인가? ( ① )


① 해당 과학 분야의 전문가
② 일반인
③ 연구자의 친구
④ 법률가


학생들은 학기 중에 두 종류의 리포트를 제출한다. 둘 다 글쓰기와 사고력을 깊이 있게 연습하기 위한 중요한 과제들이다. 먼저 학생들이 작성하여 제출한 독후감 내용은 토론 시간에 깊이 있게 다뤄진다. 독후감 책별로 우수 독후감이 선정되며, 선정된 학생들은 자신의 독후감을 기반으로 주제 발표를 하게 된다. 독후감의 선정 기준은 사고 내용이 깊고 창의적인지에 대한 여부다. 주제 발표가 있은 후 학생들의 토론이 진행된다. 발표자의 생각에 동의하는 경우와 그렇지 않은 경우에 대해 반론을 펼 기회를 제공한다. 이를 통해 학생들은 책 내용에 대한 이해도를 높일 수 있을 뿐 아니라 다른 사람들의 생각을 비판적으로 받아들일 수 있는 기회를 얻게 된다. 선정된 독후감뿐 아니라 토론 참여 역시 독후감 영역의 평가 대상으로 삼아 학생들의 더욱 적극적인 참여를 유도하고 있다.

독후감은 제시된 책 중에 하나를 골라 작성한다. 독후감으로 제시되는 책들은 서울대학교에서 선정한 우수도서 중 자연과학 분야의 서적을 중심으로 제시한다. 특히, 생명의 다양성에 대한 설명을 다루고 있는 리처드 도킨스의 『이기적 유전자』와 『눈먼 시계공』을 포함하며 또한 전통적인 진화론과는 좀 다른 시각에서 생명의 다양성을 바라보는 콜린스의 『신의 언어』 등이 있다. 독후감을 평가할 때는 생각의 깊이를 중요시한다. 학기 초에 독후감의 전반적인 평가 방향을 제시한다. 명확히 자기주장을 펼쳐 가는지의 여부를 평가한다. 독후감은 크게 두 부분으로 구성된다. 먼저 내용 요약이 있고, 다음으로 느낀 점을 서술하는 부분이 있다. 내용 요약은 자기 생각을 가감하지 않고 책 내용 중에 자신이 감명 깊게 느꼈던 구절을 그대로 옮겨 적게 한다. 책의 전 분야에 걸쳐 50개 문장을 골라서 옮겨 적으면서 내용의 요약이 이뤄진다. 그다음은 느낀 점 부분이다. 책에서 제시하는 중심 사상을 자신의 느낌에 따라 서술하는 것이다. 독후감은 자신이 제시하고자 하는 논지에 대해 자료를 제시해 가며 설득력 있게 전개하는지를 평가한다. 학생들은 다른 친구들이 미처 생각하지 못한 깊이 있는 사고의 흔적을 찾기 위해 노력한다. 하지만 논리의 비약이나 지나치게 감상적인 서술은 좋은 평가를 받지 못한다. 그리고 독후감은 글쓰기 교육의 일환이기 때문에 각주와 참고문헌 정리와 같은 형식적인 부분도 평가 항목에 넣고 있다. 물론 모범 형식을 미리 제공한다. 내용 요약 부분을 제외한 자신의 느낌 부분은 A4 용지 2매 이내로 제한하여 자기 생각을 집약적으로 작성하도록 한다. 제출된 독후감은 평가를 통해 우수 독후감을 6편 선정하며, 선정된 독후감을 중심으로 별도의 토론회를 한다. 선정된 독후감 작성자가 발제하고 수강 학생들이 자신들의 느낌을 공유하는 방식으로 토론회를 한다. 토론에 적극적으로 참여하는 학생들은 참여도에서 좋은 성적을 받게 된다.

마지막으로 기말 리포트의 평가다. 식물원 보고서는 학생들이 조를 이뤄 수행하는 팀 프로젝트인데, 3단계로 진행된다. 우선 학기 초 3주 이내에 조를 편성하여 활동 계획서를 제출한다. 활동 계획서는 교수의 첨삭지도를 받은 후 이를 반영하여 최종 계획서로 완성된다. 활동 내용의 과다 여부와 창의적인 연구의 가능성 등을 첨삭문에 제시한다. 학기 중반에 1차 보고서를 제출하여 첨삭지도를 받게 된다. 영상 이미지의 완성도, 식물종 분류의 정확성, 사진이나 내용의 표절 여부, 기타 권장할 만한 창의성 있는 접근법 등을 부각하는 방향으로 지도한다. 첨삭지의 내용을 토대로 학생들은 수정한 최종 계획서를 작성하여 제출한다. 최종 계획서는 교수와 조교 그리고 2명의 대학원생이 참여하여 평가한다. 1차 시안, 첨삭지도안 그리고 최종 계획서를 함께 제출하게 하여 완성도를 평가한다. 이런 과정을 통해 선정된 우수 보고서 16편은 학기 말에 2주간에 걸쳐 '가르치고 배우고' 코너에서 발표하게 한다. 우수 보고서가 발표될 때 청중이 되는 학생들은 평가에 참여하게 된다. 주로 발표 내용이나 방법의 우수성에 대해 평가를

2012-2
028.011 핵심교양 〈식물과 생활〉
식물원 보고서
지도 교수: 생명과학부 최성화 2012.12.15. 제출

조선왕조와 창경궁 그리고 왕실의 식물
〈동궐도(東闕圖)〉(국보 제249호)에 나타난
1820년대 창경궁 식생(植生)과 현재의 창경궁 식생
– 창경궁 내 전반적 식재(植栽), 대온실(大溫室)과
  야외자생식물학습장 내 식물을 중심으로

2011–13122 작곡과 이정환
2012–12767 체육교육과 김주호

〈'동궐도' 이미지 삽입〉

학생들이 제출한 보고서 자료

하는데, 학생들의 평가 결과는 우수 보고서의 최종 점수에 일부 반영된다. 학생들이 피평가자뿐 아니라 평가자로 활동하면서 양질의 기말 보고서는 어떤 특징이 있는지 스스로 판단할 수 있게 된다.

매 학기 마지막 2주에 수행하는 '가르치고 배우고' 코너는 학생들이 다른 학생들을 가르치는 시간이다. 학생들이 제출하는 식물원 보고서는 여러 단계를 거쳐 평가된다. 글쓰기, 미적 감각, 식물에 대한 이해를 중심으로 평가하여 우수 보고서가 선정된다. 학기 말 4시간 동안 총 16편 정도가 발표된다. 각 조당 발표 시간은 10분, 질의 응답 시간은 5분이다. 제한된 시간 안에 학생들은 준비한 내용을 함축적·효과적으로 발표해야 하기 때문에 갖가지 방법이 동원된다. 율동으로 표현하기도 하고, 퀴즈 형식 그리고 전문가도 놀랄 정도의 프리젠테이션 기술이 동원되기도 한다. 평소 교수가 진행할 때의 딱딱한 분위기와는 달리 '가르치고 배우고' 코너에서는 모두가 참여하여 자신들의 경험도 공유하며 잘못된 식물 이름도 바로 잡기도 하면서 사진으로나마 자연을 접할 기회를 얻게 된다. 또한 이 시간에는 학생들이 스스로 평가자로도 참여하게 된다. 주어진 평가 항목에 따라 발표 조의 전반적인 완성도를 평가하여 자신의 보고서가 어떤 기준에 의해 평가되는지 스스로 가늠해 볼 수 있다.

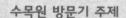

**수목원 방문기 주제**

관찰한 소나무과 나무들의 수피

잣나무(Pinus koraiensis)

소나무(Pinus densiflora)

왜 나무 수피의 모양은 차이가 나는가?

– 종속변수: 수피의 울퉁불퉁함과 매끈함

– 종속변수에 대해 직접적인 영향을 끼칠 수 있는 것을 식물원에서 본 나
무들을 샘플로 해서 비교분석

– 독립변수 규명

# 학습성과 제고를 위한 강의 다시 듣기 서비스

학생들이 이해하기 쉽게 강의를 진행하려 애쓰지
만, 강의를 듣는 학생들의 입장에서는 강의가 늘 어렵기 마련이다. 또한 이
강의에 맞는 교과서가 아직 없다 보니 학생들이 보충 설명이 필요할 때 책

최성화 교수는 학생들이
자유롭게 내려받을 수 있도록
강의 녹음 파일을 준비한다.

을 참조할 수 없는 어려움도 있다. 그래서 최성화 교수가 생각해 낸 것이 강의 자료와 강의 내용을 작성하여 공유하는 것이다.

강의 시간이 끝나면 학생들은 강의녹음, 강의자료, 퀴즈 문제 파일들을 내려받을 수 있다. 학생들은 강의 시간에 사용된 PPT 자료와 함께 강의 실황 녹음 파일을 통해 강의를 다시 듣기할 수 있다. 강의 상황을 녹음하여 제공하는 것은 학생들뿐 아니라 최 교수에게도 도움이 된다. 강의 내용이 녹음 파일이라는 기록으로 남게 되다 보니 강의자는 강의를 효과적으로 전달하기 위해 더 애쓰게 된다. 또 강의 시간에 불필요한 농담을 삼가게 하는 강제 효과도 있다. 강의 녹음 파일을 통해 강의 다시 듣기로 이해를 높이는 것은 해당 강의를 빠진 결석생에게도 매우 효과적이다. 동아리 활동, 학과 행사 등 피치 못하게 강의를 빠지는 학생도 이 자료들을 이용해 따로 강의를 들을 수 있기 때문이다. 수강생들은 다음 강의 시간까지 이전 강의 내용에 대한 퀴즈를 풀어 제출하게 되어 있다. 퀴즈는 보통 10~15문항 정도의 객관식 문제로 구성되어 있는데, 결석생이 이 퀴즈를 제출할 경우 출석생 성적의 80%까지 인정하고 있다. 퀴즈 제출 여부로 출결 체크를 대신하기 때문에 학생들의 출석률은 평균 98% 이상으로 매우 높다. 그리고 중간고사와 기말고사는 이렇게 풀어서 제출한 퀴즈 문제를 기반으로 출제되기 때문에 학생들은 퀴즈를 소홀히 하지 않는다. 이런 소통 방법을 통해 강의 시간에 배운 내용에 대한 이해도를 최대한으로 높일 수 있게 되었다.

최 교수는 예수를 교육자의 롤모델로 삼고 있다. 예수의 말들을 보면 식물에 대한 비유가 상당히 많다. 식물을 가지고 비유한 예가 정말 많다는 것이다. 대표적인 예로 옛날에 씨를 뿌리는 농부가 있었다. 이 농부는 새봄이 되자 들에 나가 씨앗을 뿌렸다. 그런데 가을이 되어 추수할 때가 되어 보니 처음 뿌린 씨앗의 수에 비해 열매를 맺는 식물의 수가 훨씬 작은 것을 알게 되었다. 씨를 뿌리고 수확을 하는 사이에 어떤 일이 벌어진 것일까? 추적해 보았다. 처음 씨앗이 뿌려질 때 어떤 씨앗은 길가에 떨어졌다. 땅 위에 노출된 씨앗은 곧바로 새들의 먹이가 되었다. 또 어떤 씨앗은 물기가 부족한 자갈 사이에 떨어졌다. 씨앗이 발아는 했지만 물기가 부족하고 햇볕이 강해 곧 말라 죽었다. 또 어떤 씨앗은 가시떨기 밭에 떨어졌다. 식물이 자라려고 해도 이미 그 밭을 점령하고 있는 잡초들이 영양분과 햇볕을 가로채 그 작물이 자라는 것을 방해했다. 결국 제대로 자라지도 못하고 시들시들 죽어갔다. 하지만 물가의 좋은 땅에 떨어진 씨앗은 튼튼하게 뿌리를 내리고 자라 가을에 100배가 넘은 결실을 맺은 것이다. 실제로 볍씨 하나로부터 나온 한 그루의 벼에서는 약 1,000여 개의 낱알이 맺힌다. 천 배의 결실을 보이는 셈이다. 하나의 씨앗으로부터 자라난 식물이 좋은 결실을 맺기 위해서는 이처럼 여러 가지 조건이 맞아야 한다. 먼저는 좋은 씨앗을 골라 뿌려야 한다. 그리고 밭의 상태도 중요하다. 아무리 씨앗이 좋다고 해도 길가나 돌밭 또는 잡초밭에 떨어진 씨앗은 자라지도 못하고 말라 죽는다. 이 이야기는 예수의 가르침을 기록한 것으로 신약성서의 복음서에 기술되어 있다.

보통 교육자들은 교사의 역할만 강조하는데, 예수는 씨가 떨어져서 자랄 환경을 말씀한다. 공부하는 학생들이 어떻게 준비가 되어 있느냐가 중요하다. 즉, 밭인 것이다. 예수는 그 밭에 씨가 떨어졌느냐에 따라서 물과 빛이 있고, 바람에 의해서 식물이 잘 자라야 열매가 맺히는 것이라고 말씀하신 것이다. 그래서 교수자와 교육 환경, 이 둘이 맞아야 한다는 것을 알 수 있었다. 그리고 교육을 했을 때 그 제자들이, 열두 명 중의 한 명은 배신

자이긴 했지만, 대부분이 순교를 할 정도로 자기의 모든 삶을 던졌다. 즉, 그 교육은 전인적인 교육이 된 것이다. 지식 전달로만 끝난 것이 아니라 이를 통해서 삶이 바뀌어야 한다. 따라서 최 교수는 대학 교육이 지식 전달로 중요하지만, 생활 속에서 학생들이 자기 사고가 바뀔 수 있는 교육이 정말 필요하다고 생각하고 있다. 교수자는 최선을 다해 강의를 준비해야 한다. 하지만 그것이 전부는 아니다. 학생들이 그 강의를 통해 결실을 얻기 위해서는 스스로 마음 밭을 일구어야 한다. 좋은 씨앗이 좋은 밭과 만났을 때만 좋은 열매를 얻을 수 있기 때문이다. 최 교수는 자신이 가르치는 학문이 한 학생의 인생을 바꿀 만한 교훈이 되지 않고 어쩌면 지엽적일지 모르지만 강의가 비록 적은 씨앗에 해당할지라도 그 강의가 학생들의 마음 밭에서 자라 결실을 맺기를 바라면서 정성을 다해 가르친다. 그래서 매시간 씨앗을 뿌리는 농부처럼 강의를 준비하고 학생들의 마음 밭에 뿌린다고 설명한다.

끝으로 최 교수가 '식물과 생활' 과목 개설을 제안해 강의를 개설한다는 사연이 있다. 최 교수는 2001년 서울대학교 부임 직전에 미국에서 식물의 유용 유전자 발굴을 전문으로 하는 벤처회사에서 1년간 일한 적이 있다. 그때는 2000년 인류 최초로 애기장대라는 식물의 유전체 염기서열 해독 프로젝트가 완성되어 발표된 시기였다. 애기장대 식물의 유전체 프로젝트가 성공적으로 끝나자 이를 계기로 식물의 유전자를 발굴하는 연구가 붐을 이루었다. 금광에서 금맥을 찾아 금을 캐어내듯 식물학 연구자들은 식물의 일생에 필요한 중요한 유전자들을 발굴하는 연구에 몰두한 것이다. 그런 유전자를 발굴하면 이들을 적절하게 응용하여 식량 문제나 환경 그리고 의약품 등 식물학으로 해결 가능한 여러 문제를 풀 수 있다고 생각했기 때문이다. 최 교수가 재직했던 곳을 비롯해 여러 벤처회사가 생겨났다. 그 회사는 애기장대로부터 중요한 유전자를 찾아 특허를 등록하는 전략을 선택하여 지금도 발전을 거듭하고 있다.

서울대학교로 부임하기 위해 그 회사를 사임하려 하니 동료들이 물었다 "서울대학교로 가면 연봉을 얼마나 더 받게 되느냐."라고. 최 교수가 "연봉은 아마 훨씬 덜 받게 될 것이다."라고 하자, 동료들이 매우 의아한 시선으로 자신의 얼굴을 쳐다보았다고 한다. 하지만 좋은 회사에서 마음껏 연구의 꿈을 펼치는 것보단 교육을 통해 내가 가진 것을 나눌 수 있다고 생각했기 때문에 별다른 고민 없이 서울대학교로 오게 되었다. 하지만 대학에 부임한 첫 학기부터 강의는 녹록지 않았다. 첫 학기라 아직 대학원생이 없다 보니 법정 강의 시수인 3과목을 모두 강의로 채워야 했다. 실험실에서 대학원생을 가르치면 그것을 한 과목으로 인정하고 나머지 두 과목만 실강으로 가르치는 것과는 분명 비교가 되는 분량이었다. 꿈꿔 왔던 강의의 즐거움은 단내 나는 피곤함에 묻히기 일쑤였다. 연구와 교육을 병행하는 미국 대학의 교수들이 일 년에 한두 과목만을 집중적으로 강의하는 것에 비하면 1년에 6과목은 감당하기 어려울 정도의 분량이었다. 깊이 있는 준비와 전인적인 교육은 먼 나라 이야기처럼 들렸다.

연구는 연구대로 힘겨웠다. 아무 장비도 갖춰지지 않은 연구실에서 높은 뜻만 가지고 홀로서기를 하기란 쉽지 않았다. 생물학 연구는 초기 투자가 필요하다. 측정이나 분석 장비 그리고 생장실 등의 연구 환경이 갖춰져야 비로소 연구를 시작할 수 있다. 이러한 환경은 최 교수뿐 아니라 그 당시에 시작한 모든 교수가 비슷한 조건이었다. 최 교수가 대학에 입학할 때에 비해 우리나라가 그래도 경제적인 면에서 많이 발전하게 되었는데 왜 아직도 이렇게 말이 되지 않는 정책이 시행되고 있을까에 대해 의문이 갔다. 연구와 교육을 위한 기본적인 투자가 이뤄지지 않는 것은 그런 환경을 이해하고 그에 맞는 정책을 펴는 사람들이 부족하기 때문이라는 생각을 하게 되었다.

장기적으로 정책을 입안하는 사람들이 과학 현장에 대한 깊이 있는 이해를 갖고 또 국가적으로도 과학 문맹률을 낮추는 것이 우리나라 과학발전을 위해 반드시 필요하다고 생각했다. 또 국가 과학정책 분야를 이끄는 학생들은 생물학과 출신보다는 인문사회 및 법학 계열 등 전공 분야의 학생들을 포함하기 때문에 그들에게 기본적인 생물학적 지식을 전수하는 것이 필요하다고 생각했다. 그래서 최 교수는 생물학을 전공으로 연구하는 학생들뿐 아니라 학내의 모든 비전공 학생들에게 생물학을 조금 더, 좁게는 식물학을 가르치는 일을 시작해야겠다고 생각했다. 그래야 앞으로 학생들이 자신의 전공에 생물학적 사고를 융합시켜 과학발전뿐 아니라 사회 전반의 발전을 견인할 수 있을 것으로 생각했다. 마침 2006년 서울대학교 기초교육원에서는 핵심교양 과목을 공모하고 있었다. 서울대학교에서는 학내 교양교육의 깊이를 더하기 위해 새로운 과목을 공모를 통해 이 강의를 선정하게 됐다.

# 최성화 교수의
# '식물과 생활' 지상 강의

## 1) 식물과 우리생활

편백나무가 울창한 숲에서 뿜어져 나오는 향을 맡으며 산책할 때 여러분은 어떤 기분이 듭니까? 눈으로 들어오는 찬연한 녹색과 피부로 느껴지는 부드러운 바람 그리고 마음을 안정시켜 주는 향기로 인해 우리는 말로 형언할 수 없는 평안함을 느낄 것입니다. 그런 숲 속을 거닐면서 화를 내거나 큰소리로 다른 사람을 험담하는 광경은 상상하기 힘듭니다. 오감을 자극하여 안정감을 주는 숲은 정말 우리의 고향과도 같은 존재인 것 같습니다. 자신을 위협하는 환경이나 포식자로부터 도망가지도 못하고 한 번 뿌리내린 곳에서 온갖 풍상을 온몸으로 견디어 내야 하는 식물은 강인함의 상징입니다. 무한한 에너지원인 태양으로부터 무료로 받은 에너지를 온갖 종류의 생물들이 사용할 수 있는 형태로 변환하여 조건 없이 무료로 나눠 주는 식물은 현명한 부자의 상징이기도 합니다.

우리가 살아가는 데 필요한 정말 중요한 것은 항상 무료라는 것을 우리는 압니다. 식물은 우리 실생활에서 필요한 것들을 얼마나 아낌없이 주고 있는지 이 강의를 통해 구체적으로 알아보기로 합시다. 식물을 우리 생활과 관련지어 이야기할 때 가장 먼저 이야기하는 주제는 아마도 식량 공급 문제일 것입니다. 이 문제해결을 위해 어떻게 노력하고 있는지 먼저 알아보겠습니다. 그리고 인류가 건강한 삶을 영위하는 데 꼭 필요한 것은 비타민 등 영양분을 골고루 섭취하는 것입니다. 비타민이나 철분 부족에 의한 건강 문제를 식물학자들은 어떻게 풀어 가고 있는지에 대해서도 알아봅시다. 또한 식물은 오랫동안 의약품의 원재료로 사용되어 왔습니다. 이 식물 유래 의약품의 과거와 현재 그리고 미래에 대해서 알아보겠습니다. 그리고 마지막 부분에는 요즘 환경 문제와 관련하여 여러 가지 이슈가 형성되고 있는데, 신재생에너지의 일부분으로서 바이오에너지가 식물에서 어떻게 얻어져 사용되고 있는지도 알아봅시다. 참고로 이 자료는 『Plant Cell』이라는 영문학술지에서 부록으로 제작한 것을 기반으로 합니다.

## 2) 식물연구를 통해 얻은 성과

식물에 관한 연구는 생명에 대한 이해의 견인차 역할도 해 왔습니다. 지금 우리가 잘 아는 지식 중 식물 연구로부터 유래한 것으로 세 가지를 예로 들 수 있습니다. 세포의 발견, 바이러스의 분리 그리고 유전 현상의 발견입니다.

생명체를 구성하는 기능적 단위를 세포라고 합니다. 세포는 로버트 훅이 처음 발견하였는데, 그는 와인 병을 만드는 재료이기도 한 코르크나무

껍질을 확대해 관찰하다 발견했습니다. 현미경으로 그 모양을 관찰했을 때 여러 개의 작은 방들이 서로 붙어 있는 모습을 보고, 그 작은 방들을 셀이라고 이름 지었습니다.

두 번째는 바이러스의 순수 분리입니다. 바이러스는 식물 세포뿐만 아니라 동물 세포나 세균 세포에 기생하며 삽니다. 바이러스가 사람 세포를 공격하면 에이즈, 조류인플루엔자, 신종플루, 자궁암, 수두, 소아마비 등 여러 질병을 일으킵니다. 식물에서도 바이러스는 질병을 일으킵니다. 담배 모자이크 바이러스는 긴 막대 모양인데, 감염하면 담뱃잎에 반점 모양의 병징을 일으키고 결국은 고사시켜 죽입니다. 최초로 순수 분리된 바이러스는 담배 모자이크 바이러스입니다.

다음은 유전 현상의 발견입니다. 수도사였던 멘델은 완두콩의 여러 가지 형질이 일정한 법칙에 따라 세대를 거쳐 전달되는 것에 주목했습니다. 그리고 그 원리를 이해하여 유전법칙을 제안하였습니다. 크게 두 가지인데, 하나는 분리의 법칙이며, 다른 하나는 독립분배의 법칙입니다. 유전을

최성화 교수의 '식물과 생활
(2012년 2학기)' 강의 자료

설명하는 데 있어 당시 사람들은 어머니의 형질이 아버지의 형질과 만나면 섞여서 새로운 형질이 만들어진다고 생각했습니다. 하지만 멘델의 유전 법칙 중 분리의 법칙에 따르면, 유전 형질은 합쳐져 하나가 되는 게 아니고 낱개로 행동하면서 세대를 거쳐 분리될 수 있습니다. 이를 통해 멘델은 유전 질병과 같은 형질이 어떻게 유전되는지를 이해하는 실마리를 제공한 것입니다. 그래서 우리는 여러 가지 유전병들이 누구에게 그리고 어느 세대에 나타나는지 예측할 수 있었고 또 그런 지식에 근거하여 치료 방법도 생각해 낼 수 있었습니다. 가령 PKU라는 유전 질병의 예를 들어 봅시다. 이 질병은 페닐알라닌이라는 아미노산이 체내에서 분해되지 않아 축적되어 독성을 일으키는 병입니다. 이 환자가 단백질이 많이 함유된 음식을 섭취하면 문제를 일으키는 질병입니다. 그래서 신생아가 태어나면 이 유전병의 유무를 검사합니다. 신생아에게 처음 수유하기 전에 이 검사를 해서 그 유전 질병이 있으면 해당 아미노산이 빠져 있는 음식으로 바꿔 줍니다. 만일 그런 식이요법을 시행하지 않으면 질병이 깊어져 고칠 수 없는 상황에 이를 수 있습니다.

또 농업에서는 유전 현상의 발견으로 육종법이 발달하게 되었습니다. 노벨상을 받은 노먼 볼로그(Norman Borlaug)는 다수확 밀 품종의 육성을 통해 인류의 건강 증진에 기여하였습니다. 실제로 야생 상태에서 자라는 밀이나 옥수수는 우리가 현재 식용으로 사용하는 것과 형태나 영양 면에서 많이 다릅니다. 우리가 사용하는 것은 육종이라는 과정을 통해서 얻어진 새로운 품종이기 때문에 그렇습니다.

## 3) 식량 공급 문제

식물에 대한 이해가 증가하면서 여러 가지 문제들을 슬기롭게 해결할 수 있었습니다. 하지만 아직 해결되지 않은 가장 큰 문제는 아마 식량 문제일 것입니다. 전 세계 인구는 1950년 25억, 2011년 70억을 넘었고, 2050년에는 90억 명으로 증가할 것으로 예측됩니다. 앞으로 40년 이내에 현재 대비 70% 이상의 식량 증산이 필요합니다. 그렇지 않으면 식량 문제가 더 악화할 것입니다. 영양실조와 기아는 불행히도 아이들에게 치명적입니다. 2004년 전 세계적으로 6천만 명이 사망했는데, 이 중 천만 명이 5세 이하 유아들이었습니다. 5세 이하 유아의 99%가 빈곤국가에서 자라고 있었습니다. 유치원생들이 6초에 1명씩 사망하게 되는 것입니다. 음식만 있으면 살릴 수 있는데 식량 부족으로 사망하는 것입니다. 또한 특정 영양분의 결핍 역시 심각한 문제를 초래하고 있습니다. 대표적인 것이 비타민 A와 철분의 부족입니다. 전 세계적으로 1년에 무려 20억 명 이상의 인구가 철분 결핍 문제로 고생하고 있습니다. 빈혈은 여러 이차적인 합병 증세를 일으킬 수 있기 때문에 위험합니다.

식물학적 관점에서 어떻게 이런 문제들을 대처해 나갈 수 있을까요? 식물과학자들은 우선 곡물 생산량을 증대시키고, 영양분이 더 풍부한 작물을 개발하는 데 많은 힘을 쏟고 있습니다. 대표적인 것이 환경 스트레스 내성 작물의 개발입니다. 작물을 생산하는 농토는 갈수록 부족해지고 기존 농토도 염분 축적 등으로 경작 환경이 지속해서 나빠지고 있습니다. 토양의 염분뿐 아니라, 지구온난화의 영향으로 기온은 올라가고 있으며 또 벼 같은 작물을 키우는 데 필수적인 물이 부족해지고 있습니다. 옥수수나 벼의 생산성 증대를 위해 투입하는 비료는 작물이 실제로 흡수할 수 있는 양보다 더 많이 투입되고 있습니다. 강과 바다로 유입된 과량의 비료는 부영양화를 일으켜 심각한 수질 환경 문제를 일으킵니다. 따라서 적은 양의 물이나 비료에서도 잘 자라는 작물을 개발하는 것은 식물과학자들이 해결해야 하는 숙제입니다.

## 4) 필수 영양분 공급 문제

우리나라 사람이 주식으로 사용하는 쌀이나 아프리카 사람들이 먹는 카사바에는 철분이나 비타민 A와 같은 영양분이 부족합니다. 따라서 이를 보충하기 위해 이러한 영양분이 더 강화된 곡물을 만들어 내려는 노력도 계속되고 있습니다. 혹자는 당근이나 기타 비타민이 풍부한 과일을 아프리카에 보내 주면 되지 않겠느냐고 반문할 수 있을 것입니다. 하지만 이런 새로운 품종의 작물을 개발해서 해당 지역의 주민이 스스로 경작해서 자신들의 문제를 해결하도록 돕는 것이 가장 효과적인 문제해결 방법입니다. 왜냐하면 선진국이나 다른 지역에서 생산해서 공급하면 곡물의 수송이나 분배 면에서 문제가 생길 수 있기 때문입니다.

그런 면에서 볼 때 한 가지 성공적인 예는 아프리카에서 주식으로 사용하고 있는 카사바의 개량입니다. 카사바의 지상부는 식물학적으로 나무입니다. 하지만 뿌리에는 고구마 같은 전분 저장 기관이 발달합니다. 이 뿌리를 잘라서 그 속에 저장된 녹말 성분을 아프리카에서는 식량으로 사용하고 있습니다. 그런데 카사바를 절단해 보면 일반적인 품종은 흰색을 띠고 있습니다. 흰색이 암시하듯, 이 작물은 비타민 A가 부족합니다. 하지만 식물 육종학자들이 연구 끝에 비타민 A가 강화되어 황금색을 띠는 품종을 개발했습니다. 아프리카의 비타민 A 부족 문제해결을 위한 큰 걸음을 내디딘 것입니다.

## 5) 천연 의약품

동양과 서양에서 모두 식물은 오랫동안 의약품으로 사용되어 왔습니다. 우리나라를 비롯한 동양에서 한약은 너무나 유명하기 때문에 굳이 언급할 필요가 없을 정도입니다. 서양에서도 식물은 의약품으로 직접 사용되거나 식물 유래 성분을 추출해서 의약품으로 사용해 왔습니다. 미국에서 시판되고 있는 약품의 1/4 정도가 식물 성분이거나 식물에서 유래한 물질입니다. 그중 하나를 예로 들자면, 버드나무 수피에서 추출한 아스피린입니다. 아스피린은 현대인에게 거의 만병통치약 수준으로 사용되고 있습니다. 진통제로서뿐 아니라 항혈전제로, 즉 심장병 위험을 줄여주는 약품으로도 사용되고 있습니다. 또 살아서 천 년을 살고 죽어서도 천 년을 산다고 하는 주목에는 택솔이라는 항암제가 다량으로 함유되어 있습니다. 최근에는 이 택솔을 나무에서 직접 추출하지 않고 생명공학적인 방법으로 생산하여 사용하고 있습니다. 또 스타틴 계열의 고지혈증 치료제도 잘 알려져 있습니다. 지방 성분이 너무 많은 음식을 섭취하거나 유전적인 요인으로 혈액의 지방질 함량이 높으면 혈액은 끈적끈적해지고, 이는 혈액의 흐름을 방해하는 결과를 초래할 수 있습니다. 특히 심장에 혈액을 공급하는 관상동맥이 막히면 심장마비로 이어지고, 뇌의 혈관이 막히면 뇌졸중을 일으킬 수 있습니다. 스타틴 계열의 약품들은 우리 몸 안에서 콜레스테롤과 같은 기름 성분을 만드는 것을 억제합니다.

또한 말라리아 치료제로 쓰이는 퀴닌이나 아르테미시닌은 모두 식물에서 유래한 약품입니다. 말라리아는 모기를 숙주로 하는 원생생물에 의해서 감염이 되고 병으로 이어집니다. 이 원생생물의 이름은 플라스모디움이라고 합니다. 그런데 말라리아 치료제로 오랫동안 사용해 왔던 퀴닌에 저항성을 갖는 새로운 플라스모디움이 출연해서 문제를 일으키고 있습니다. 그래서 이 새로운 변종 플라스모디움을 치료할 수 있는 약물이 필요하게 되었습니다. 연구 끝에 개똥쑥이라는 식물의 아르테미시닌 성분을 알게 되었습니다. 그런데 실은 이 식물은 중국에서 오랫동안 한약으로 사용되어 온 것입니다. 한약을 현대화한 것입니다. 최근에는 이 식물의 유전체 염기서열을 결정했습니다. 이 아르테미시닌을 생산하는 데 사용되는 유전자들을 발굴할 수 있는 길이 열린 것입니다. 유전자가 발굴되면 그 유전자를 바나나 같은 작물에 유전공학적 방법을 통해 도입하여 바나나가 아르테미시닌을 만들 수 있도록 할 수도 있을 것입니다. 말라리아가 창궐한 아프리카 같은 지역에서는 약품을 저온 상태로 냉장 보관하는 데 어려움이 있습니다. 하지만 바나나를 사용한다면 냉장고 없이도 안전하게 사용할 수 있기 때문에 치료에 더 도움이 될 것으로 생각하고 있습니다.

## 6) 환경친화적 신재생 에너지

인류가 사용해 온 원유는 오래전에 살던 식물이 수백만 년 이상의 시간 동안 땅속에 매장된 채 고온 고압의 조건에서 녹아 생성된 것입니다. 하지만 이 원유는 무한한 자원이 아닙니다. 원유가 고갈되면 에너지 공급이 중

단될 것이고 여러 석유화학 제품의 생산도 멈출 것입니다. 또 원유의 채굴과 사용은 온실가스 배출에 의한 환경오염 문제를 심화시키는 것입니다. 이러한 문제를 좀 더 지혜롭게 풀어 나가고자 하는 노력이 바로 바이오에너지의 개발과 사용입니다. 원유 대신 현재 자라고 있는 식물을 가공해서 쓰면 그런 문제를 완화할 수 있습니다. 온실가스의 순 증가분을 줄일 수 있기 때문입니다. 현재처럼 논밭에 작물을 심어 곡식은 거두어 식량으로 사용하는 것입니다. 다만 현재 버리는 볏짚이나 옥수숫대를 재활용하여 바이오에탄올과 같은 액체 연료를 생산하여 사용하는 것입니다. 지금까지는 기술적인 문제나 비용 문제로 관심을 받지 못했지만, 환경보호를 위한 실제적인 행동인 탄소배출권이나 환경부담금의 부과 등으로 그 중요성이 커지고 있습니다.

지금까지 식물을 우리 생활과 관련지어 살펴보았습니다. 식량 증산의 필요성뿐 아니라 필수영양분에 관한 문제도 살펴보았고, 천연물 의약품의 경우와 환경 문제까지 알아보았습니다. 이처럼 식물은 우리 생활과 밀접하게 관련되어 있고, 어떤 경우는 사람의 생존과 직결되고 있음을 알 수 있습니다. 또한 식물에서 유래된 제품인 커피나 차 등 기호식품은 우리 생활을 훨씬 더 풍요롭게 만들어 주고 있습니다. 우리는 식물에 그 역할에 맞는 예우를 해야 합니다. 착취의 대상으로서가 아니라 공존의 대상으로, 지구생명체 시스템의 중요한 일원으로서의 식물이 갖는 권리를 보전하는 것이 필요합니다. 생명의 젖줄과도 같은 식물과 더불어 살 때 행복이 있습니다.

# 10

# 주의집중 전략이 가득한 강의

김찬주 이화여자대학교 교수
'현대물리학과 인간사고의 변혁'

서울대학교 물리학 학사
서울대학교 대학원 물리학 박사
뉴욕시립대학교 연구원
고등과학원 연구원
서울대학교 물리학과 BK21 연구교수
이화여자대학교 물리학 전공 교수

　　　　　　김찬주 교수는 '현대물리학과 인간사고의 변혁'을
강의하고 있다. 이 강의는 매 학기 290석의 대형 강의실 좌석이 꽉 차는 인
기 강의로, 네 번에 걸쳐 교내 우수 e-클래스 상(2005년 2학기, 2008년 1학기,
2009년 2학기, 2012년 1학기)과 두 번에 걸쳐 강의 우수교수상(2006년 2학기, 2012년
2학기)을 받았다. 또한 김찬주 교수의 '현대물리학과 인간사고의 변혁'은 대
학 100대 명강의로 선정되었다. 학생들은 '현대물리학과 인간사고의 변혁'
을 최고의 강의로 꼽는 데 주저하지 않는다. 이 강의가 처음부터 인기가 높
았던 것은 아니다.[1] 이 강의는 김찬주 교수가 맡기 2년 전인 2003년부터
학사 개편과 학생 수 미달 등의 이유로 개설되지 않았다. 2005년 학과의
요청으로 김 교수가 이 강의를 맡았지만, 2년 동안 개설되지 않았던 이 과
목은 학생들에게 생소할 뿐이었다. 2005년 개강 후 첫 강의에 참석한 학생
은 24명이었다. 이화여자대학교의 교양과목 폐강 기준은 30명이기 때문에
이 강의는 학생 수 미달로 폐강될 위기에 놓였다. 김찬주 교수는 폐강 위기
의 과목에 생명을 불어넣어 과목을 살려 냈고, 다음 학기 이 과목의 수강생
은 133명이 되었다. '현대물리학과 인간사고의 변혁'은 폐강 위기 과목에
서 '광클(미치도록 빠르게 클릭한다는 의미)' 과목이 되었다. '광클'을 이끌어 낸 김
찬주 교수의 교수-학습 전략은 무엇일까? 그 비법을 알아보자.

---

1 이대학보 (2012. 03. 19). 김찬주 교수 인터뷰 재구성

# 학생에 의한, 학생을 위한 친절한 강의 계획서

　　대학 시절 김찬주 교수는 4년 동안 한 단번도 교수님께 질문하지 않았다. 교수에게 부탁할 일이 있어 교수연구실로 찾아갈 경우에도 문을 두드릴 용기가 나지 않아 연구실 앞에 서서 오랜 시간 망설였다. 김찬주 교수의 강의 계획서는 20여 년 전의 대학생 김찬주의 마음으로 현재의 대학생들을 위해 작성되었다.

　이 과목은 2년 동안 개설되지 않았다가 선택교양으로 2005년에 개설되었다. 학생들은 수강 신청 시 이전 학기에 수강한 학생들로부터 교과목에 대한 정보를 듣기 때문에, 이 과목에 대해서는 아무런 정보도 접할 수 없었다. 게다가 물리학은 여학생들에게 그리 인기 있는 학문이 아니기 때문에 학생들은 이 과목에 대해 별 관심을 기울이지 않았다. 참으로 어려운 교과목을 맡은 김 교수는 학생들에게 이 과목을 알리고 싶었고, 그가 선택한 방법은 '친절한 강의 계획서'다. 강의 계획서를 말 그대로 교수를 위한 강의 계획이라고 생각한다면 매우 권위적인 생각이라 할 수 있다. 강의 계획서는 어찌 보면 소비자에게 제품에 대해 알려 주는 제품 설명서이자 구매를 촉구하는 홍보물이라 할 수 있다. 따라서 강의 계획서는 수강할 강의를 선택할 학생을 위해 작성되어야 한다. 김 교수의 강의 계획서는 학생들의 눈높이에서 궁금한 사항들에 대한 정보를 제공하는 매우 친절한 강의 계획서다.

　친절한 강의 계획서의 첫 번째 목적은 학생들의 수강 의욕을 불러일으

키는 것이다. 폐강을 면하는 것이 우선 가장 중요했기 때문이다. 학생들은 언제 과목을 수강하고 싶을까? 김 교수가 2012년 2학기에 조사한 과목수강 이유의 1, 2위는 '재미있을 것 같아서'와 '평소에 관심이 있어서'다. 학생들은 교양과목을 선택할 때 많은 경우 재미있을 것 같은 과목을 선택한다. 그런데 누가 봐도 '현대물리학과 인간사고의 변혁'은 재미있을 것 같은 과목이라기보다는 머리 아플 것 같은 과목이다. 김 교수는 이 과목이 생각과 달리 재미있고 어렵지 않은 과목이라는 것을 '친절한 강의 계획서'에서 보여 주었다. 김 교수의 강의 계획서에는 강의 내용과 목표만 있는 기존의 강의 계획서와 달리 '강의에 대한 궁금증 풀기'라는 항목이 추가되어 있다. 그는 스스로 "고등학교에서 물리를 배우지 않았어도 수강할 수 있나요?"라는 질문을 만들고, "이 강의는 학생들의 과학 지식을 초등학생 수준으로 가정하고 진행됩니다. 이공계와 비이공계의 학점 분포나 평균 점수가 거의 차이가 없습니다."라고 답을 달았다. 강의 계획서에 FAQ를 넣어 가장 기본적인 궁금증을 해결해 주었다. "강의를 듣고 싶어도 저같이 질문하지 못하는 학생들이 있을까 봐 궁금증을 풀 수 있는 항목을 만들었습니다." 대학생 김찬주가 현재의 대학생들에게 주는 선물이다.

## 강의 계획서 중 '강의에 대한 궁금증 풀기' 부분

1. 과목 이름이 무서워요.

   그러게요. 하지만 과목 이름은 내가 정한 게 아니에요. 그리고 그동안 강의가 실제 무섭게 진행되었다는 이야기는 별로 없었던 것 같습니다. 이 강의를 수강한 선배나 친구에게 물어보세요.

2. 이 과목은 2013년에 새로 개편된 핵심교양 과목인가요?

   예. 이 과목은 핵심교양 과목입니다. 영역은 과학과 기술, 역량은 과학·생태적 사고역량과 인문적 통찰역량에 속합니다.

3. 학기 중간에 교생 실습을 나가야 하는데 들을 수 있나요?

   예. 불이익 없이 수강할 수 있습니다. 자세한 것은 이메일로 물어보세요.

4. 고등학교에서 물리를 배우지 않았어도 수강할 수 있나요?

   그럼요. 이 강의는 초등학교 수준의 과학 지식만을 가정하고 강의를 진행합니다. 그리고 이전에 물리를 배웠어도 이 강의를 듣는 데는 별로 도움이 되지 않습니다. 그간의 통계를 보면 이공계와 비이공계의 학점 분포나 평균 점수가 거의 차이가 없습니다.

5. 부담이 많을 것 같은데… 시험은 어떻게 나와요? 학점은 잘 주
나요?

이 과목이 교양 과목이라는 것을 잘 알고 있습니다. 다른 과목과 비교
하여 특별히 부담이 많지는 않을 겁니다. 시험은 죽도록 외우기보다는
아주 세세한 것은 잘 몰라도 전체적으로 중요한 내용을 잘 이해했는가
에 중점을 두어 내자는 것이 원칙입니다. 그리고 지난 학기의 시험 문
제를 완전히 공개하므로 족보를 구하는 수고를 할 필요는 없습니다.
학점은 학교 방침에 따르되, 강의 분위기나 평균 시험 성적 등을 고려
하여 분포를 조절할 수 있습니다.

(이하 생략)

A4 용지 5장을 빼곡하게 채운 강의 계획서에는 교과 목표부터, 과제, 시
험 계획, 학생들이 궁금해할 수 있는 사소한 질문에 대한 답변까지 기술되
어 있다. 강의 계획서에는 강의 내용이나 방식, 교재 등 일반적인 내용 이

강의 후 학생들의 질문에 답하는
김찬주 교수

외에도 수강에 필요한 마음가짐, 학생들이 궁금해하는 내용에 대한 답변 10여 가지 등이 포함되어 있다. 학생들은 수강 신청 전에 이 강의 계획서를 보고 과목의 특성을 충분히 파악할 수 있다.

　친절한 강의 계획서에 대한 학생들은 반응은 뜨거웠다. 실제로 100대 강의 선정을 위해 살펴본 학생들의 강의 평가 내용에는 강의 계획서를 통해 학습 동기가 유발되었다는 내용이 아주 많았다.

> "처음부터 강의 계획서가 마음을 확 잡았습니다. 정말 자유롭게 사고할 수 있을 것 같았고 실제로도 그랬습니다. 대학 들어와서 오랜만에 제대로 공부하고 있다는 생각이 들었습니다. 시험 공부를 열심히 했는지 그렇지 않은지와 상관없이 길을 걷다가 문득 과학의 발전 사고의 변화 등에 대해서, 인상 깊었던 강의 내용에 대해서 많이 생각할 수 있었습니다."

> "정말 최고의 강의였던 거 같아요. 우선 강의 계획서부터 정말 강의를 듣기 전에 궁금했던 부분들을 콕콕 집어 알려 주셨고요. (사실 그 강의 계획서가 재밌어서 수강신청 했어요.) 그리고 남들 다 쉬는 추석 때도 교수

님은 강의를 계속하시더라고요. 재미없는 강의였으면 출석체크도 안 하니까 안 왔을 텐데, 교수님 강의는 너무 재밌어서 하루 빠지기가 아까워서 한 번도 결석 없이 들었어요. 이 강의를 들으면서 현대물리에 대한 애정이 생겼고요. 앞으로 좀 더 심층적으로 공부하고 싶다는 마음도 들었어요.”

# 13가지 이야기로 구성된 커리큘럼

다음의 표는 2013년 1학기 강의 일정이다. 제시된 것처럼, 주별 강의 주제는 매우 흥미롭다. 마치 매일 밤 한 가지의 이야기를 들려준 천일야화처럼 이 강의는 한 학기 동안 모두 13가지의 물리학 이야기를 들려준다. 물리학을 한다는 것은 세상에 대한 호기심을 갖는 것이라는 것으로부터 시작한 이 강의는 너무나 유명한 뉴턴의 운동법칙과 만유인력의 법칙부터 우주의 탄생과 역사에 이르기까지 학생들의 호기심을 불러일으키고 그 호기심을 잡아 두기에 충분한 내용으로 한 학기를 가득 채웠다.

**〈2013년 1학기 주별 강의 주제 및 일정〉**

| | 4일(월) | 과목 소개 |
|---|---|---|
| | 6일(수) | 호기심: 물리학을 한다는 것 |
| 3월 | 11일(월) | 그 사과는 왜 특별한가?: 뉴턴의 운동법칙과 만유인력의 법칙 |
| | 13일(수) | |
| | 18일(월) | 태초에 빛이 있으라 하시니: 맥스웰, 전기와 자석을 합쳐 빛을 만들다 |
| | 20일(수) | |

| | 25일(월) | 정말 신은 없어도 되는가: 고전물리학의 성공과 실패 |
|---|---|---|
| | 27일(수) | |
| 4월 | 1일(월) | 쌍둥이의 운명은: 혁명 Ⅰ-상대성이론과 아인슈타인 |
| | 3일(수) | |
| | 8일(월) | |
| | 교양과목 중간시험 | |
| | 10일(수) | |
| | 15일(월) | 고양이를 부탁해: 혁명 Ⅱ-양자역학과 불확정성의 원리 |
| | 17일(수) | |
| | 29일(월) | |
| 5월 | 1일(수) | CD? DVD? 디카? GPS?: 혁명, 그 이후의 혁명, 그리고 다가올 혁명 |
| | 6일(월) | |
| | 8일(수) | 로또와 나비효과: 엔트로피, 혼돈 이론, 복잡계 물리학 |
| | 13일(월) | |
| | 15일(수) | |
| | 15일(수) | 여섯 단계의 분리: 네트워크 과학과 응용 |
| | 20일(월) | 아름다움에 대하여: 대칭성과 물리의 미학 |
| | 22일(수) | |
| | 27일(월) | G선상의 아리아: 음악과 물리학 |
| | 29일(수) | 우주를 지배하는 절대반지를 찾아서: 우주 창조의 설계도-궁극의 물질과 물리법칙 |
| | 3일(월) | |
| | 5일(수) | |
| 6월 | 10일(월) | 현대의 창세기: 우주의 탄생과 역사 |
| | 12일(수) | |
| | 교양과목 기말시험 | |

13가지의 물리학 이야기를 들려주면서 김찬주 교수는 학생들이 강의를 통해 '과학적 세계관'을 갖기 원하였다. 김 교수는 세상에서 일어나는 수많

은 현상이 어떻게 과학적으로 설명될 수 있는지, 그리고 그러한 설명들이 어떻게 유기적으로 연결되어 몇 안 되는 과학이론들로 통합되는지 학생들이 이해하고, 그러한 이해를 바탕으로 학생들 스스로 세상을 바라보는 합리적인 틀을 형성할 수 있도록 돕고자 하였다.

---

**첫 번째 이야기, '호기심: 물리학을 한다는 것' 중에서**

'세상은 언제 생겨났을까요? 그리고 무엇으로 만들어졌나요?' '태양은 왜 밝게 빛나죠? 영원히 빛을 내나요?' '밤하늘에 떠 있는 달과 별은 정체가 무엇이죠?' '인간은 언제부터 존재했나요?'
누구나 한 번쯤 이런 의문들을 품었던 적이 있을 겁니다. 과학은 누구나 가지고 있는 이런 의문에 대해 인간의 이성으로 합리적인 답을 찾아가는 학문이라고 할 수 있습니다. 그중에서도 물리학은 여러 현상 속에 숨어있는 근본 원리를 찾아 체계적인 이론으로 만들고 그에 따라 우리 세상을 설명하고자 하는 학문입니다.

---

학생들의 강의 평가를 읽어 보면 '과학적 세계관'을 갖기 원한 김 교수의 바람이 이루어진 것이라 여겨진다.

"강의를 통해서 현대물리에 대해 더 많이 알고 싶다는 의욕이 생겼고, 방학 때 교수님이 추천해 주신 현대물리에 관한 책들을 읽으려고 생각했습니다. 강의 시간이 모자라서 다 못 배운 부분이 너무 아쉬웠습니다. 알고자 하는 욕구가 이렇게 큰 적은 없었는데 교수님께 감사드립니다. 강의 내용도 매우 좋았지만, 강의 외적으로도 교수님이 너무 열심히 하셔서 훨씬 더 젊은 제가 너무 열심히 하지 않는 것 같다는 생각이 들었고, 이번 학기에 저를 좋은 방향으로 이끌어 주셨습니다. 수학을 배워서라도 더 심화된 과정을 배우고 싶다는 생각이 들었습니다. 정말 감사합니다."

"감히 최고라는 말을 붙이고 싶은 강의다. 상대성이론, 양자역학을 배우면 세상이 다르게 느껴질 것이라는 교수님 말씀. 처음에는 믿지 않았지만, 조금이나마 그 말씀의 뜻을 이해하게 된 지금, 너무도 기쁘다. 엄마를 붙잡고 엄마와 나의 시계는 다르다며 핏대 세워 상대성 이론을 설명하고, 동생을 부여잡고 우리가 보기 전에는 아무것도 결정된 것이 없음을 역설하였으며, 아빠에게는 확률을 들먹이며 로또 구입을 그만두시라고 부르짖었다. 그 높디높은 물리학의 세계를 작게나마 내 마음 속 한편으로 모셔 올 수 있었음에 감사한다. 교수님의 유머와 자상함에 몸 둘 바 모르면서도 익명으로 엄청난 질문을 퍼부었던 나에게, 교수님의 그 깊디깊은 다크 서클과 끊어질 듯한 그 허리는 깊은 반성의 계기를 제공해 주었다. 무어라 감사의 표현을 해도 한참 부족할 듯싶다."

"대학 와서 '아, 교양은 이런 거구나.' 하고 마음속 깊이 느꼈던 첫 강의였습니다. 정수리에 찬물을 끼얹는 느낌이 들 정도로 놀랍고 신비한 순간도 몇 번 있었고요. 시간이 지나면 이 충격과 자극도 무뎌지겠지만, 분명히 이 강의를 듣기 전의 나와 들은 후의 나는 다른 사람이라고 확신할 수 있습니다. 교수님의 강의에 대한, 현대물리에 대한 열의와 우주와 세계에 대한 열린 태도는 아름답고 눈부셨습니다. 진심으로 존경하는 스승님으로 삼고 싶어요. 앞으로도 계속 이화의 자랑스러운 명강의로 남아 주세요."

"처음에 친구가 이 강의가 그렇게 인기가 많은 강의라며 같이 듣자고 꼬드겼을 때는 솔직히 미심쩍었다. 아니, 강의 제목부터 어려움이 뚝뚝 떨어지는데? 뼛속까지 문과생인 내가 들었다가는 그야말로 뼈도 못 추리리라 생각했기 때문이다. 하지만 다른 사람들의 강의 평을 보니 백이면 백 강력하게 추천한다는 내용이었다. 속는 셈 치고 들어본 이 강의가 지금까지 살아왔던 내 인생 그리고 앞으로 살아갈 내 인생을 크게 뒤흔들리라고는 생각하지 못했다. '물리'라는 것이 이렇게까지 광범위하고 때로는 매우 사소하며, 우리를 포함한 모든 생물체의 인생의 전 방면에 걸쳐 영향력을 미치는 학문이리라고는 생각하지 못했다. 때로는 내가 과학보다 우월하다고 생각해 왔던 역사, 정치, 경제 등의 모든 지식까지도 물리학이라는 거대한 모체가 없이는 존재하지조차 않았을 거라는 사실을 깨닫고 큰 충격에 빠졌다. 그리고 내가 이 강의를 듣지 않았을 것을 생각하니 끔찍했다. 그야말로 아무것도 모르는 금붕어나 마찬가지인 삶을 살 뻔했다. ……이 강의는 단순히 물리학적 지식을 쌓게 하는 것이 아닌, 인간 존재에 대한 철학적 성찰까지 가능하게 하는 놀라운 강의였다."

김찬주 교수의 연구실은 언제나 강의 자료로 가득하다.

"교수님, 정말로 대학 생활 내내 잊지 못할 강의였습니다. 한 학기 내내 '현물인' 이야기만 했던 것 같아요. '부모님이 넌 대학 가서 '현물인'만 듣느냐?'고 하실 정도로 너무너무 남는 게 많은 강의였어요. 나중에 청강 신청하면 받아주세요. 또 듣고 싶어요. 정말로 이런 강의는 정말 다시는 못 들을 것 같아요. 공부하면서 정말 행복했던 기분, 뭔가 얻어 가는 기분, 채워지는 기분, 우와 하는 기분, 똑똑해지는 기분, 다시는 못 느낄 거예요. 현대 화학과 인간사고의 변혁이나 현대 생물학과 인간사고의 변혁은 없나요. 제가 사실 과학을 좋아하는데 수학 때문에 이과를 포기했거든요. 결론적으로 교수님 정말, 진심으로, 이런 강의를 들을 수 있게 해 주셔서 고마웠습니다."

# 명강의는 첫 강의 시간부터 다르다: 주의집중 전략이 가득한 첫 강의

학습자 동기유발전략을 제시한 켈러(Keller)는 학습 동기유발 및 유지를 위해 주의, 관련성, 자신감, 만족감 등 네 가지 요소가 중요하다고 설명하고, 각 요소를 촉진하는 전략을 제시하였다. 이 중 주의 (Attention)는 학습 동기와 관련하여 학습자들을 '주의집중' 시키기 위해 강의 초반부에 지각적·탐구적 주의 환기를 시키고, 학습자의 흥미를 지속시키기 위해 다양성 전략을 사용해야 한다는 것이다. 김찬주 교수의 첫 강의 시간에는 이 '주의집중' 전략이 가득 차 있다.

먼저 지각적 주의 환기다. 학습자의 관심을 집중시켰는가? 그렇다. 김 교수는 쉽고 재미있게 강의에 대해 안내하여 학생들로 하여금 눈과 귀를 교수자에게 집중하도록 하였다. 딱딱하고 어려울 것으로 생각했던 물리학 강의에서 김 교수가 들려주는 애교 있는 표현의 '이해의 세 단계'는 물리학은 어려울 것이라는 고정관념을 깨고 강의 동기를 갖게 하는 애교 있는 강의 자료이자 유머다.

**이해의 세 단계**

1. 머리와 마음이 모두 거부하는 단계
   저게 뭐야? 난 몰라! 싫어! 끔찍해! 미워!
   배운지 3초 만에 잊어버린다.

2. 머리는 받아들였으나 마음이 거부하는 단계
   그래? 끄덕끄덕. 찜찜해. 속는 것 같아.
   나와는 관계없는 먼 세상의 일일뿐.

시험만 끝나 봐라! 시험 보면 잊어버린다.

3. 머리와 마음이 모두 받아들이는 단계

가슴이 뿌듯하고 밥을 안 먹어도 배가 부르다(자동으로 다이어트가 된다).

마음에 느낌표가 찍히고, 두고두고 잊지 못한다.

또한 김 교수는 '현대물리학과 인간사고의 변혁' 강의를 강의 교재 없이 PPT로 내용을 제시하며 강의를 진행한다. 학생들 대부분이 물리학에 대해 배운 적이 없었기 때문에 한정된 시간에 최대한 직관적으로 핵심 내용을 이해할 수 있도록 준비를 한다. 무엇보다도 학생들이 어떤 특정 내용에 처음 접했을 때 어떤 심리 상태에 놓이는지, 그리고 그로부터 어떤 식으로 설명을 이어가야 학생들의 지적 호기심을 자극하면서도 거부감 없이 내용을 전달할 수 있을 것인지를 두고 적지 않은 시간 동안 고민한다. 강의를 맡은 초기에는 강의 준비에 적어도 일주일에 4일 정도의 시간을 보낼 만큼 힘들었다. 김 교수는 과목 소개 시간에 강의를 성공적으로 수강하기 위한 준비물로 호기심을 꼽는다.

## 어떻게 수강할 것인가? 수강 준비물

- 호기심

- 고정관념이나 선입관이 없는 열린 마음
- 가끔은 졸아도 중요한 순간에 깨어 있을 수 있는 집중력
- 심각함이나 진지함, 긴장된 마음보다는 즐거움과 가벼움, 느긋함과 더 가까운 수강 태도
- (언제 어디서나 망설이지 않고 무엇이든 질문하기 위해) 두께 1cm의 철판으로 제작된 가면
- (끝없이 이어질 것만 같아 때로는 아찔한 정도로 길고 긴 논리의 연속을 불안해하지 않고 따라가기 위해) 물 위를 걷다 불안해져 물에 빠진 베드로보다 굳건한 마음, 그리고 그 이후 찾아올지도 모르는 느낌표(!)를 맞이할 마음의 준비

'현대물리학과 인간사고의 변혁'은 누구나 수강할 수 있는 교양과목이다. 이공계와 비이공계가 각각 절반 정도씩이며, 전공과 관계없이 성적 분포가 비슷하다. 앞서 말했듯이, 강의 교재는 따로 없고 PPT로 강의하는데, 모든 강의 자료는 강의 시작 며칠 전에 과목 홈페이지에 게시된다. 정적이고 수동적인 PPT 강의의 문제점을 해결하기 위해 PPT 파일에는 그림이나 동영상, 플래시 등이 다양하게 들어가 있다. 그리고 강의 도중에는 태블릿 PC를 사용하여 화면에 수시로 글씨를 쓰거나 그림을 그리면서 설명함으로써 칠판 강의의 장점도 취하고 있다. 즉, 강의 전후에 다양하고 철저하게 강의 자료를 준비하고 이를 활용함으로써 학습 내용의 전달력을 높였다. 일상생활의 예를 활용한 쉬운 설명과 풍부한 강의 자료 준비는 교양 강의

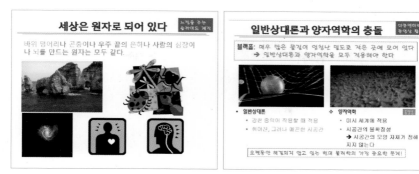

김찬주 교수의 PPT 자료

의 수준에서의 훌륭한 지식 전달을 가능하게 했다.

"김찬주 교수님의 가장 큰 특징은 PPT를 굉장히 효율적이고도 다양하게 사용한다는 점이다. 강의 내용의 이해를 위해 다양한 동영상과 영화 자료 그리고 여러 플래시 자료 등을 사용하였다. 화려한 볼거리가 매우 많았기 때문에 1시간 15분 동안 고도의 집중 상태를 유지 할 수 있었다."

"이 강의의 규모를 고려할 때, PPT를 활용하는 것이 최대한의 방법일지 모른다. 그러나 강의 PPT에는 매번 동영상, 움직이는 글자, 효과음 및 음악 등 시각적인 요소부터 청각적 요소까지 이해를 돕기 위한 온갖 요소가 등장한다."

둘째, 탐구적 주의 환기다. 호기심을 자극하는가? 그렇다. 김 교수의 강의는 쉽고 재미있는 질문과 상황으로 학생들의 호기심을 불러일으킨다.

## 엄마와 아이의 가상 대화

#1 아이가 엄마에게

**아이:** 밤은 왜 캄캄해?

**엄마:** 캄캄한 걸 밤이라고 하는 거야. 해님이 서쪽에 있는 집에 들어가서
잠을 자니까 그렇지. 우리도 그만 가서 자자. 낮이 밝은 것은 해가
비치기 때문이야. 해가 사라지면 빛이 없어서 어두운 거야.

#2 엄마가 아이에게

**엄마:** 밤하늘을 봐. 수많은 별이 반짝이고 있지? 우주는 끝도 없이 넓고,
해님과 같은 별들이 우주를 가득 채우고 밝게 빛나고 있단다.

**아이:** 와! 해님이 우주에 가득?

#3 아이가 엄마에게

**아이:** 해님이 그렇게나 많이 있는데 밤이 왜 캄캄해?

**엄마:** 많이 있지만, 우리한테서 너무 멀리 떨어져 있어서 그런 거야. 멀리
떨어진 불빛은 희미하게 보이지?

#4 아이가 다시 엄마에게

**아이:** 하지만 멀리 떨어져 있긴 해도 해님이 하늘을 가득 채우고 있는
걸?

**엄마:** 이제 잘 때가 되었구나. 춥지? 그만 들어가자.

아이의 질문처럼 무수한 별 때문에 밤하늘도 낮과 같이 밝아야 하지만 그렇지 않다. 이처럼 당연하다고 생각해 온 현상에 대해서 의문을 갖기 시작하는 것이 이 강의의 시작이다.[2]

강의의 궁극적인 목적은 학생 하나하나가 김 교수가 말하는 '마음의 느낌표'를 찍는 데 있다. 명확한 강의 목표 제시는 전반적인 강의 운영 및 강의의 효율적 구성에 긍정적인 영향을 가져오는 것으로 나타났다. 김 교수는 이 강의가 물리학에 대한 교양과목이고, 수강생의 대부분은 과학 전공자가 아닌 만큼 물리학에 대한 사전 지식은 거의 없는 상태에서 이 과목을 수강하며, 졸업 후에는 대부분이 물리학과 관련이 없는 직종에 취업할 것이라고 말한다. 수강생들의 이런 특성을 고려하면 이 강의를 통해 학생들이 물리학에 대한 어떤 특정 지식을 얻도록 하는 것은 큰 의미가 없다. 이런 지식은 배운다고 해도 곧 잊어버리기 때문이다.

따라서 자신의 강의에서 학생들이 얻기 원하는 것은 과학적 세계관이다. 김 교수는 세상에서 일어나는 수많은 현상이 어떻게 과학적으로 설명

---

2 이에 대한 설명은 학기 말에 하는데, 이를 올버스의 역설이라고 한다. 1823년 독일의 천문학자인 올버스가 제기한 것으로, 우주가 무한히 크고 천체의 공간적 분포가 일정하다면 모든 천체로부터 받는 빛에 의해 밤하늘도 낮처럼 밝아야 한다는 역설이다. 하지만 실제로 그렇지 않은 이유는 빛의 속도는 유한하여 일부 빛은 아직 지구에 도달하지 않았으며, 빅뱅 우주론에 따르면 우주가 팽창하기 때문에 우리에게 도달할 수 있는 빛의 거리에 한계가 있기 때문이다.

될 수 있는지, 그리고 그러한 설명들이 어떻게 유기적으로 연결되어 몇 안되는 과학이론들로 통합되는지 학생들이 이해하기를 바란다. 이를 통해 학생들 스스로 세상을 바라보는 합리적인 틀을 형성하도록 돕고자 한다.

개개인의 세계관은 그동안 살면서 겪은 다양한 경험을 통해 형성된다. 이것이 교양 한 과목을 수강한다고 하여 쉽게 영향을 받지는 않을 것이다. 하지만 김 교수는 학생들이 능동적으로 직접 체험하고 사고하고 고민함으로써 약간의 변화 가능성이라도 생길 것이라고 믿고 있다. 그러므로 이 강의에서는 간단한 실험을 직접 해 보고 생각하고 계속 질문하게 함으로써 아주 간단한 과학적 사실이라도 학생들이 그 안에 내포된 깊은 의미를 깨닫도록 노력하고 있다.

이를 통하여 학생들은 초등학교 때부터 들어온 간단한 과학적 사실들조차도 한 줄짜리 죽어 있는 글에서 살아 움직이는 경이적인 글로 새롭게 받아들일 수 있다. 이러한 바람 때문에 과목 제목에 '인간사고의 변혁'이 들어가 있다. 즉, 이 강의에서 '사고의 변혁'이란 역사적으로 인류가 겪어 온 것을 의미하기도 하지만, 수강생 개개인이 일으키는 사고의 변혁을 의미하기도 한다. 이 변화가 아주 작은 것이라 할지라도 이러한 변화는 단기간에 사라지지 않고 오래도록 지속될 것이다. 그리고 나아가서 우리 사회를 좀더 합리적인 곳으로 만들고 미래의 정책도 결정할 것이다.

셋째, 주의를 유지하기 위해 강의의 요소를 다양화하는가? 사실 김 교수의 강의 방법은 다양하지는 않다. 그러나 강의를 역동적이게 만드는 요소가 있는데, 바로 '즉석 질문–답변'을 통한 활발한 상호작용이다. 김 교수는 학생들과 모든 종류의 소통 수단을 열어 놓는 것을 큰 원칙으로 삼고 있다. 우리나라의 전통에 비추어 보았을 때 때로는 무례하거나 무의미하게 보일 수 있는 경우조차도 모두 허용한다. 이 과목은 학생이 매우 많아서 대부분의 학생이 단 한 번의 참여 기회조차 얻지 못할 것이기 때문에 특히 교수가 적극적인 소통 노력을 해야 한다고 생각하기 때문이다.

이를 위해서 강의 시간에 질문을 적극적으로 권장한다. 언제 어느 상황에서든 학생은 어떤 내용의 질문을 해도 좋다. 같은 질문이 반복되어도 무시하지 않는다. 학생의 질문 의욕을 꺾지 않도록 최대한 노력한다. 질문은 강의 시간에만 그치지 않고 강의 직후나 면담 시간 혹은 다른 때에 학생들은 언제든지 찾아와 질문하고 상담할 수 있다.

학생들의 호기심을 확장하기 위해서 김 교수는 강의 중 질문을 적극적으로 권장한다. 과목 소개 시간에 학생들에게 다음과 같은 질문의 원칙을 소개하고 지키게 한다.

김찬주 교수 강의 수강생들의 인터뷰 내용

## 질문의 원칙

### 1. 시기 불문

아무 때나 말을 끊고 질문해도 됨

### 2. 길이 불문

속으로 질문 내용을 미리 정리하느라 애쓸 필요 없음

### 3. 수준 불문

바보 같은 질문을 하는 것은 아닌지 걱정할 필요가 없음

다른 학생들도 모르는 것은 마찬가지!

### 4. 눈치 불문

나나 다른 사람의 눈치를 볼 필요가 없음

다른 사람의 질문에 답하거나 서로 의견을 교환하기를 권함

나에게 소외감을 느끼게 할 정도면 더욱 좋음

학생들은 언제든 물어볼 권리와 불평할 권리가 있음

카페에서 차를 마시듯이 편한 마음으로 수강할 것

"'강의 중 즉석 질문-답변'이라는 시스템이 이 강의를 특별하게 만든다. 즉석 질문이라고 해서 별도의 장치를 사용하는 것은 아니다. 단지 수강생은 강의 언제든 교수에게 질문하고 답변을 즉석에서 들을 수 있을 뿐이다. 그러나 이 강의의 특별 요소 중 하나를 꼽으라면 단연 이것이 아닌가 생각한다. 이 강의의 수강생은 강의를 일방적으로 듣는 것이 아닌 교수님에게 질문함으로써 쌍방향으로 소통이 이루어진다. 이 즉석 질문-답변이라는 시스템은 PPT 강의로 인해 자칫하면 수동적이기 쉬운 강의실 상황을 멋지게 보완해 내는 것이다. 굳이 자신이 한 질문이 아니라 다른 사람이 한 질문이더라도 내가 생각지도 못한 것을 지적하는 다른 사람의 의견을 들음으로써 여러 가지를 생각할 기회를 가진다. 질문은 딱딱한 분위기가 아니라 자유롭고 편한 분위기에서 이루어지기 때문에 학생들의 참여도 높다. 심지어는 강의 중 질문이 너무 많아서 진도가 나가지 않아서 불만이라는 항의가 들어올 정도다. 당신은 이러한 열려 있는 체계 속에서 자연스럽게 사물과 현상을 보는 과학적인 눈을 키워 가게 될 것이다."

'현대물리학과 인간사고의
변혁' 강의 홈페이지

| No | 제목 | 파일 | 등록일 | 작성자 | 공개 | 조회수 |
|----|------|------|--------|--------|------|--------|
| 515 | 각운동량, 피보나치, 초끈, 근본힘, 방사능 질문입니당 | - | 2010.12.16 | 1234 | 공개 | 23 |
| 514 | 2006-2 여러질문들 [1] | - | 2010.12.16 | 사랑합니다 | 공개 | 16 |
| 513 | 양자전기역학 = 전자기학 + 특수상대론 + 양자역학 맞나요? [1] | - | 2010.12.16 | 1234 | 공개 | 16 |
| 512 | 07-2 질문들입니당~~ㅃ 몰랐던 것들만 다시 추려서 맘니용 ㅠ | - | 2010.12.16 | 1 | 공개 | 8 |
| 511 | 2008-1 26번 [2] | - | 2010.12.16 | 길라임 | 공개 | 18 |
| 510 | 이어서... 07-1 ^^;;;; | - | 2010.12.16 | 1 | 공개 | 14 |
| 509 | Re: [1] | - | 2010.12.16 | 투명번 | 공개 | 8 |
| 508 | 06-2, 맞아요 ^^;; [7] | - | 2010.12.16 | 1 | 공개 | 23 |
| 507 | 2010-1 29번 [2] | - | 2010.12.16 | 혁 | 공개 | 20 |
| 506 | 2009-2 9번이랑 24번이요 [5] | - | 2010.12.16 | ㅃ | 공개 | 33 |
| 505 | 2010-1 11, 17번 [2] | - | 2010.12.16 | ㄴㄴ | 공개 | 24 |
| 504 | 2005-2 23번 1번지문 [2] | - | 2010.12.16 | ㅜㅜ | 공개 | 16 |
| 503 | 2006-2 17 [1] | - | 2010.12.16 | | 공개 | 14 |
| 502 | GPS 인공위성의 진실은 무엇인가요........!!!!!!! [2] | - | 2010.12.16 | | 공개 | 32 |
| 501 | 2009 - 15 [5] | - | 2010.12.16 | 힝.. | 공개 | 30 |

시험 문제 토론 게시판

이처럼 김 교수가 질문을 강조하는 이유는 물리학의 발전은 질문에서 시작됐고 물리학의 본질은 자유이기 때문이라고 믿기 때문이다.


## 24시간 상호작용 시스템

강의실에서의 상호작용은 사이버 캠퍼스로 이어진다. 온라인상으로는 과목 홈페이지의 질문 게시판과 자유 게시판에 자유롭게 글을 올릴 수 있다. 하루에도 여러 차례씩 수시로 글을 확인하고 올라온 모든 글에는 24시간 안에 답글을 달아 준다. 강의 시간에 미처 하지 못했던 질문, 그리고 강의 내용과 관련이 되어 있지 않더라고 과학과 관련해서 궁금한 점 등에 대한 질문을 사이버 캠퍼스의 게시판에 올리면, 그에 대한 답을 알고 있는 다른 학생 또는 김 교수가 직접 답을 달아 주고 있어 언제든지 궁금증을 해결할 수 있다.

또 과목 홈페이지의 게시판은 익명으로 운영하여 소심한 학생들의 진입 장벽을 낮추고 있다. 학생들은 강의 내용에 대한 질문과 답변 이외에도 어떤 종류의 글이든 올릴 수 있다. 또한 모든 글에는 최대한 신속하게 적절한 답변을 달아 줌으로써 학생들과 소통하고 있다.

또한 학생들은 기출 문제를 풀면서 공동으로 그리고 자발적으로 위키를 완성해 나간다. 학생 개개인에게는 아무런 직접적 보상도 주지 않는다. 그러나 그 결과물은 전체 성적 분포에 영향을 미친다. 이를 통해 학생들은 자신의 시간과 지식을 나누어 공동체에 이바지하는 작은 경험도 누릴 수 있다.

이 게시판에서의 토론 결과는 '기출 문제 위키'에 학생들 스스로 정리하도록 한다. 위키는 누구나 참여하여 글을 작성하거나 수정할 수 있다. 학기 초에는 아무것도 없는 빈 화면으로 시작하지만, 학기 말이 되면 학생들의 자발적인 참여로 하나의 훌륭한 사이트가 된다. 이는 수강생 모두가 공동으로 참여하는 프로젝트라고도 할 수 있다.

이 강의는 다른 보통 과목들과 마찬가지로 시험 두 번과 간단한 과제, 그리고 출석으로 평가한다. 시험 문제는 다양한 유형이 혼합되어 있는데, 문제 출제의 큰 원칙은 무작정 외우기를 테스트하지 않는다는 것이다. 전체적인 내용의 이해에 중점을 두고, 이 강의가 끝나도 오래 기억에 남을 내용을 출제하기 위해 노력한다. 기출 문제는 모두 공개하고 있으므로 시험마다 새롭게 출제한다. 시험을 보고 나면 최대한 빨리 채점을 마치고 점수를 공개한다. 학생들이 언제든지 채점된 답안지를 보고 이의신청을 할 수 있게 함으로써 성적에 대한 불만 요인을 원천적으로 해결하고자 노력한다. 또한 시험, 과제물, 출석 등 성적의 모든 근거는 과목 홈페이지에 공개된다. 학생들에게 개별적으로 점수를 통보하고 전체 점수 분포를 공개하여 본인이 몇 등을 했는지 알 수 있다. 학생들은 성적 확정 전까지는 언제든지 채점된 답안지를 볼 수 있고 이의신청을 할 수 있다.

## Learning by Doing을 위한 과제

13개의 흥미로운 이야기로 구성된 이 강의가 단지 강의로만 진행된다면 학생들은 물리학을 머리로만 이해할 것이다. 그러나 김찬주 교수는 학생들에게 몸으로 물리학을 경험할 수 있는 기회를 준다. 학생들에게 간단한 실험 과제를 부과하는데, 엘리베이터에서 체중을 측정하는 것이다. 과제를 베껴서 내는 것을 방지하기 위해 학생들이 실험 과정을 촬영하여 같이 제출하도록 하였다. 처음에는 '재미'로 내준 과제였는데, 학생들은 이 재미있는 실험에 반응을 보였다. 처음에는 자기 몸무게를 써야 하기 때문에 싫어했는데, 학기가 끝나고 나면 이 과제가 제일 기억에 남는다고 해서 지금까지 계속되고 있다. 어떤 학생은 남자 친구를 데리고 63빌딩에 올라가서 실험을 하기도 하였다.

> "과제 역시 과학에 대한 흥미를 불러일으키기에 충분했다. 중력과 관련해서 올라가는 엘리베이터와 내려가는 엘리베이터에서 체중을 재보고 수치를 기록하면서 자연스럽게 중력에 대한 지식을 얻을 수 있었다. 이 실험에 대해 흥미를 느낀 학생 중 일부는 자발적으로 놀이기구와 달리는 지하철에서까지 몸무게를 재 보고 그 장면을 동영상으로 찍어서 제출하기도 했다."

사소한 실험 같지만, 엘리베이터 실험은 상대성이론에서 중요한 의미가 있다. 비유하자면 뉴턴이 사과나무에서 사과가 떨어지는 것을 보고 만유인력의 법칙을 발견한 것과 같은 것이다. 아인슈타인이 특허청 직원으로 있을 당시 특수상대성이론은 이미 발표를 했던 때였고, 일반상대성이론에 대해 연구를 시작하기 전이었다. 아인슈타인의 회고에 따르면 아직도 특허청 말단 직원이었는데 의자에 앉아 있다가 지붕 위에서 떨어지는 생각을 하게 됐다. 거기서 떨어지면서 떨어지고 있는 동안은 자기 몸무게를 느낄 수 없다는 무중력 상태가 된다는 것을 깨달았다. 이는 일반상대성이론에서 등가원리라는 가장 중요한 원리가 있는데, 등가원리의 기초가 되는 것이다. 이 원리에 따르면, 중력과 그다음에 가속운동을 하는 상황은 같다. 또는 중력에서 자유낙하하는 상황은 중력이 사라지는 상황과 같다는 원리다. 그래서 엘리베이터가 위에서 밑으로 내려갈 때, 처음에 밑으로 내려가는 그 순간에 몸이 약간 붕 뜨는 느낌이 든다. 그때 몸무게가 가벼워진다. 이는 엘리베이터가 줄에 매달려 있기 때문에 약간만 가벼워지는 것이다. 만약 엘리베이터 줄이 끊어지면 몸무게가 0kg인 것이다. 그래서 학생들이 실제로 몸으로 느껴 보게 하는 것이다. 느껴 보고 그다음에 저울로 실제로 눈금이 돌아가서 몸무게가 줄어드는 것을 확인한다.

---

엘리베이터를 타고 내려갈 때, 내려가기 시작하여 정지할 때까지 몸무게는 어떻게 얼마 동안 얼마만큼 변하는가?

45.7kg으로 시작하여

5층~약 4층까지 감소, 최소 44kg 까지 감소하다 원상태로 복구

약 4층~ 2층까지 45.7kg으로 변함 없음

약 2층~1층까지 증가, 최대 47.9kg 으로 증가하다 원상태로 복구

엘리베이터 실험 사례

"강의를 듣고 나서 내게 생긴 가장 큰 변화는 주변을 바라보는 시각이 조금은 변했다는 것이다. 물론 단 한 학기 동안의 강의만으로 주변을 바라보는 시각이 완전히 변했다고는 말할 수 없겠지만, 적어도 내 주변의 여러 현상에 대해 나도 모르게 자연스럽게 관심을 갖게 되었다. 달리는 버스나 지하철을 보면서 '자세히 보면 저 사람이 좀 더 길쭉해 보이겠지?' '빛의 속도만큼 저 지하철의 속도가 빠르다면 저 사람에게는 나보다 상대적으로 시간이 느리게 가지 않을까?'라는 생각을 하는 나 자신을 발견할 때마다 내가 과학적으로 조금이나마 열린 마음을 갖게 된 것이 아닐까 하는 생각을 하곤 한다."

# 김찬주 교수의
# '현대물리학과 인간사고의 변혁' 지상 강의

## 13가지 물리학 이야기 중 5가지 주제에 대한 간단한 소개

김찬주 교수는 강의 시간에 쓸 PPT를 만드는 데 여전히 오랜 시간 공을 들이고 사이버 캠퍼스에 올라오는 한 학기당 1,500~3,000개의 질문에 직접 답글을 남긴다. 새로 올라온 질문에 답을 달기 위해 한 시간에 한 번씩 주기적으로 '새로 고침'을 하는 습관도 생겼다. 그 이유를 그는 아직도 자신이 '부족한 교수'이기 때문이라고 했다.

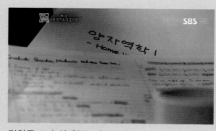

김찬주 교수의 연구 자료

"학생들에게 먼저 다가가는 편안한 교수가 되고 싶은데 성격상 그러지 못해요. 학생에게 지식을 전달하는 교수 고유의 역할을 하는 것 이외에도 학생들이 벽을 느끼지 않는 교수가 되기 위해 노력 중입니다."

100대 좋은 강의에 선정된 그는 한사코 자신이 강의를 잘하는 교수가 아니라고 했다.

"전 강의를 잘하는 교수가 아닙니다. 말도 더듬거리고 강의 중에 학생들과 '아이 컨택(eye-contact)'도 못하죠. 또 사람들 앞에 서면 머리가 하얘져서 아무 생각도 안 납니다. 이런 제 강의가 '명강의'로 선정된 건 제가 잘해서가 아니라 물리라는 과목이 재밌어서 또 학생들이 워낙 열심히 강의를 들어서입니다."

김 교수는 "나는 물리학을 가지고 놀았다."고 한 미국의 유명한 물리학자인 리처드 파인만(Richard Feynman) 교수를 존경한다. 파인만은 연구에서도 지적 유희적인 측면을 강조했다. 이처럼 학생들이 어떤 사명감이나 현실적 필요성 때문이 아니라, 순수한 지적 호기심과 그 호기심을 해소해 가는 과정이 주는 즐거움을 맛보기 위해 강의를 듣게 되기를 바라고 있다.

많은 교수들이 학생과 소통하는 강의를 하고자 한다. 소통하기 위해서는 눈높이를 맞춰야 한다. 한 분야의 전문가인 교수에게 학생들이 눈높이를 맞추는 것은 어렵다. 혹 많은 교수들이 학생들이 미리미리 예습하고 연구하여 눈높이를 맞추어 주길 원하는 것은 아닌지…… . 김찬주 교수는 20여 년 전 대학생 김찬주의 눈높이에서 강의를 준비하고 강의를 안내하였다. 그리고 21세기의 대학생들의 눈높이에 맞추어 이야기를 만들고, 자료를 만들고, 학생들의 질문에 대답한다. 그래서 김찬주 교수의 강의는 명강의인 것이다(김찬주 교수의 '현대물리학과 인간사고의 변혁' 강의 전체 동영상은 유튜브와 애플의 'ITunes University'에서 볼 수 있다).

### 1) 호기심: 물리학을 한다는 것

'세상은 언제 생겨났을까요? 그리고 무엇으로 만들어졌나요?' '태양은 왜 밝게 빛나죠?' '영원히 빛을 내나요?' '밤하늘에 떠 있는 달과 별은 정체가 무엇이죠?' '인간은 언제부터 존재했나요?'

누구나 한 번쯤 이런 의문들을 품었던 적이 있을 겁니다. 과학은 누구나 가지고 있는 이런 의문에 대해 인간의 이성으로 합리적인 답을 찾아가는 학문이라고 할 수 있습니다. 그중에서도 물리학은 여러 현상 속에 숨어 있는 근본 원리를 찾아 체계적인 이론으로 만들고 그에 따라 우리 세상을 설명하고자 하는 학문입니다.

세상에서는 셀 수 없이 다양한 일들이 일어납니다. 지구가 태양을 돌거나 우주 저 멀리 있는 은하의 어떤 별이 폭발하는 우주 수준의 현상부터 작은 티끌 하나가 공기 중에 떠다니는 아주 사소한 일까지 말이죠. 그리고 내가 걸어가는 일, 문을 열기 위해 손잡이를 붙잡는 일, 문을 여는 일, 열고 방 밖으로 나가는 일 등 말 그대로 매 순간 모든 곳에서 일어나는 일들을 모두 포함해서 말이죠. 이 모든 현상에 대해, 물리학은 단 하나의 예외도 없이 체계적인 이론으로 그 일들이 일어나는 원리를 이해하고자 합니다.

그런데 과연 이것이 가능할까요? 무모한 시도는 아닐까요? 이 다양한 현상들을 관통하는 어떤 근본적인 이론이라는 것이 존재하기는 하는 걸까요? 우리 세상은 어떤 신의 섭리에 따라 작동하는 것일 뿐 인간의 이성으로 모든 것을 이해하는 것은 불가능하지 않을까요?

물론 애초에 이런 시도가 가능할 거라는 그 어떤 보장도 없습니다. 예를 들어, 대부분의 고대인이 믿었듯이 신이나 어떤 초자연적인 존재가 시도 때도 없이 기적을 일으켜서 순식간에 산을 없애고 바다를 만들 수 있을지도 모릅니다. 만약 그렇다면, 언제나 예외 없이 적용되는 어떤 법칙이라는 것 자체가 존재할 수 없겠지요. 그리고 물리학은 헛된 망상을 추구하는 것이 되어 버리겠지요.

### 2) 그 사과는 왜 특별한가: 뉴턴의 운동법칙과 만유인력의 법칙

하지만 실제 인류 역사를 살펴보면 물리학은 눈부신 성공을 거두어 왔습니다. 예를 들어, 17세기에 이미 뉴턴은 그 유명한 만유인력의 법칙과 운동법칙으로 지구나 다른 행성이 어떻게 태양 주위를 도는지 설명할 수 있었습니다. 이 법칙은 수백 년이 지난 오늘날에도 달이나 화성에 우주선을 보내는 일부터 높은 빌딩을 세우거나 축구의 프리킥을 분석할 때에도 사용되고 있습니다. 이런 성공의 경험이 축적되면서 인류는 고대의 신화적 세계관에서 과학적 세계관으로 넘어오게 됩니다. 물론 우리 세상이 왜 이렇게 인간이 이해할 수 있도록 되어 있는지는 모릅니다. 다만 오랜 역사를 거치면서 간단한 물리법칙으로 우리 세상의 많은 것들을 이해할 수 있다는 사실을 인간이 경험적으로 알게 된 것이죠. 아마도 그래서 아인슈타인이 "세상에서 가장 이해할 수 없는 일은 우리가 세상을 이해할 수 있다는 사실이다."라고 했을지도 모릅니다.

### 3) 태초에 빛이 있으라 하시니……: 맥스웰, 전기와 자석을 합쳐 빛을 만들다

뉴턴의 이론 이후 19세기에 물리학자들은 전기와 자기에 대해 연구하다가 이를 통합하는 데 성공합니다. 그리고 빛이 전자기파 파동이라는 것도 알아내게 되죠. 이때의 물리학을 고전물리학이라고 합니다. 당시 물리학자들은 매우 자신만만했습니다. 마침내 물리학으로 세상을 다 이해할 수 있게 되었으며 몇 가지 사소한 문제만 해결하면 된다고 생각했을 정도입니다.

### 4) 쌍둥이의 운명은: 혁명 I—상대성이론과 아인슈타인

그러나 20세기에 접어들면서 전혀 예상하지 못했던 일들이 벌어집니다. 물리학 혁명이 일어나는 것이죠. 이 혁명은 30년간 지속하여 상대성이론과 양자역학이라는 두 이론을 기둥으로 하는 현대물리학을 탄생시킵니다. 현대물리학은 고대 이후로 인간이 우리 우주에 대해 가지고 있던 상식들을 송두리째 뒤집어 버립니다. 그리고 경이와 신비로 가득한 새로운 우주의 모습을 보여 줍니다.

특허국 말단 직원이었던 아인슈타인은 1905년에 특수상대성이론을 발표합니다. 그는 이 이론에서 빛의 속도가 누구에게나 일정하다는 것을 기본 원리로 하여 인간이 그동안 가지고 있던 시간과 공간에 대한 개념을 근본적으로 바꿔 놓습니다. 이 이론에 따르면, 움직이는 물체는 시간이 천천히 흐르고 길이가 짧아지며 질량이 증가합니다. 또 어떤 사람에게는 동시에 일어나는 두 사건이 다른 사람에게는 동시에 일어나지 않을 수도 있습니다. 즉, 사람마다 각각 시간이 흘러가는 속도가 다르고 길이를 재는 기준도 다르며 시간과 공간이 서로 섞일 수도 있다는 것이지요.

특수상대성이론을 발표한 지 10년 후, 아인슈타인은 일반상대성이론을 발표합니다. 이 이론에 따르면 물질 주변에서는 시간과 공간이 평평하지 않고 휘어지며 이러한 휘어짐이 중력으로 나타납니다. 물질이 무거우면 시공간이 더 많이 휘는데, 극단적인 경우에는 구멍이 나는 경우도 있습니다. 이것을 블랙홀이라고 합니다. 일단 블랙홀에 빨려들면 빛조차도 밖으로 나가지 못하므로 어둡게 보인다고 하여 블랙홀이라는 이름이 붙어 있습니다. 중력이 강할수록 시간이 천천히 흐르는데, 블랙홀 경계면에서는 시간이 아예 멈추어 버립니다. 또한 일반상대성이론을 연구하면 우리 우주가 어떻게 시작했고 어떤 운명을 맞을 것인가에 대해서도 알 수 있습니다.

### 5) 고양이를 부탁해: 혁명 II−양자역학과 불확정성의 원리

상대성이론이 시간과 공간에 대한 혁명이라면 양자역학은 물질의 존재 양식과 인식에 대한 혁명이라 할 수 있습니다. 상대성이론은 아인슈타인 혼자서 거의 모든 것을 완성했지만, 양자역학은 그와 달리 당대의 모든 물리학자가 총동원되어 30여 년간의 공동연구 끝에 완성했습니다. 하지만 이 과정에서 많은 논란이 있었습니다. 그리고 이론의 완성에 기여했던 많은 물리학자가 최종적으로 완성된 양자역학을 받아들이지 않고 거부했습니다. 대표적인 사람이 바로 아인슈타인입니다. 이 밖에도 양자역학 연구를 맨 처음 시작한 플랑크, 양자역학의 기본방정식을 완성한 슈뢰딩거 등등 많은 사람이 거부했습니다. 물론 이들이 이 이론을 이해하지 못해서 거부한 것은 아닙니다. 자신들이 가지고 있던 우리 우주의 근본 법칙에 대한 신념에 비추어 볼 때 양자역학은 절대로 옳은 이론이 될 수 없다고 확신했기 때문이지요.

양자역학에 따르면, 우리 우주의 근본 법칙에는 확률이 개입됩니다. 하나의 원인에서 하나의 결과가 정해지는 것이 아니라 여러 개의 다양한 가능성이 존재하는 거죠. 예를 들어, 우리가 관측하기 전에는 하늘에 달이 떠 있는지 아닌지, 고양이가 살아 있는지 죽어 있는지조차도 정해져 있지 않습니다. 고양이가 삶과 죽음이 서로 섞여 있는 상태에 있다가 우리가 고양이를 보면 바로 그 순간에 우연히 살아 있는 고양이로 관측될 수도 있고 죽어있는 고양이로 관측될 수도 있습니다.[3] 아인슈타인 등의 양자역학 거부자들은 "신은 주사위놀이를 하지 않는다."라고 하면서 이러한 확률의 개입을 거부했습니다. 그러나 보어, 하이젠베르크, 보른, 파울리 등은 이에 맞서 양자역학을 적극적으로 옹호했습니다. 그리고 거부자들과 치열한 논

---

**3** 김찬주 교수의 자세한 설명은 다음과 같다. 상식적으로 생각했을 때 고양이든 아니면 다른 어떤 생명체든 살아 있거나 죽어 있다. 만약 죽어 있다고 하면 그 사실을 사람이 알거나 모르거나 상관없이 그 고양이는 그냥 죽은 것이다. 하지만 양자역학에서는 사람이 관측하기 전에는 그 고양이가 살아 있는 것도 아니고 죽어 있는 것도 아니고, 그 두 가지가 반반씩 섞여 있는 상태도 가능하다. 이런 상태에 놓인 고양이를 관측하면 어떤 때에는 살아 있는 것으로 관측되고, 어떤 때에는 죽어 있는 것으로 관측된다. 그리고 이는 관측 순간에 둘 중의 하나로 우연히 결정된다. 이미 삶과 죽음이 결정되어 있는데 뒤늦게 관측으로 알게 되는 것이 아니라 삶과 죽음이 중첩된 상태에 놓여 있다가 관측 순간에 정해진다는 것이다.

쟁을 이어나가며 대다수 물리학자의 지지를 이끌어냅니다. 거부자들의 기대와는 달리 양자역학이 실험적으로 놀라운 성공을 거두면서 우리 자연을 잘 설명했기 때문입니다. 양자역학이 완성된 지 80여 년이 지난 오늘날에도 양자역학은 현대물리학의 핵심을 이루고 있습니다. 그럼에도 불구하고 아직도 확률적 해석을 두고 논란이 지속되고 있습니다. 이를 두고 보어는 "양자역학을 공부하면서 머리가 혼란스럽지 않다면 그것은 양자역학을 전혀 이해하지 못했다는 뜻이다."라고 말하기도 했습니다. 상대성이론과 양자역학은 이처럼 100년이 지난 지금에도 상식을 파괴하는 난해한 이론입니다. 인간이 어렸을 때부터 보고 듣고 경험하면서 형성해 온 시간과 공간, 물질 등에 대한 익숙한 개념들을 포기하도록 만듭니다. 하지만 좋든 싫든 이것이 바로 우리가 살아가고 있는 우주의 모습입니다. 다양한 사상이 공존하는 철학과 다르게 과학은 선택의 자유가 없습니다. 이런 이상한 이론들을 연구해서 어디에 쓰느냐고 할지도 모르겠습니다. 경제에 보탬이 되지 않으면 아무 관심도 두지 않는 우리나라의 풍토에서는 이런 질문이 더욱 당연하겠지요. 그런데 사실 현재 우리가 누리고 있는 물질문명은 거의 대부분이 현대물리학이 없었으면 존재할 수 없었습니다. 예를 들면, 우리가 사용하는 모든 전자제품은 양자역학이 없었다면 하나도 만들지 못했을 겁니다. 왜냐하면 전자제품을 만들 때 필요한 반도체는 양자역학을 기본 이론으로 하고 있기 때문입니다. 그토록 논란이 많은 양자역학이지만, 사실은 이미 우리 생활의 모든 곳에 들어와 있는 것이지요. 20세기 초에 완성된 상대성이론과 양자역학을 기반으로 물리학은 지난 80여 년 동안 놀라운 발전을 거듭하고 있습니다. 인류는 이제 우리 우주를 구성하는 궁극의 물질과 궁극의 법칙이 무엇인지, 우리 우주가 언제 탄생했으며 어떤 과정

강의하는 김찬주 교수와 강의실을 가득 채운 학생들의 모습

을 거쳐서 현재의 모습을 하게 되었는지 높은 정확도로 알고 있습니다. 이런 전통적인 연구 분야 외에도 화학이나 생물학 등의 다른 과학과 융합하여 새로운 결과를 내고 있고, 경제나 사회 현상, 인간관계에 대해서도 물리학적 관점에서 연구가 진행되고 있습니다. 음악이나 미술 등의 예술, 스포츠에도 물리학이 응용되고 있습니다. 미국의 시사 주간지인 『Time』에서는 모든 분야를 통틀어 지난 20세기를 대표하는 단 한 명의 인물로 아인슈타인을 선정한 바 있습니다. 이는 20세기와 함께 시작된 물리학 혁명이 우리 인류에게 얼마나 큰 영향을 미쳤는지 상징적으로 말해 준다고 하겠습니다. 이제 21세기도 10년을 훨씬 넘겼습니다. 어쩌면 우리가 모르는 사이에 이미 새로운 혁명이 시작되고 있는지도 모릅니다.

# 11

**#** **사례를**
**활용하여**
**참여하고**
**소통하는**
**강의**

김철중 홍익대학교 교수
'재무관리'

성균관대학교 경영학과 졸업
한국산업은행 입행
서울대학교 석사과정 졸업
성균관대학교 박사과정 졸업
미국 텍사스 대학교(Austin) 연구교수
홍익대학교 경영대학장
한국재무관리학회 회장
홍익대학교 대학원장
홍익대학교 경영대학 교수

김 교수는 성균관대학교 경영학과를 졸업하고, 한국산업은행에 입행하여 기업진단 및 분석업무를 수행하는 부서에서 근무하였으며, 서울대학교 대학원 경영학과에서 재무관리 전공으로 경영학 석사학위를 취득하였다. 그 후 성균관대학교 대학원에서 재무관리 전공의 박사과정을 마치고 경영학 박사학위를 취득하였으며, 미국 텍사스 대학교에서 연구교수로 있으면서 재무금융 관련 분야를 지속적으로 연구하고 있다.

또한 김 교수는 홍익대학교 경영연구소장과 경영대학장, 한국증권학회 이사와 감사, 한국재무관리학회 회장 등을 역임하였다. 현재는 홍익대학교 경영학과에서 재무관리, 재무분석, 금융기관경영론, 투자론, 파생상품론 등을 강의하면서 교수로 재직하고 있으며, 대학원장 업무를 함께 맡고 있다. 김 교수는 기업재무, 기업가치, 파생상품 및 위험관리 등에 관심을 갖고 연구하고 있으며, 특히 기업재무 이론에 근거하여 기업진단과 신용분석을 비롯한 금융기관의 실무 관련 지식을 체계화하는 데 노력하고 있다.

김 교수는 사례 분석을 통해 기업의 재무 문제를 해결하고 전략을 수립하는 일에 흥미를 갖고, 재무이론의 실천적 적용 방법을 고민하고 개발하는 데 많은 관심을 갖고 있다. 아울러 김 교수는 금융기관의 신용한도 관리시스템, 여신포트폴리오 관리시스템 등을 구축하는 데도 많은 관심을 갖고 있다. 김 교수는 홍익대학교 경영대학에서 최우수 강의상을 받은 바 있으며, 2012년에는 SBS 문화재단, 한국교육개발원, 한국대학교육협의회가 공동 수여한 제1회 대학 100대 명강의 상을 수상한 바 있다.

일반적으로 명강의가 교수자의 입담과 카리스마로 채워지는 것이라면, 김 교수의 재무관리는 3시간 중 절반을 올곧이 학생들이 채워 간다. 그렇다면 김 교수는 무엇을 할까? 김 교수는 학생들의 발표 내용에 대해 질문을 던진다. 강의실에서 학생들은 무엇을 발표하고, 김 교수는 언제 어떤 질문을 하는지 그의 강의실에 들어가 보자.

# 큰 그림을 제시하는 강의

"통찰적인 개념을 설명해 주시기 때문에 저절로 공부하게 되고, 어려운 재무 개념도 쉽게 설명해 주시니 매우 좋았다. 또한 학생들에게 많은 꿈과 비전을 주시고, 강의 중에는 조별 발표도 있는데, 이는 다른 학생들과 많은 정보를 교류할 수 있게 해 준 기회였다. 이론에만 그치는 것이 아니라 학교에서 공부한 경영학이 정말로 실용적으로 실무에서 쓰일 수 있다는 것을 보여 주신 교수님이셨고, 강의를 듣고 나면 항상 유익했다. 정말로 선택하길 잘했다는 생각을 하게 한 강의였다."

김철중 교수의 강의에 대해 학생들은 먼저 '통찰적인 개념 설명'이 있는 강의라고 하였다. 김 교수는 학생들에게 먼저 전체적인 내용을 이해할 수 있는 큰 그림을 제시해 준다. "재무관리를 하려면 재무 자료를 읽을 줄 알아야 합니다." 김 교수는 학생들이 궁극적으로 재무 자료들을 보고 판단하고 의사 결정할 수 있는 능력을 키우는 데 강의의 초점을 맞추고 있다. 하지만 재무제표 등은 매우 복잡하기 때문에 학생들이 전체 숲을 보기보다는 나무만 보는 경우가 많다. 그래서 학생들에게 기업의 재무제표를 보여 주고 "그것이 무엇을 이야기하는 거냐?"며 설명해 보라고 주문한다.

기업은 돈을 조달하고 투자해야 하는데, 조달한 자금은 어디에 기재돼 있고 투자한 금액은 어떻게 기재돼 있는지, 이를 보고 주주의 몫이 어떻게 변하고 있는지 등 기업에 대한 스토리텔링을 해 보라고 학생들에게 주문한다. 재무제표를 보고 그 기업의 전체 활동을 파악하도록 하는 것이다. 재무제표는 해당 기업이 어떻다고 하는 스토리를 보여 주는 것이므로 표를 작성하는 것도 중요하지만, 이를 보고 기업의 전체 활동을 이해해야 한다는 생각을 하고 있기 때문이다.

이것이 전제되어야 해당 기업이 최근에 영업을 했는지 못 했는지 알 수 있고, 잘 했다면 그 기업의 가치가 얼마까지 갈 것인가를 계산해 볼 수도 있다. 그런 다음, 기업 인수 합병에서 그 가격에 기업을 사고 파는 게 적정 가격인지 아닌지 판단해 볼 수 있다. 예를 들면, CJ가 대한통운을 인수할 때의 가격이 적정한지 알아볼 수 있다. 따라서 김 교수는 강의를 진행하면서 가장 염두에 두는 것은 학생들이 전체 흐름을 파악하도록 하는 것이다.

매번 강의를 시작하면서 김 교수는 교과목의 전체 학습 목표를 학생들이 재인식하도록 노력한다. 그리고 이번에 공부하는 내용이 교과목 전체 흐름과 어떻게 연결되는지와 전체 흐름에서 어떤 의미가 있는지 보여 주려고 한다. 강의를 시작하면서 던지는 짧고 간단한 질문과 이에 대한 응답은 앞서 공부한 내용을 재확인하게 해 주고, 앞으로 진행될 내용과 연결하는 데 큰 도움이 된다.

"강의가 뭔가 계속 이어지는 느낌이어서 매우 좋았습니다. 일관성 있는 내용 덕분에, 머릿속에 오랫동안 남을 것 같습니다. 처음 배울 때부터 기말고사 시험 범위까지 모든 내용이 서로 연관이 되며, 마치 계단을 밟고 올라가는 것 같이 기초 내용을 기반으로 해서 심화 내용까지

김철중 교수의 강의는 학생들 스스로 효율적인 학습이 가능하도록 도와준다.

배우는 과정이 정말 좋았습니다."

"전공 지식에 대해 무조건적인 암기와 노력을 요구하시는 것이 아니라, 더욱 쉽게 학생들이 이해하고 실무에 적용할 수 있도록 강의를 진행해 주시는 점이 너무나도 좋았습니다. 딱딱할 수만 있는 재무관리 강의를 이해하기 쉽게 차분히 설명해 주시는 점이 정말 좋았습니다. 일부러 선배님을 부르셔서 1시간 동안 학생들에게 그들을 위한 당부의 강연을 들려주신 점도 참 좋았습니다."

재무관리는 응용 학문이어서 사례도 많고 환경에 따라 그 응용 영역이 굉장히 달라진다. 따라서 그 가운데 기본적인 논리, 즉 복잡한 이론들 속에 들어 있는 논리를 단순화해서 이해하는 것이 중요하다. 그래야만 새로운 사례에 접했을 때 논리 적용이 가능하기 때문이다. 그래서 김 교수는 '복잡한 재무이론들을 단순화해서 한 줄로 하면 뭐가 될까?' '좀 더 설명하면 어떻게 될까?' 하는 생각을 끊임없이 한다.

이렇게 하나의 논리로 정립하고 있으면, 여러 가지 금융상품, 즉 주식, 채권, 선물, 옵션 등에 흐르고 있는 전체인 맥락을 파악할 수 있다. 이렇게 기본 맥락을 전체적으로 정리하려고 시도한다. 학생들 측면에서 보면 책은 굉장히 복잡한데, 이런 설명을 들으면 강의 시간에 배운 기본 논리가 바로 A라는 금융상품에도 적용되고, B도 되고, C도 된다는 것을 알게 된다. 결국 상품에 따라 조금씩 변형될 뿐이지 기본 아이디어는 같다는 것을 깨닫게 된다.


## 준비된 학습자를 만드는 사례 방법

김 교수는 내용에 대한 큰 그림을 제시하는 강의와 함께 학생들에게 실제 사례를 분석하여 발표하도록 하고 있다. 사례 방법(case method)는 학습 내용을 적용하여 실제 사례를 분석하는 것으로, 학습자들은 사례를 분석한 후 그 결과를 활용하여 강의에서 다른 학습자들과 토의한다. 김 교수는 먼저 특정 주제에 대해 간략하게 설명한다. 그리고 나서 3~4인을 한 팀으로 구성하여 팀별로 학습 주제를 제시한다. 학생들은 자기 팀의 주제와 관련된 내용을 조사·분석한 후 강의 시간에 발표한다.

발표 과정에서 자연스럽게 팀별로 서로 질문하고 대답하는 과정이 이어진다. 팀별로 질문하는 과정에서 조금은 경쟁적 분위기가 형성되지만, 학

학생들의 실제 사례 분석 발표를 보고 있는 김철중 교수

생들이 성장하는 즐겁고 열정적인 분위기다. 이 분위기 속에서 학생들은 주제와 관련된 자신들의 의견을 조율하고 만족스러운 결론을 도출해 낸다. 김 교수가 제시한 전체 설명을 토대로 스스로 조사·분석하는 과정에서 학생들은 이미 강의에 적극적으로 참여하여 자신들의 생각을 풀어내 놓는 준비된 학습자가 되어 강의에 참여하는 것이다.

"최고의 강의입니다. 모든 학생들이 각 주제에 대해 발표함으로써 예습도 할 수 있고 같은 눈높이에서 알 수 있어서 잘 이해되었고 교과서에 없는 영역의 내용도 가르쳐 주셔서 지식 향상에 큰 도움이 되었습니다. 어떻게 보면 어려울 수 있는 과목을 학생들의 눈높이에 맞춰서 쉽게 강의를 해 주셔서 이해하기가 편했습니다. 말이 필요 없습니다. 최고의 강의! 지식의 단순 나열이 아닌 철저한 원리와 이해 위주의 강의여서 매우 유익했습니다. 어려운 내용을 명쾌한 화법과 열정적인 정성으로 강의해 주셔서 감사합니다."

# 학문의 현실: 적용성을 탐색하는 강의

재무관리 강의는 경영학의 한 분야로서 성격상 실천적 학문에 속한다.

이는 기업 가치 극대화 목표를 달성하기 위한 제반 재무 의사결정을 계획하고 실행하며 피드백을 하는 관리 과정에 대하여 탐구하는 학문이다. 보기에 따라서는 미시적 현상을 다룬다고 할 수도 있고, 기업의 흥망성쇠와 직접 관련된 중대한 의사결정을 취급한다고도 할 수 있는 분야를 연구 대상으로 한다. 다시 말해서, 재무관리는 기업의 자금과 관련된 활동을 적절하게 관리함으로써 기업 가치 극대화 목표를 추구하는 학문이다.

학문의 성격상 재무관리는 기업경영과는 불가분의 관계를 하고 있다. 재무관리 강의는 넓게는 자본시장부터 좁게는 기업 내부의 제반 재무 의사결정에 이르기까지 다분히 많은 범위의 내용을 다루게 된다. 이렇듯 넓은 범위에 이르는 재무 의사결정이 기업 가치에 미치는 영향을 논리적으로 설명하는 것이 무엇보다도 중요하다. 그리고 이런 재무논리가 실제로 실무에 어떻게 적용되고 있는지를 살펴보는 것 또한 재무관리 강의의 필수적 관심사다.

다음의 발표 자료는 2013학년도 1학기 재무관리 강의 시 학생들이 발표한 자료다. 먼저 4명이 한 조가 되어 미리 만나서 정해진 주제에 대하여 토론한다. 그리고 이를 바탕으로 자료를 만든 후 다시 만나서 발표 준비하고 예상 질문에 대해 답변 자료를 보완하는 형식으로 해서 작성한 것이다. 발표의 내용은 재무관리에서 중요한 의미가 있는 한국 주식시장의 지표와 이를 이용해서 기업의 자본비용을 추정한 것이다. 한국의 코스피 시장을 소개하고 P사의 자본비용을 실제로 학생들이 추정해 보고 발표한 것이다.


# 흥미로움이 자기주도 학습으로… 학문하는 즐거움

김 교수가 처음부터 학생들이 사례를 분석하여 발표하는 사례 방법으로 강의를 진행한 것은 아니었다. 김 교수도 처음 교단에 섰을 때는 지식 전달자의 역할에 충실히 하려고 노력했다. 즉, 재무이론

2013년 1학기 재무관리 강의에서 학생들이 발표한 자료

의 기초 개념을 교과서 위주의 설명 방법으로 차근차근히 전달하는 데 초점을 맞추었다. 재무이론의 기초 개념이 현실적으로 어떻게 적용될 수 있는지보다는 그 자체의 의미를 정확하게 전달하려고 노력했다. 이렇게 해서 얻을 수 있는 학습 효과는 기초 개념을 정립하는 데 도움을 줄 수 있다고 생각했다.

그러나 그런 방법만으로는 기초 개념들이 실무적으로 어떻게 활용될 수 있는지에 대한 비전을 제시하는 데는 한계가 있었다. 물론 재무관리를 강의하는 데 기초 개념을 잘 정리해서 전달하는 것도 효과적인 강의 기법이다. 그러나 김 교수는 재무관리가 실천 학문으로서 경영학의 한 분야인 점을 고려할 때, 실무 적용에의 시사점을 논의하는 것이 필요하다고 생각하였다. 기초 개념과 실무 연계성을 효과적으로 전달하기 위해서는 쌍방향의 토론식 강의가 필요하다고 느끼게 되었고, 이때 한 강의가 강의 방식을 전환하게 된 계기가 되었다.

20년 전쯤 재무관리 강의에서 있었던 일이다. 재무관리의 주요 주제 중 하나는 '기업이 부채를 사용하는 것이 유리한가 아니면 그렇지 않은가?' 하는 것이다. 그리고 '만약에 유리하다면 어느 정도 사용하는 것이 최적인가?'에 대한 것이다. 기업 재무관리에서는 이런 주제를 최적 자본구조 논쟁이라고 한다. 재무이론에서는 시장이 완전하면 부채 사용 여부는 기업 가치에 영향을 주지 않는다고 정리하고 있다. 이런 명제 뒤에는 시장이 완전하다는 가정이 전제하고 있다.

어떤 학생이 손을 번쩍 들면서 하는 질문이 많은 학생의 관심을 끌기에 충분했다. "기업은 대마불사(大馬不死)하는 존재 아닙니까?" 질문의 요지는 당시의 많은 기업들이 부채를 최대한 많이 사용해서 부채 사용의 이점을 충분히 활용하더라도 부채 사용에 따른 재무 위험을 부담하지 않는 모순을 지적해서 빗댄 것이다.

이 질문은 부채를 사용하려면 충분히 많이 사용하는 것이 오히려 기업에 유리하지 않느냐 하는 질문으로서 교과서의 내용이 현실적이지 않음을 지적한 것이다. 또한 당시에 우리나라의 기업들이 현실적으로 자본 조달의 방편으로 차입 경영에 지나치게 의존하고 있는 것에 대해 학문적으로 설명해 달라는 취지의 질문이었다.

김 교수는 이것이 교과서에서는 취급하지 않고 있으나, 재무관리를 공부하는 사람의 입장에서는 한 번쯤 품어 볼 만한 의문이라고 생각하였다. 그래서 한 시간 내내 학생들과 이 주제에 대해 토의한 후에, 나름대로 결론을 유추하도록 팀별로 일주일 동안 준비하라고 과제를 내준 적이 있다. 학생들에게 학습 동기를 충분히 제공하기 위해서 과제 토론 후 우수 팀에게는 성적 평가 시 일정 점수를 추가한다고 공식적으로 발표했다.

다음 주에 만나서 두 시간여를 이 문제에 대해 논의했다. 학생들의 논의 내용이 얼마나 진지하던지 강의에 참여한 김 교수와 학생 모두 상당히 몰입했었다. 바로 이것이 재무관리 강의를 사례 방법으로 전환하는 데 큰 계기가 되었다. 교재의 내용을 잘 정리해서 정리하는 것도 중요하지만, 일정

학습 주제에 대한 학생들의 발표 모습과 이를 지켜보는 김철중 교수

한 주제를 먼저 주고 조별로 사전 학습을 통해 학생들 나름대로 정리해 오도록 해서 발표하고 그 내용을 토대로 토의하면서 정리하는 것이 더 효과적일 수 있다는 생각을 하게 해 주었다. 그런 생각이 김 교수의 재무관리 강의의 절차를 바꾸게 하도록 유도한 배경이 되었다.

한편, 강의 시간에 질의응답을 적극적으로 하는 지도 평가의 대상이 된다. 대체로 팀 단위로 질문하고 지명된 팀에서 답변이 이루어지게 함으로써 팀워크를 통한 학습의욕을 북돋우려고 시도하고 있다. 그리고 이 방법은 팀 간 선의의 경쟁을 일으켜서 학습효과를 높이는 데 이바지한다. 특정 팀에서 해결하지 못한 문제를 다른 팀에서 해결하고 여기에서 발생할 수 있는 의문을 또 다른 조에서 해결하는 과정에서 학생들은 많은 것을 학습하게 된다. 흥미로움이 자기주도적 학습을 하도록 유도하고, 이를 통해 학문하는 즐거움을 느끼도록 하는 것이 김 교수의 바람이다.

# 학생의 마음을 움직이는 진솔한 소통과 칭찬

학생들이 발표를 할 때는 먼저 자기 소개를 한다.

소통을 위해서 좋기 때문이다. 학생들은 자신의 신상에 대해서 간단히 이야기하고, 그다음에 다른 학생들이 알아두면 좋은 정보들이 있으면 이야기한다. 어떤 학생은 음악회를 좋아하는 학생들에게 유익한 사이트가 있는데, 그 사이트에 들어가면 음악 표 등을 싸게 살 수 있다고 말한다. '다른 학생은 홍대 앞에 좋은 음식점들이 있는데 거기에 몇 시에 가면 싸고 할인받을 수도 있다고 하면서 서로 소통을 한다. 어떤 학생은 자기가 굉장히 방황했다며 학교를 8년째 다니고 있다고 한다. 요즘 학생들은 같은 학과 학생들끼리도 잘 모르는 실정이다. 하지만 서로에 대한 관심은 항상 있다. '다른 친구들은 뭘 하고 있을까?' '어떤 생각을 할까?' 하며 알고 싶은 욕구가 있다. 따라서 이런 것을 조금씩 소개해 주면 강의를 부드럽게 끌고 나가는 데 도움이 된다.

학생들은 안전하지 않은 강의에서는 자기 생각을 이야기하지 않는다. 학생들에게 안전한 강의란 틀렸다고 지적받지 않고 비난받지 않는 강의다. 엉뚱한 의견이나 덜 정리된 생각도 귀 기울여 들어주는 교수와 동료 학생들이 있을 때 학생들은 자기 생각을 자신 있게 이야기한다.

김 교수 역시 학생들이 그들의 생각을 발표하고 질문에 잘 답변하도록 하기 위해서는 자신부터 학생들의 이야기를 경청하고, 그 의미를 요약해 주는 것이 필요하다고 생각하였다. 김 교수는 이런 생각을 실천으로 옮겼다. 강의 진행에 도움이 되는 답변에 대해서는 구체적으로 칭찬해 주고, 그 질문이 왜 중요한지도 곁들여 설명해 주었다. 이러한 칭찬과 부연 설명은 강의를 흥미롭게 진행하는 데 감초 역할을 하였다.

또한 답변이 강의와는 다소 거리가 있더라도 그렇게 생각하는 이유를 재차 질문하면서 강의와 연관되는 방향으로 유도하였다. 이때 다소 어긋난 답변에 대해서도 그것이 왜 잘못되었나를 논리적으로 설명해 주되 일방적으로 의미가 없다는 식의 표현은 피하였다. 답변에 대한 부정적 평가는 당사자의 생각을 얼어붙게 할 뿐만 아니라 다른 학생들의 자유로운 질문과 답변을 어렵게 하기 때문이다.

같은 맥락에서 김 교수는 강의 분위기가 늘 자유롭고 편안하게 유지되어야 한다고 생각하였다. 강의와 관련해서 누구나 자신의 독특한 의견을 가질 수 있고 그 생각을 자유롭게 발표할 수 있는 분위기를 조성하는 것은 매우 중요하다. 자신의 의견이 잘못되었을 때 그것을 깨닫게 되는 것도 강의의 중요한 목표가 되기 때문이다. 학생들 전체가 공감할 수 있는 논리가 적용되고 결론이 도출될 때, 강의의 효과가 극대화되는 것이다.

> "경영학도라면 김철중 교수님 강의를 꼭 들어야 한다는 선배님들의 말을 듣고 재무관리 강의를 듣게 되었습니다. 팀별로 강의 내용을 발표하고 교수님과 토론하는 방식이 아주 마음에 들었습니다. 사람들의 경험을 듣는 것도 좋았지만, 그에 덧붙여 교수님이 말씀해 주시는 이야기들도 좋았습니다. 매우 만족스러운 강의였습니다. 그리고 끊임없이 학생들에게 자신감을 부여하고, 독려해 주시는 점에서 감동했습니다. 정말 힘든 만큼 배운 게 많았던 강의 같습니다. 한 학기 동안 너무 수고 많으셨습니다."

김 교수가 학생들의 이야기를 잘 들어주기만 하는 것은 아니다. 다음은 김 교수의 말이다.

"학생들과 의견을 교환하면서 효과적이고 원활하게 강의를 진행하기 위해서는 이들의 흥미를 유발할 수 있는 적절한 질문을 개발하는 것이 중요하다. 강의하고자 하는 주제를 이해하는 데 필요한 질문을 짧고 명확하게 개발하는 것이 매우 중요하다고 생각한다. 강의를 준비하면서 질문에 대한 예상 답변을 미리 점검해 보고, 학생들이 답변하면서 파생될 수 있는 추가 질문과 이에 대한 답변도 미리 점검하는 일이 필요하다고 생각한다. 예상 가능한 질의응답을 미리 정리해 보고 이들 자료를 바탕으로 학생들과 소통하면서 지식을 전달하는 것이 바람직한 강의 모습이라고 생각한다."

그래서 김 교수는 강의를 시작하면서 질문을 던지고 풀어 가는 마이클 샌델(Michael Sandel) 교수의 강의 형식이 참 마음에 든다고 하였다.

"강의 주제에 맞는 질문을 학생들에게 던지고 학생들의 의견에 귀 기울이는 강의 진행이 평소에 생각한 이상적인 강의 모습과 유사했다. 특히 질문에 답변하고 또 다른 질문을 유도해 나가면서 나름대로 결론을 함께 도출하는 형식의 강의는 전달하고자 하는 메시지를 정확하고 체계적으로 정리하는 좋은 강의의 한 형태라고 생각한다."

"학생들과 커뮤니케이션을 중요시 하셨던 강의 방식이 좋았습니다. 그리고 조별 발표를 통해서 발표 능력의 향상도 있었고, 자기소개 시간을 통해 많은 사람을 알 수 있는 계기가 되어서 참 좋았습니다."

# 코치와 멘토가 된 김철중 교수

　　　　　허용적이고 개방적인 분위기를 형성하고, 학생들의 이야기를 잘 들어주고, 적절한 질문을 하는 것은 최근 강조되고 있는 퍼실리테이터 혹은 코치가 갖추어야 할 최고의 역량이다.

　다음에 제시한 졸업생 박세준 씨와 최용호 씨의 이야기는 김 교수가 명강의를 하는 교수이자 코치 그리고 멘토임을 알게 해 준다.

김철중 교수의 제자인
최용호 애널리스트

"교수님께서 강의하셨던 재무관리나 투자론 이런 것들은 적어도 1년에 한 번 정도는 다시 한 번 복습을 하고 있거든요. 사실 지금 저는 그때 배웠던 것을 계속 반복학습하면서 그것을 토대로 자료들을 써나가고 있고, 투자자들한테 설명하고 있습니다."

김철중 교수의 제자인
박세준 투자금융부장

"대학교 3학년 때 재무관리 시간에 제가 적극적으로 안 들었다면 지금의 제가 없지 않았나……. 교수님은 제 인생의 멘토이시고, 저는 멘토를 진짜 잘 만났구나 하고 생각합니다."

Epilogue

# 김철중 교수의
# '재무관리' 지상 강의

"어려울 법한 재무라는 것을 굉장히 알기 쉽게 풀어서 설명해 주신 점이 매우 좋았고, 팀별 과제, 개별 과제도 무리 없는 범위 안에서 너무나도 재미있게 할 수 있어서 좋았습니다. 또 적절한 예시와 필요한 부분은 따로 보강해 주시는 열정이 좋았습니다. 강의 분위기가 매우 좋았기 때문에 강의에 임할 때 집중하여 들을 수 있었습니다. 강의 때 깊이 있게 나가는 부분도 좋았고, 시사적인 이야기를 해 주시는 부분도 좋았습니다. 친구의 추천으로 듣게 되었는데, 역시나 잘 들었다는 생각이 들었습니다. 팀별 발표, 과제, 재무관리 책, 학생들의 열정, 교수님의 명강의가 함께 어우러진 매우 좋은 강의였다고 생각합니다."

김철중 교수의 강의 진행 방법은 하나의 주제에 대한 큰 그림을 제시하는 강의, 학생들의 사례 분석 내용 발표, 발표 내용에 대한 자유로운 토의, 주제에 대한 정리 및 김 교수의 부연 설명으로 요약할 수 있다. 어찌 보면

346  대학교수 13인의 명강의

강의하는 김철중 교수

경영학과에서 가장 일반적으로 활용하는 방법이라 할 수 있다. 그러나 실제로 이 방법을 활용하기에는 걸림돌이 많은 것도 사실이다. 진도를 나가야 할 분량이 너무 많아서, 학생 수가 너무 많아서 또는 학교 일과 연구할 것이 너무 많아서 그냥 강의로만 진행하기 쉽다. 경영학이라는 학문의 성격에 부합한 기본에 충실한 김 교수의 강의는 학생들을 준비된 학습자로 강의에 참여시키고, 따뜻한 경청과 칭찬으로 자신감을 키워 주고 학생들을 성장시키는 강의일 것이다.

### 강의에 들어가면서 하는 질문

〈질문 1〉 연 24%의 이자율로 복리 계산할 때 100만 원의 원금이 30년 지나면 그 원리금이 10억 원을 초과한다는데 실제 그렇게 될까?

〈질문 2〉 최근 신문기사를 보면 사금융 피해가 엄청나게 크며, 그 내용 또한 충격적이다. 법정 최고 금리인 연 39%를 넘어서는 경우도 있다. 최근 신용불량자의 추이는 어떤가?

〈질문 3〉 전 세계적으로 거부(巨富) 중에는 유대인들이 많은 비중을 차지한다. 이들은 어려서부터 종잣돈을 저축하는 습관을 가지고 있다는데, 일찍 저축하는 문화가 거부를 만드는 데 어떤 역할을 할까?

## 질문 1에 대한 논의

### 1) 이자의 이자가 더해지는 복리법칙

- 현재 100만 원을 연간 10%의 이자를 주는 금융상품에 투자하면,

　＊ 1년 후 원리금

　= 100만 원×(1+10%)$^1$ = 110만 원

　= 100만 원(원금)+10만 원(원금에 대한 이자)

　＊ 2년 후 원리금

　= 100만 원×(1+10%)$^1$×(1+10%)$^1$ = 100만 원×(1+10%)$^2$ =121만 원

　= 100만 원(원금)+20만 원(원금에 대한 이자)+1만 원(이자에 대한 이자)

### 2) 언제쯤 이자에 대한 이자가 원금에 대한 이자보다 많아질까?

　＊ 10년 후 원리금

= 100만 원×(1+10%)$^{10}$ = 260만 원

= 100만 원$_{(원금)}$+100만 원$_{(원금에 대한 이자)}$+60만 원$_{(이자에 대한 이자)}$

  ∗ 14년 후 원리금

= 100만 원×(1+10%)$^{14}$ = 380만 원

= 100만 원$_{(원금)}$+140만 원$_{(원금에 대한 이자)}$+140만 원$_{(이자에 대한 이자)}$

  ∗ 15년 후 원리금

= 100만 원×(1+10%)$^{15}$ = 420만 원

= 100만 원$_{(원금)}$+150만 원$_{(원금에 대한 이자)}$+170만 원$_{(이자에 대한 이자)}$


• 이를 통해 알 수 있는 것은,

  ∗ 이자율이 연 10%인 경우

  14년 후: 이자에 대한 이자 = 원금에 대한 이자

  15년 후: 이자에 대한 이자 > 원금에 대한 이자


## 3) 신기하고 무서운 복리의 마술

• 원금이 100만 원일 때, 원리금이 원금의 2배인 200만 원이 되는 데 걸리는 기간은 이자율에 따라 어떻게 달라지나?

  ∗ 이자율 = 연 10%일 때, 원리금=100만 원×(1+10%)$^{7.2년}$ = 약 200만 원

  ∗ 이자율 = 연 24%일 때, 원리금=100만 원×(1+24%)$^{3년}$ = 약 200만 원


• 원리금이 원금의 2배가 되는 기간 법칙

  ∗ 72의 법칙: 이자율×기간=72%

즉, 연 10%×7.2년=72%, 연 24%×3년=72%

＊ 이자율이 연 24%인 경우, 3년마다 원리금이 원금의 2배가 된다.

**〈표 1〉 이자율이 연 24%인 경우, 현재 100만 원의 미래 가치 즉, 원리금**

| 3년 후 | 200만 원 | 18년 후 | 6,400만 원 |
|--------|----------|---------|------------|
| 6년 후 | 400만 원 | 21년 후 | 12,800만 원 |
| 9년 후 | 800만 원 | 24년 후 | 25,600만 원 |
| 12년 후 | 1,600만 원 | 27년 후 | 51,200만 원 |
| 15년 후 | 3,200만 원 | 30년 후 | 102,400만 원 |

＊ 30년 후 102,400만 원

=100만 원(원금)+720만 원(원금에 대한 이자)+101,580만 원(이자에 대한 이자)

즉, 연 24%의 이자율로 복리 계산할 때 100만 원의 원금이 30년이 지나면 10억 원을 초과한다.

## 질문 2에 대한 논의

• 급증하는 개인 신용불량자 추이를 보면 〈표 2〉 참조,

→ 신용불량자가 2002년에 500명 수준

→ 2011년에 100만 명 수준으로,

→ 10년 사이에 무려 2,000배로 증가하고 있다.

## 〈표 2〉 10년간 누적 신용불량자 추이[1]

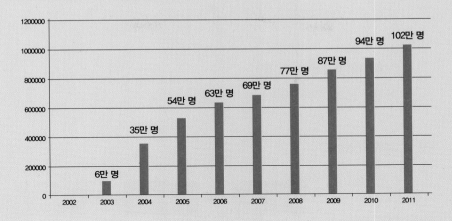

## 질문 3에 대한 논의

### 유대인의 종잣돈 저축 정신 = 거부(巨富)의 기반?

- 유대인들 13세 성년식(Bar Mizvah)에 가족 및 친척들이 축하금 5~6만 달러를 모아 준다.

- 부모들이 이 돈을 증권계좌에 예금하여 10년 후에 15만 달러의 종잣돈을 만들어 준다.

---

1 〈표 2〉의 자료는 신용회복위원회 발간 자료에서 발췌하여 편집함

- 티끌 모아 태산

→ 독립심 고취하고 꿈을 심어 준다.


- 유대인의 종잣돈 저축 정신

→ 거부(巨富)의 기반이 된다(〈표 3〉 참조).


**〈표 3〉 유대인의 공헌도[2]**

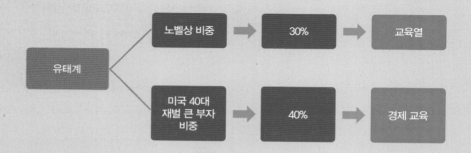

---

2 〈표 3〉의 자료는 『탈무드에서 마크 저커버그까지』(2011)에서 발췌하여 편집함

# 12

# 액션러닝으로
# 배우는
# 조직행동론
# 강의

고수일 전북대학교 교수
'조직행동론'

한국외국어대학교 서반아어과 학사
프랑스 파리 IX – 도핀 대학교 D. E. A
프랑스 파리 Ⅰ–소르본느 대학교 경영학 박사
2012년 전북대학교 최우수 강의상
2012년 SBS 대학 100대 명강의 수상
전북대학교 경영학부 교수
현대경제연구원 연구위원

고수일 교수의 교육 롤모델은 학생 시절 은사이고 지금은 아주대학교에 있는 조영호 교수다. 정답을 가르쳐주는 강의가 아닌, 질문을 던진 후 학생들의 의견을 잘 들어주면서 참여와 다양한 생각을 이끌어 내는 모습에서 깊은 감명을 받았다고 한다.

지식을 전달하는 교수자의 모습이 아니라 학습자의 생각을 존중하고 잠재된 역량을 촉진하는 데에 초점을 두는 강의, 그는 이런 강의를 '흉내 내고 싶다.'고 한다.

고수일 교수의 조직행동론은 강의와 더불어 액션러닝으로 진행된다. 그는 자신의 강의 특징을 영화 〈에반 올마이티(Evan Almighty)〉로 설명한다. 이 영화에서 신(God)은 어떤 방식으로 일하는가에 대한 대사가 나온다.

어떤 사람이 인내를 달라고 기도를 하면 신은 인내를 줄까요?

인내를 발휘할 기회를 줄까요?

용기를 달라고 기도를 하면 신은 용기를 줄까요?

용기를 발휘할 기회를 줄까요?

만일 누군가 가족이 좀 더 가까워지게 해 달라고 기도하면

신이 뿅~하고 묘한 감정을 느끼도록 해 줄까요?

아니면 서로 사랑할 수 있는 기회를 마련해 줄까요?

고 교수는 교수자가 '일하는 방식'도 이와 같아야 한다고 말한다. 액션러닝은 학생들이 실제 문제를 해결하는 과정에서 학습과 역량개발이 이루어지도록 교수자가 촉진자 역할을 하는 방법이다. 그래서 고 교수는 액션러닝이 바로 학습자들이 필요한 역량을 개발할 수 있는 기회를 준다고 강조한다. 그의 강의를 좀 더 자세히 들여다보자.

# 학습자가 중심이 되는 강의

"이 강의의 주체는 절대적으로 학생입니다. 결코, 수동적인 존재가 되
지 말고, 교단에 선 내 강의에 속지도 마세요!!"

고수일 교수가 첫 강의에서 강조하는 말이다. 교수가 정답을 알려 주고
학생들은 그 정답들을 그대로 받아들이며 외울 생각을 하지 말라는 것이
다. 고 교수가 첫 시간부터 강조하는 키워드는 참여다. 그러고 나서 학생들
에게 던지는 퀴즈!

Best class에서는 누가 질문하고 누가 대답할까요?
Worst class에서는 (   )이(가) 질문하고 (   )이(가) 답한다.

제가 준비를 해가지 않으면
수업에 참여할 수가 없어요

고수일 교수의 강의는 학습자가
스스로 준비해야 한다.

이 질문을 던지면서 학생들이 질문하고 학생들이 답하는 최고의 강의를 만들자고 분위기를 잡는다. 그리고 이 강의가 최악의 강의가 되는 것을 막기 위해 자신은 절대로 자문자답하지 않을 것이라고 말하면서 학생들의 동의와 다짐을 이끌어 낸다. 첫 강의에서 이런 분위기를 잡으면 다수의 학생들은 긍정적 반응을 보인다. 물론 조용히 강의만 듣기를 바라는 학생들은 수강신청을 변경한다고 한다.

고 교수가 학생들의 참여를 이끌어 내는 하나의 방법은 메모지(포스트잇)를 활용하는 것이다. 팀별로 토의할 경우, 소수 학생이 토의를 주도하고 일부 학생은 침묵하기도 한다. 그래서 고 교수는 토의할 때, 각자 메모지에 자신의 생각을 키워드 중심으로 쓰게 한 후 한 명씩 돌아가면서 발표하게 한다. 이러한 방법을 명목 집단법(Nominal Group Technique: NGT)이라고 한다. 이렇게 하면 모든 학생이 토의에서 자신의 의견을 표현하게 되며, 아웃사이더는 발생하지 않게 된다. 때에 따라서는 메모지에 쓴 의견들을 분류하기도 하고 투표를 통해 가장 중요한 의견들을 선별하도록 한다. 그런 다음 팀별로 주요 의견들을 발표시켜 전체 학생들이 의견들을 공유하도록 한다.

고 교수가 학생들의 참여를 유도하기 위한 또 다른 방법은 점수다. 강의

학생들은 한 데 모여 토의와
발표에 적극적으로 참여한다.

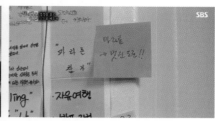

고수일 교수는 학생들이 발표 내용을 벽에 붙이면 모두 돌아다니면서 의견을 써서 붙인다.

시간에 질문하거나 질문에 답하면 내용과 상관없이 출석부에 표시한다. 이것은 강의 공헌도라는 평가 항목으로 처리되어 최대 학점 5점의 가산점을 준다. 마음만 먹으면 쉽게 5점을 얻을 수 있다. 그래서 고 교수의 교실에는 언제나 활력이 넘친다. 간혹 고 교수가 질문을 던질 때 침묵이 흐르는 일은 거의 없다. 그리고 누군가 질문을 던지면 절대 고 교수가 먼저 나서지 않고 다른 학생들의 의견을 기다린다. 학생들이 손드는 경쟁을 하는 경우도 종종 있다. 이렇게 되면 고 교수는 마치 토론의 사회자 역할을 하게 된다. 덕분에 이 강의에서는 학생들 간의 질문과 의견이 활발히 오고 가는 상황이 종종 발생한다.

"메모지를 이용하여 서로의 의견을 조율한다는 것이 인상 깊었습니다."

"자기 생각을 표현할 기회가 많았습니다. 학생 중심의 사고와 행동을 통해 강의가 진행되어 지루하지 않고 매우 유익한 시간이 되었습니다."

"강의를 듣는 모든 학생이 즐겁고 유쾌하게 참여할 수 있게 해 주셔서 강의 시간마다 재밌게 참여했습니다."

"전혀 다른 곳에서 행해 보지 못한 강의 방식이 너무 신선했고, 한 분 반 전체가 같이 모여서 공동의 활동을 할 수 있다는 게 신기하면서도 하는 내내 즐거웠습니다."

# 함께 고민한 후 실행하고 다시 함께 공유한다

고수일 교수의 '조직행동론' 강의는 강의와 더불어 액션러닝으로 진행된다. 액션러닝이란 실질적인 문제를 가지고 경험과 이를 바탕으로 한 성찰을 통해 학습과 역량 향상을 지향하는 교수법이다. 조직행동론은 조직 내 인간의 행동을 연구하는 학문이다. 인간에 대한 이해와 조직 구성원들의 동기를 유발할 수 있는 환경을 학습함으로써 관리자에게 필요한 역량을 향상시키는 것을 목표로 하는 분야다. 그래서 이론이나 지식의 단순한 습득보다는 실제 현장에서 일어나는 현상과 문제들을 이해하고, 배운 지식을 기초로 적절한 대응을 할 수 있는 능력을 향상하는 것이 중요하다. 액션러닝이 실제 문제를 다루면서 그 과정에서 학습과 역량 향상을 목표로 한다는 점에서 이러한 교과의 궁극적 목표는 액션러닝 방법이 내재하는 본질적 철학과 그 맥을 같이 하고 있다. 이를 위해 이 강의에서는 지식의 습득을 넘어 실행을 통해 관련 역량을 개발하는 데 초점을 둔다. 즉, 책이 아닌 경험을 기반으로 한 성찰을 통해 학습이 이루어지도록 하고 있다.

[그림 12-1]과 같이 학생들은 과제 해결을 위해 계획한 후 조사 또는 실행하는 과정을 거쳐 결과물을 도출한다. 그 과정에서 이루어지는 지식 습

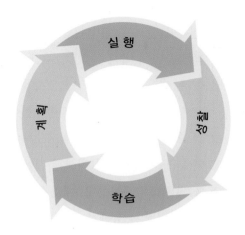

실 행

성 찰

계 획

학습

[그림 12-1] 액션러닝 강의 진행 프로세스

득과 경험 및 성찰을 통해 학습이 이루어지도록 하는 것이 액션러닝의 과정이다.

이 강의에서의 구체적인 액션러닝 프로세스는 다음과 같다.

리더십 역량 선정 → 역량에 대한 이해 → 실천 계획 수립 → 실천 →
성찰 및 제2차 실천 계획 수립 → 실천 → 성찰, 최종 결과물 도출

이 과정에서 고 교수는 가르치는 사람이 아닌, 러닝코치(learning coach)의 역할을 한다. 러닝코치는 학생들의 과제 수행을 주도하기보다는, 학생들의 과제 주제와 범위 선정을 도와주고, 학습자들의 문제해결을 촉진하며, 학습자의 학습 과정을 살피는 일에 초점을 맞추는 역할을 의미한다. 무엇보

다 중요한 것은 모든 것을 자신이 설명하기보다는 학습자들이 스스로 답을 찾을 수 있게 적절한 질문을 던지는 것이다.

예를 들어 보자. 1차 액션 플랜에 대해 실행을 2주간 한 후, 학생들은 액션 플랜에 대한 성찰을 한다. 다음 표와 같이 A3 용지에 실행한 내용을 쓴 후, 느끼고 배운 점을 메모지에 키워드만 간단히 써서 붙이고, 팀원들이 한 사람씩 성찰을 한다. 그런 후 성찰을 기초로 팀별로 2차 액션 플랜에 대해 논의를 한다. 이때 고 교수는 돌아다니면서 액션 플랜에 대해 질문을 하면서 좀 더 도전적인 목표를 세우도록 유도한다. 예를 들어 지난번 친구에 대해 경청을 실습했다면, "네게 가장 경청하기 어려운 사람이 누구일까?"라는 질문을 통해 그 사람을 경청의 목표로 세울 것을 권유한다. 이러한 실행과 성찰 중심의 학습은 책에서 얻을 수 없는 소중한 학습의 기회를 제공하고 있다.

**〈성찰 및 액션 플랜 양식〉**

| 이 름 | 1차 액션 플랜 | 실행한 것 | 느끼고 배운 점 | 2차 액션 플랜 |
|---|---|---|---|---|
|  |  |  |  |  |

고수일 교수는 학생들의 발표 내용에 대해 메모지에 의견을 써서 준다.

"이론적으로만 아는 게 아니라 토의를 통해서 이론을 배우고 그것을 직접 실천해 보고 느낀 점을 정리함으로써 나 스스로 발전하는 모습을 느낄 수 있어서 좋습니다."

"액션을 통한 배움이라는 새로운 방식에서 느끼고 참여하게 되어서 너무 뿌듯하고 유익한 시간이 되었습니다. 기존의 강의와는 다른 방식의 강의를 통해서 재미도 느끼고 후에 생각해 보면 기억에도 더 잘 남는 것 같아서 그냥 대학의 한 과목 이상의 의미와 가치를 느꼈습니다."

"그동안 받아 본 강의와는 조금 다른, 토의하고 내 행동을 연구하면서 나의 성향 등을 파악하면서 다른 강의보다 더욱 흥미 있게 참여할 수 있어서 유익하였습니다."

"교수님들의 일반적인 강의가 아닌, 학생이 능동적으로 참여하는 방식인 액션러닝을 처음으로 접해 보고 정말 만족했습니다. 가장 좋은 학습 방법은 직접 체험해 보는 것이라는 걸 몸소 느꼈고, 공통된 목표를 가지고 조별 활동을 하면서 많은 사람과 만나고 어울리며 작은 사회생활을 하는 느낌을 받아서 만족스럽습니다."

# 질문으로 이끄는 강의

　　　　　　교수자 중심의 강의에서는 바른 대답이 중요하지만, 학습자 중심의 강의에서는 질문에 초점을 두어야 한다. 질문은 단순히 정답을 구하기 위한 것이 아니다. 위대한 대답은 위대한 질문에서 나온다. 교수자의 질문에 대답하는 과정을 통해 학습자는 자신이 알고 있는 것을 명확히 할 수 있으며, 새로운 관점과 깊이 있는 사고를 발전시킬 수 있다. 좋은 질문은 다음과 같은 효과가 있다.

　첫째, 질문은 참여를 촉진한다. 질문은 교수자의 말을 수동적으로 받아들이는 태도에서 벗어나 문제에 답을 찾기 위한 학습자의 참여를 유도한다.

　둘째, 질문은 생리적으로 뇌를 활성화시키고 학습을 촉진한다. 예를 들면, "질문은 학습효과를 높인다."는 문장보다는 "질문은 어떻게 학습효과를 높일까?"라는 질문을 받으면 해답을 스스로 끄집어내려는 과정을 통해 우리의 뇌가 더 자극된다.

　셋째, 질문은 관점을 변화시키거나 다양한 관점을 낳는다. 예를 들면, "어떻게 내가 우리 학교에서 최고의 교수자가 될 수 있을까?"의 질문을 "어떻게 내가 우리 학생들을 위해 최고가 될 수 있을까?"로 바꾸면 답에

강의를 듣는 학생들은 고수일 교수의 교수 방법에 푹 빠져 있다.

필요한 가정이 '경쟁' 개념에서 '가치 있는 공헌' 개념으로 바뀌게 된다.

넷째, 질문은 아직 존재하지 않은 아이디어와 통찰력을 불러내는 초대장과 같다. 예컨대, "최고 인력을 잃지 않으려면 어떻게 해야 할까?"보다는 "내가 조직에서 정말 일하고 싶을 때는 언제인가? 그 이유는 무엇인가?"라는 질문이 창의적인 대안을 찾는 보다 열린 분위기를 만든다(Brown & Isaacs, 2005).[1]

학생들의 과제 수행을 이끌면서 상황에 맞게 적절한 질문을 한다는 것은 쉬운 일이 아니다. 어설픈 질문은 학생들에게 아무런 도움이 안 된다. 그래서 고 교수는 상황별로 어떤 질문을 던질 것인지에 대해 많은 고민을 하면서 관련 서적으로 공부도 하였다. 미국에서 연구년을 보낼 때 퍼실리테이션 교육을 받은 것도 많은 도움을 주었다. 그리고 다음의 표와 같이 상황별 질문을 준비한 후 학생들의 과제수행을 코치한다.

〈단계별 질문 목록〉

| 단 계 | 질 문 |
|---|---|
| 과제의 범위를 조정하고 파악할 때 | · 여러분이 성취할(성취하고 싶은) 일은 무엇이죠?<br>· 가장 관심이 가는 분야는 무엇인가요? |
| 계획 및 목표 설정할 때 | · 그것을 달성하는 최선의 방법은 무엇인가요?<br>· 계획대로 진행될 경우, ~의 미래는 어떤 모습이 될까요? |
| 탐색이나 분석을 촉진할 때 | · 이러한 현상이 발생하는 원인이 무엇일까요?<br>· 그것을 실행한다면 어떤 장애요인(어려움)을 예상할 수 있을까요?<br>  또 그 장애요인을 어떻게 극복할 수 있을까요?<br>· 그 사실은 무엇을 시사(의미)하나요? |

---

1 Brown, Juanita, Isaacs, David, World Cafe Community, Wheatley, & Margaret J. (2005). *The World Cafe: Shaping Our Futures Through Conversations That Matter*. Pub Group West.

| 학습을 유도할 때 | · 우리가 알아야 할 것이 무엇인가요?<br>· 그것을 확인하기 위해 무엇을 학습해야 할까요? |
|---|---|
| 새로운 시각을 촉진할 때 | · 왜 그렇게 생각하나요?<br>· 만일 ~한다면 어떻게 될까요? |
| 과제 마무리 이후의 성찰 | · (그러한 경험을 통해) 우리가 배울 점은 무엇인가요?<br>· 이 과제를 다시 시작한다면 바꾸고 싶은 점은 무엇인가요? |

출처: 장경원, 고수일(2014). **액션러닝으로 강의하기**. 서울: 학지사. pp. 82-83

　　그런데 질문에 대해 학생들의 활발한 의견이 나오게 하려면 교수의 태도가 중요하다. 몇 년 전 고 교수는 어느 학생으로부터 "교수님은 정답을 기다리시는 듯 보여요."라는 강의 평가를 받고 놀랐다고 한다. 왜 그런 말이 나왔을까 곰곰이 생각해 보니 자신이 질문을 던진 후 어떤 학생이 의견을 말하면 "아……. 땡! 다른 의견은?" 하다가 기다리는 의견이 나오면, "딩동댕!" 하던 자신의 모습이 생각났다. 이런 태도로 질문을 한다면 학생들이 자신의 의견을 자유롭게 내놓기보다는 교수가 원하는 정답을 찾기 마련이다. 그래서 고 교수는 질문의 내용도 중요하지만, 질문하는 태도에도 특별히 신경을 쓰기 시작했다. 정답을 요구하는 듯하거나 교수자와 다른 생각을 허용하지 않는 권위적 태도는 학생들의 적극적인 표현을 촉진

질문의 효과에 대한 고수일 교수의 인터뷰 내용

할 수 없을 것이다. 그래서 고 교수는 평범하지 않은 의견이 나올 때 그 신선함을 칭찬하거나 학생들의 의견이 틀렸더라도 절대 '틀렸다.'는 식으로 대응하기보다는 "그렇게 생각하는 이유가 뭐죠?" "아, 그렇게 볼 수도 있겠군요." 하면서 학생의 의견을 존중해 주려고 한다.

질문이 학생들의 관점을 전환한 경험들이 종종 있다. 예를 들면, 학생들이 한 회사의 리더를 연구한 과제가 있었다. 그 팀의 제안은 그 회사 리더에게 변혁적 리더십이 필요하다는 것이었다. 변혁적 리더십이란 리더에 대한 신뢰를 갖게 하는 카리스마와 더불어 조직원들에게 지적 자극을 하면서 배려를 하는 리더십을 말한다. 학생들의 발표가 끝난 후 "수고했습니다."는 말을 한 후 이런 질문을 던졌다. "여러분이 그 회사 리더라면 조직원들을 어떻게 이끌고 싶나요?" 한 학생이 잠시 생각하더니, "제가 그 회사 리더라면, 개인별로 목표를 준 후, 제대로 그 목표를 달성하지 않으면 자르고 싶습니다."라고 답하는 것이 아닌가? 조금 전에 말했던 변혁적 리더십과는 전혀 다른 내용이었다. 고 교수는 다시 "왜 그렇게 생각하나요?"라고 질문했더니, 직원들이 기본적으로 목표의식이 없고 근무 태도가 안이하다는 것이었다. 그래서 이런 직원들에게는 뭔가 강력한 리더십이 필요하다는 것이었다. '만약 ~이라면'이라는 질문이 그 학생들의 관점을 바꿔 놓은 것이다.

"생각할 수 있게 해 주시는 교수님의 강의 방식이 저희가 강의의 주체가 될 수 있게 해 주셔서 매우 좋았고, 여러 사람들과의 만남이 매우 행복했습니다."

"고수일 교수님의 강의 방식은 학생들 위주의 강의여서 인상 깊었습니

다. 시간가는 줄 모를 정도로 매우 재밌습니다. 그리고 학생들의 창의
성을 매우 잘 이끌어 내십니다."

## 학습 팀도 '만들어' 간다

고수일 교수는 팀 과제를 수행하기 위한 학습 팀을
구성할 때, 팀 학습 편성표를 작성하게 한 후 이를 기초로 팀을 편성한다.
다음 표를 보면, 1~3번 문항은 일종의 약속을 이끌어내는 차원의 내용이
다. 팀 편성 기준은 4, 5문항을 보면서 적극적인 학생과 소극적인 학생들
이 적절히 섞이도록 한다.

〈팀 편성 조사표〉

| 성 명 | | 성 별 | 남 / 여 | 나 이 | | | |
|---|---|---|---|---|---|---|---|
| 휴대전화 | | | | 이메일 | | | |
| | 학과(부) | | 학년 | | | | |
| PPT 등 컴퓨터 활용능력 | 높은 편 ( ) 보통 ( ) 낮은 편 ( ) | | | 지난 학기 성적(평점) | | | |
| 질 문 | | 전혀<br>그렇지<br>않다 | 그렇지<br>않다 | 보통이다 | 그렇다 | 매우<br>그렇다 |
| 1. 나는 주어진 역할을 충실히 수행한다. | | ① | ② | ③ | ④ | ⑤ |
| 2. 나는 과제를 위한 모임에 적극적으로 참여한다. | | ① | ② | ③ | ④ | ⑤ |

| 3. 나는 다른 사람을 잘 배려해 준다. | ① | ② | ③ | ④ | ⑤ |
|---|---|---|---|---|---|
| 4. 나는 내 의견을 적극적으로 표현한다. | ① | ② | ③ | ④ | ⑤ |
| 5. 나는 소집단의 분위기를 즐겁게 할 수 있다. | ① | ② | ③ | ④ | ⑤ |
| 요청 사항 | | | | | |

학습 팀을 구성한 후에는 이들이 팀워크를 다져서 팀 활동을 할 수 있도록 촉구하는 것이 중요하다. 그래서 고 교수는 팀 빌딩을 하게 한다. 팀 빌딩이란 팀워크를 다지는 활동을 말하는데, 기본적으로 팀 이름과 팀 구호를 만들고, 팀원들이 스스로 지키기로 약속한 자율적 규칙(그라운드 룰)을 만들게 된다. 그리고 다음 주 강의 시간에는 팀 빌딩 경연대회를 한다. 팀별로 자신들이 어떤 과정을 통해 친밀해졌으며 팀 빌딩을 했는지를 1~2분 동안 소개하면 전체 학생들이 투표한다. 1등으로 선정된 팀은 두 가지 중 하나를 선택한다. 교수님과 점심 먹기 또는 1점 가산점. 2등은 1등 팀이 선택하지 않은 나머지 혜택을 가진다.

학습 팀만 만들고 신경을 쓰지 않았던 몇 년 전에는, 팀을 만들어 놓으면 수강 취소 기간에 팀에 한두 명만 남는 경우도 있었다. 몇 년 전부터 팀 빌딩을 강조한 뒤로는, 학기 중 취업을 하거나 휴학한 경우에도 다른 팀원들을 위해 끝까지 팀 과제를 같이 하는 등 학습 팀 활동이 훨씬 원활해졌다고 한다. 그리고 이렇게 좋아진 학습 팀 분위기는 전체 강의 분위기에도 긍정적 영향을 미치고 있다.

"조별로 나누어 팀 빌딩을 하는 것이 좋았습니다. 서로 친하진 않았지만, 조금이라도 상대방을 배려하기 위해 한 발 더 뛰었던 마라톤이 금방 친하게 만들어 줬고, 그 결과 함께 공모전을 참여하겠다는 마음으로 모아 졌습니다. 강의를 듣는 날이 아닌 날에도 수시로 모여 함께 밥도 먹고 공모전 준비를 하면서 어느 때보다 즐거운 날을 보냈으며 행복했습니다."

"팀 빌딩을 통해 조원들과 많이 친해지고, 진정한 인간관계를 쌓을 수 있어서 좋았다."

"교수님의 강의를 한 시간 한 시간 들으면서, 아, 이 강의 정말 듣기 잘했다는 생각이 듭니다. 많은 강의를 들으며 그동안 조 활동을 해 왔지만 실제로 정말 친해져서 지금까지 계속 유지하는 팀은 없었던 것 같습니다. 하지만 이번 강의는 강의가 끝난 후에도 계속 유지·발전해 나갈 것 같아서 왠지 더 기대되고 앞으로 남은 강의에 더 적극적인 참여를 하도록 저 자신을 발전시켜 나갈 것 같습니다."

학습팀을 이루어 진행되는 고수일 교수의 강의실 모습

## 종강, 그러나 학습은 계속되고 있다

학습 내용의 현업 적용도 향상을 높이기 위해서는 전이의 핵심요소인 실생활 중심의 과제 접근, 경험을 통한 동기 향상 접근, 협력 학습을 통한 집단 접근 등이 이루어져야 한다(Baldwin & Ford, 1988). 액션러닝은 이러한 요소를 모두 포함하고 있는데, 학습자들이 작성한 성찰 보고서 내용으로부터 학생들의 전이 정도가 매우 높음을 알 수 있다. 이는 고수일 교수의 액션러닝이 이 강의를 위한 교수-학습 방법으로 적절한 것임을 시사한다고 해석할 수 있다.

그래서 고 교수의 강의는 종강에서 끝나지 않는다. 학생들이 강의를 통해 얻은 학습은 실천으로 이어질 수 있다는 것을 학생들의 성찰 보고서가 보여 준다. 학생들은 액션러닝 과정에서 학습한 문제해결 방법, 타인과의 관계, 자기계발 방법 등을 활용하여 앞으로 자신들이 직면한 문제를 해결할 것임을 다짐한다.

"앞으로 내가 속하게 될 많은 조직에서 이러한 질문하는 습관을 적용할 것이다. 작은 회의부터 커다란 의사결정이 필요한 순간까지 다양하게 적용할 수 있을 것이다. 또한 주변에 자신이 하는 일에 대해서 부정적으로 생각하는 친구들에게 계속해서 질문을 해 주어서 그들의 자신감을 찾아주고 자존감이 높아지도록 하여 내적 동기가 유발될 수 있도록 도와줄 것이다. 세 번째로는 나 자신에게도 이러한 질문의 방식을 통하여 내가 하고자 하는 것들에 대해 나에게 질문하여 스스로 해결하면서 나의 내적 동기도 유발해 보려 한다."

"우선 나 자신의 자존감이 최적화되었다고 생각하지 않기 때문에 앞으로도 꾸준히 나에게 주문을 걸어서 자존감 최적의 상태에 도달할 것이다. 그리고 나의 중학교 3학년인 사촌 동생에게 (액션러닝에서 도출한) 이 레슨을 가지고 상담을 해 줄 계획을 가지고 있다. ……그동안에 이렇게 노력하면 충분히 향상될 수 있는 자존감을 낮은 상태로 방치해 두고 우울해했던 것이 정말 후회가 된다. 내 사촌 동생뿐만이 아니라 앞으로 나의 친구가 되었든 나의 지인들이 자존감의 하락으로 힘겨워한다면 내가 발 벗고 나서서 자존감을 향상시키는 데 힘쓰고 싶다."

"나는 현재 많은 조직에 몸담고 있다. 조기축구회 총무, 아름다운 동행 2기 1팀장, 해외봉사단 팀원, GTEP 팀원. 4개의 조직에는 각각 갈등이 존재하지만, 내가 배운 걸 떠올려 보면서 '서로에게 맞춰가기'를 통해 갈등을 잘 해결하고 싶다."

"이번에 마케팅 공모전을 다시 준비하고 있다. 이번에는 이 팀의 리더가 되어 일정과 목표를 확실히 정하고 팀원들의 참여를 적극적·지속적으로 이끌어 내어 꼭 멋진 마케팅 전략을 세우고 싶다."

'내 생활'이 주제가 된다.
스스로 원해서 하는 '내재적 동기'를 자극한다.
'문제해결 능력'과 '실천'이 최우선이다.

–'열정을 품고 스스로 배우라'
고수일 교수의 인터뷰 내용 중에서

# #13
집단 지성이
모이는
온라인
강의

이우성 성균관대학교 교수
'생명의 과학'

연세대학교 이과대학 생물학과 학사
캐나다 뉴브런즈윅 대학교 생화학 석사
미국 루이지애나 주립대학교 식물생리학 박사
미국 캘리포니아 대학교(Riverside) 연구원
한국연구재단 생명공학전문위원
성균관대학교 자연과학대학 학장
성균관대학교 자연과학부 생명과학과 교수

이우성 교수는 '생명의 과학'을 강의한다. '생명의 과학'은 교양 과목으로 매학기 280~300여 명의 수강생들이 수강하는 100% 온라인 강의다. 2006년에 처음 개설되었으며, 현재 매 학기 개설되고 있다. 온라인 강의이기 때문에 생명의 과학은 성균관대학교 인문사회과학 캠퍼스와 자연과학 캠퍼스 학생들이 함께 수강한다. 강의는 매주 2시간 정도로 진행되는 동영상 강의와 자문자답 방식인 SQ/SA(Self-Question/Self-Answer) 토론 강의 방식으로 구성되어 있다. 이우성 교수가 직접 고안한 SQ/SA는 수강생 전원이 온라인 게시판에 질문을 게시하고, 함께 수강하는 학생들과 질문에 대해 토론을 하는 강의 방법이자 강의 운영 시스템이다. 학생들은 온라인 공간에서 이루어진 토론 결과를 정리해서 학기 말 보고서로 제출하고, 이 교수는 다루어진 주제가 얼마나 참신하고 충분히 논의되었는지 평가한다. 지난 학기에는 280명이 수강했기 때문에 280개의 반짝이는 참신한 질문에 대해 학생들이 토론하였다. 어느새 입소문이 난 이우성 교수의 SQ/SA가 가지고 있는 매력이 무엇인지 자세히 알아보자.

# 미래의 노벨상 수상자를 위하여

- 인간은 왜 일부일처제를 택했는가?
- 간헐적 단식(intermittent fasting)은 과연 생존에 긍정적인가?
- 담배에 대한 흡연자의 욕구는 중독인가 버릇인가?
- 타인의 정신을 지배할 수 있는가?

이 당돌한 질문들은 성균관대학교에서 이우성 교수가 맡고 있는 '생명의 과학' 2013년 1학기 강의에서 학생들이 제시한 토론 주제들이다. 이 교수가 자문자답 방식인 SQ/SA(Self-Question/Self-Answer) 토론 강의 방식을 구상한 계기는 2005년에서 2006년까지 한국연구재단에서 생명과학전문위원으로 근무하면서였다. 당시 1,000억 원에 달하는 생명공학에 관련된 연구비 지원을 평가하는 업무를 담당했는데, 연구들이 결론이 예상되는 것들이 많았으며, 새로움을 추구하는 도전적 연구는 매우 부족하였다. 그래서 임기를 마치고 학교로 돌아가서는 정말 참신하고 새로운 도전을 많이 할 수 있는 교육을 해야겠다고 마음먹었다. 이 교수는 특히 일본은 19명이나 노벨상 수상자를 배출했지만, 우리나라는 1명에 불과한데도 현재 교육으로는 앞으로 수상자가 더 나오기도 쉽지 않다고 생각했다. 학생들이 지식은 많지만, 새로운 키워드를 만들어 내지 못하고 있기 때문이다. 그래서 SQ/

SA의 목적은 새로운 것을 찾을 수 있는 역량을 키우는 데 있다. 이후 학교로 돌아오자마자 이 교수는 강의를 듣는 모든 학생에게 질문을 하도록 했다. 그리고 질문은 창의적이어야 한다고 했다. 당시에는 학생들이 질문을 제대로 할 수 있을까 염려를 했다. 하지만 막상 기회를 주니까 학생들의 질문은 예상 외로 참신하고 수준도 높았다. 실제로 우리 학생들은 잠재력이 있다는 것을 느낄 수 있었다.

"역대 교양과목 중 가장 유익했습니다. 감사합니다."

"SQ/SA가 매우 좋습니다. 강의도 쉽게 잘하시고요."

"비록 저는 다른 과이지만 교수님의 열정. 다른 교수님들께서도 본받으시면 좋겠습니다."

"차별화된 강의 방식 덕분에 많이 배웠습니다. 감사합니다."

SQ/SA 방식은 학기마다 변화한다. 280명이 강의 중에 각각 질문을 던지게 하면 강의 내용을 많이 줄이게 된다. 즉, "왜 이런 생각을 하게 됐는가?"와 같은 핵심적인 내용만 전달하고 나머지는 위키피디아나 인터넷에 다 있기 때문에 이 교수가 설명할 필요가 없다. 따라서 이렇게 강의를 하다 보니 교수가 강의하는 양은 예전보다 1/3 혹은 1/2은 줄어들었다. 대신 학생들이 스스로 공부하게 됐다. 이를 위해서 지난 학기에는 관련 서적을 50권씩 성균관대학교 명륜동 캠퍼스와 수원 자연 캠퍼스 도서관에 비치했다. 또

토론의 중요성에 대한 이우성 교수의 인터뷰 내용

공부한 내용에 대해 온라인 토론을 하다 보니 오히려 오프라인 토론보다 더 효과적이었다. 면대면 토론보다 생각할 시간이 많으므로 생각도 더 깊어졌다.

# SQ/SA! 이렇게 운영됩니다

## 1) 안내 및 일정 요약

'생명의 과학' 강의 진행은 강의 내용에서 파생되는 질문, 호기심 또는 더 탐구해 보고 싶은 분야를 '개인별 질문(Self-Question: SQ)' 형태로 제시하고 동료들과의 토론을 통해 '답이나 결론(Self-Answer: SA)'을 자기주도적으로 도출하는 방식이다. 동료들과의 토론을 통해 자기만의 관점을 벗어나 동료들이 제시하는 다양한 관점을 수용한다. 이를 통해서 '집단지성(collective intelligence)' 과정을 거쳐 가질 수 있는 최고의 SA를 도출하도록 한다. 미래형 인재들이 간직해야 할 창의성, 학문적 비판 능력과 함께 동료들과 함께 새로운 가치를 추구하는 '창조적 협동'을 경험하고 훈련을 하는 것이 SQ/

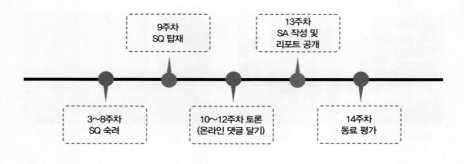

[그림 13-1] SQ/SA 일정

SA 학습의 목적이다. SQ/SA 학습의 주요 일정과 진행은 다음과 같이 요약된다.

학기 초에 개인별로 후보 질문(SQ)을 제시한다. 3~8주차에 교수자와의 검토(SQ 숙려)를 통해 토론에 사용할 최종 SQ 1개를 확정하고 9주차에 이를 게시판에 올린다. 10~12주차에 모든 수강생들은 온라인 토론방의 주인으로서 손님들과의 토론을 이끌고 동시에 다른 세 개의 토론방에 손님으로 참여하여 다른 학생의 답안(SA) 도출을 돕는다. 토론을 마치면 13주차에 각 토론방의 주인은 토론 내용을 참고하여 독립적으로 SA를 작성한다. 모든 수강생은 SQ 내용, SA 내용, 주인과 손님으로서의 토론 참여 내역과 SQ/SA 후기 등을 포함하는 최종 리포트를 작성하여 14주차에 동료 및 교수 평가를 받는다.

"이 강의에서 가장 특이했던 부분은 SQ/SA라는 토론식 과제입니다. 오픈북 시험의 연장선으로 주입식 교육이 아닌 스스로 질문하고 답하고, 학우들과의 상호 토론을 통하여 답을 얻어 가는 매우 획기적이고 능동적인 강의 방식입니다. 토론하는 과정에서 많은 조사를 통해 또 다른 학우들의 의견을 통해 새로운 지식을 얻게 되었습니다. 토론 기간의 댓글과 자신의 조사 내용을 바탕으로 SA를 도출, 최종 리포트를 제출하고, 우수 주인과 손님을 추천하여 평가가 이루어집니다. 자세한 내용을 말하면 너무 길어질 것 같으니 구체적인 내용은 생략하겠습니다. 정리하자면, 다른 강의 방식과 비교하면 매우 효율적이라고 생각합니다.

"교수님의 열정과 세세한 지도가 빛나는 강의였습니다. 교수님께서 정말 열심히 가르쳐 주시고 답변도 매우 빨리 달아 주십니다. 그리고 굉장히 친절하세요. 교수님 한 학기 동안 감사했습니다!"

"인터넷 강의인데도 불구하고 항상 학생들의 질문에 성의 있게 답변해 주시는 모습 정말 보기 좋았습니다."

학생들을 위한 온라인 강의 촬영 중인 이우성 교수

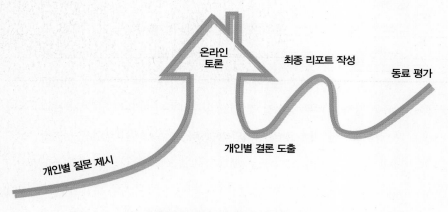

온라인 토론

최종 리포트 작성

동료 평가

개인별 결론 도출

개인별 질문 제시

[그림 13-2] SQ/SA 진행 과정

## 2) 각 단계별 진행 안내(빠른 일정순)

### (1) 후보 SQ의 제시와 숙려

SQ는 비판적 수강을 통해 자신이 독립적으로 제시하는 질문으로 생명 과학의 큰 주제 아래서 동료들과 함께 알아보고 싶은 창의적인 내용이 되어야 한다. 동료들과 공유하고 싶은 배운 지식에서의 문제점, 새로운 방향을 제시할 수 있는 논점, 생명과학과 자신의 전공 분야와의 융합적 논제들이나 중요하고 구체적인 생명과학적 지식들이 SQ의 대상이다. 순수 생명과학 지식에 관련된 SQ에 한해서 이미 알려진 지식이라도 '좀 더 알아보기' 형태로 동료들과의 토론 및 협동을 통해 특정 주제를 심층적으로 알아볼 수 있다. 참신하고 동료들의 학문적 호기심을 유발하는 SQ는 SQ/SA 활동에서 매우 중요한 요소다.

〈2013년 1학기 SQ의 사례〉

• 수정 후 수정란의 성장 상태에 따라서 보호의 정도를 달리할 수 있는가?

• 공감하는 능력은 어디서 오는가?

• 메스가 아닌 유전자 성형이 가능해진다면?

• 로봇의 자의식 유무

• 채식주의, 인간에게 적합한 행동인가?

• 감기약은 실제로 존재하는가?

    토론에 사용할 최종 SQ를 확정하기에 앞서 생각하고 있는 '후보 SQ'를 교수자에게 토론에의 적합성을 검토 받는 'SQ 숙려' 과정을 거친다. 숙려 과정은 학기 초부터 시작하여 중간고사 직후까지 약 1개월간 지속되며, 각 수강생은 개인별로 하나 혹은 2개의 '후보 SQ'를 검토받는다. 교수자는 평가의 공정성을 고려하여 '교체 권유', '좋음', '개선 필요' 등 간단한 의견만을 제시한다. 숙려 기간에는 모든 후보 SQ의 교체 및 수정이 자유롭게 허용된다. SQ/SA 토론에 사용하게 될 모든 SQ는 숙려 과정을 적어도 한 번 거쳐야 한다. 최종/후보 SQ는 모두 1장 길이 이내로 제목과 함께 SQ의 제안 배경이 제시되어야 한다.

[SQ] 수정 후 수정란의 성장 상태에 따라서 보호의 정도를 달리할 수 있는가?

**[배경]**

단순히 낙태를 허용해야 하는지에 대한 화두를 던지는 것이 아닙니다. 좀 더 생물학적인 관점으로 들어가서, 정자와 난자가 수정이 되면 난할이 시작되고, 착상되는 등 성장이 시작됩니다. 이러한 과정 중 수정란의 성장 상태에 따라서 보호의 정도를 달리할 수 있는지에 대한 문제입니다. 다시 한 번 정리하면, 수정란의 성장 상태에 따라서 보호의 정도를 달리할 수 있는가? 예를 들면, '24주 전 수정란의 경우에는 단순 세포로 보아서 예외적으로 낙태를 허용하고, 24주 이후의 수정란의 경우는 생명체로 보아 낙태를 허용하지 않는 것이 올바른가?'에 대하여 논의해 보고 싶습니다.

[SQ] 인간은 왜 일부일처제를 택했을까?

**[배경]**

저의 전공인 생명과학적 입장으로 설명을 해 보자면, 진화적인 관점에서 일부일처제가 다음 세대에 자신의 유전자를 전달하기에 유리한 면이 있었기 때문에 인간이 일부일처제를 선호하는 방향으로 진화했다고 추측해 볼 수 있습니다. 또는 인간이 사회를 이루며 살아가면서 일부일처제가 사회 유지에 도움이 되는 부분이 있었기 때문에 사회적으로 결혼이 장려되고 정착되지 않았을까 추측해 볼 수도 있겠습니다. 이 외에도 다양한 관점으로 인간의 일부일처제가 유지되는 이유를 생각해 볼 수 있는데요. 이 문제를 저 혼자 고민하기보다는 다양한 배경 지식과 전공을 가진 여러분과 이 토론에서 함께 풀어 보고자 합니다. 다양한 의견 부탁드립니다.

## [SQ] 여성의 직감
### [배경]
평소 주변에서 '여성의 직감은 정확하다.' '여성의 직감은 남성의 직감보다 강하다.'라는 표현을 자주 접할 수 있습니다.

저는 이에 과연 직감이라는 것이 유전적 요인에 의해 존재하는 것인지, 그렇다면 남성보다 여성의 유전자에 이러한 능력(직감)이 더 많이 담겨 있는 것인지 혹은 직감이 유전적인 이유로 존재하는 것이 아니라면 후천적 경험과 학습을 통해 형성되는 것인지 SQ/SA를 통해 논의해 보고 싶습니다.

"온라인 강의임에도 불구하고 교수님과의 소통이 원활한 점에 대해서는 감사드립니다."

"이 강의에서 또 한 번 감동을 한 부분입니다. 보통 아이캠퍼스 강의는 Q&A 게시판이나 이메일 위주로 소통이 이루어지는데, 교수님께서는 이것들은 물론 중간과 기말고사 전에 직접 인문사회과학 캠퍼스까지 오셔서 질문을 받으셨습니다. 또한 게시판을 통한 답변이 이해가 안 될 경우 전화하라고 하시며, 학생들과의 의사소통에 매우 적극적이셔서 많은 도움이 되었습니다. 이 부분에 대해서는 더 이상의 설명이 필요 없을 것으로 생각합니다. 처음에는 어렵게만 느껴지던 '생명의 과학'은 그동안 전공 과목에만 집중하고자 했던 학문에 대한 저의 편협한 시각을 완전히 바꾸어 놓았습니다. 그동안 실리만을 추구하고 실용적인 것만 찾지 않았는지 저 자신에 대한 깊은 성찰과 반성을 하게 되었습니다. 더 나아가 각기 다른 분야에서의 학문적 융합이 이루어지고 있는 현시대에서(예, 경영학+생명과학 등) '과학'은 필요가 아닌 필수라고 생각합니다. 앞으로는 제 몸을 포함하여 주위에서 일어나는 생명현상에 대해 단 하나라도 허투루 보지 않게 될 것 같습니다."

### (2) 최종 SQ의 탑재

숙려 및 수정을 마친 SQ에는 교수가 마지막 확인을 거쳐 '승인' 표시를 하며, 본격적인 토론이 시작된다(승인 없는 SQ로는 토론을 할 수 없다). SQ 탑재를 마친 후 토론이 시작되기 전 2일간에 걸쳐 다른 SQ들과의 중복 여부를 확인하기 위해 동료들의 SQ를 검토한다. 보통 중복되는 SQ가 출현하는 경우에는 숙려방 탑재 순으로 앞선 탑재자가 권리를 갖게 되며, 나중에 탑재한 수강생이 새로운 SQ로 교체해야 한다(상호 간에 전화로 연락하며 문제가 있으면 교수자에게 알린다). 중복되는 내용의 SQ가 발생하는 경우는 창의성이 결여된 경우가 일반적이며, 양쪽 모두 새로운 SQ로 교체할 것으로 권한다.

함께 토론하고 싶은 다른 세 동료들의 SQ에 손님으로 방문한다. 방문하는 세 SQ의 주인은 반드시 양 캠퍼스의 주인들이 모두 포함되어야 하며(예, 인문계 주인 2, 자연계 주인 1), 한 캠퍼스의 주인 3명을 방문할 수 없다(예, 자연계 3, 인문계 0명). 주인의 불성실을 대비하거나 토론하고 싶은 주제가 많아 3개 이상을 방문할 수 있으나, 리포트에는 3개만을 사용한다. 토론방에 방문하는 손님들의 적절한 분산을 위해 한 SQ에는 서로 다른 5명 이상의 손님이 참여할 수 없다(다섯 명의 손님들이 이미 방문하여 토론하고 있으면 다른 SQ를 찾아 방문해야 한다). 한두 명의 손님으로도 효과적인 토론이 진행되는 경우가 많으며, 손님이 없을 경우 주인은 혼자서 SA 작성에 도움이 되는 내용을 댓글을 마치 토론하는 것처럼 탑재할 수 있으며, 혼자서 SA를 작성한다. 간

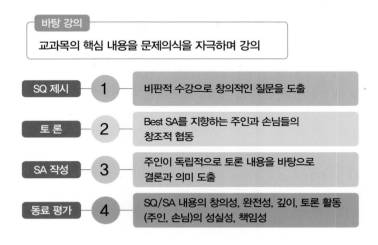

[그림 13-3] SQ/SA 강의 모형

혹 주인 혼자서의 댓글들과 SA 작성으로 좋은 평가를 받는 예가 종종 있다. 모든 손님들은 방문하는 토론방에서의 첫 댓글에서 자기 전화번호를 남겨 주인이나 다른 손님들과의 전화 연락이 가능하도록 한다. 토론 댓글을 작성한 후에 토론방 참여자들에게 문자로 알려 신속한 토론이 가능하도록 한다.

## (4) 토론

약 2~3주간에 걸쳐 주인과 손님으로서의 토론(주인 1, 손님 3+)이 진행된다. SQ/SA 토론에서는 동료들 간의 협동과 책임감이 중요하며, 한 사람이라도 게을러서 불성실하게 참여하면 여럿의 다른 동료들을 곤혹스럽게 만든다.

해당 토론방의 주인(SQ 제시자)은 토론 방향을 효과적으로 유도하여 방향성 있고 깊이 있는 토론이 되도록 해야 한다. 주인이나 손님들은 댓글에 신속하게 답을 하여 토론이 지체되지 않도록 각별히 주의해야 한다. 리포트 평가에서는 3일 내(손님의 댓글 탑재일로부터 2일 후까지)로 답을 하였는지가 조사된다. 손님들은 주인이 제시한 SQ를 벗어나지 않는 범위에서 주인의 SA 작성에 도움이나 참고가 되는 생각들을 제시해야 한다.

[SQ 2] 인간은 왜 일부일처제를 택했을까?
**[답변의 예]**
배란기를 숨기는 것은 일종의 여성들의 전략이라고 볼 수 있습니다. 아비

재택이론(father-at-home theory)이라고 하는데요. 배란기를 아는 여성의 경우는 남성이 배란기의 여성과 성관계를 갖고 양육에 대한 부담은 지지 않고 다른 여성을 찾아 떠날 수도 있지만, 배란기를 모른다면 여러 여성과 관계를 갖는 것보다는 특정 여성과 가급적 오랜 시간을 보내면서 잦은 성관계를 가지며 외도를 감시하는 것이 유리할 수 있습니다. 결과적으로, 남성은 여성이 낳은 아이가 자신의 유전자를 가질 확률을 최대한으로 높일 수 있고, 여성은 자신이 원하는(좋은 유전자를 지니고 있을 확률이 높은) 남성을 계속해서 자신의 배우자로 잡아둘 수 있게 됩니다. 또한 남성이 자신을 떠나지 않고 아이의 양육에 필요한 자원을 지속해서 공급하게 되면서 양육에 대한 부담도 줄일 수 있습니다.

이러한 설명을 보면 인간의 생물학적 진화로 인한 일부일처제 정착이 문화적 조건으로 인한 일부일처제 정착보다 먼저 형성되었을 것이라고 볼 수 있다고 생각합니다. 제가 예전에 설명하고자 했던 사회가 구성되기 전의 과거에 일부일처제에 대한 설명이 될 수 있다고 보는데 다른 학우님들은 어떻게 생각하실지 정말 궁금합니다.

## [SQ 3] 여성의 직감

**[답변의 예]**

굉장히 흥미로운 실험인 것 같습니다. 그런데 그 실험에 참여한 참가자들의 성별을 알 수 있다면 남녀 사이의 직감의 능력도 어느 정도 비교할 수 있을 것 같다는 생각이 들었습니다. 그래서 조사 중에 영국 과학 대중지

『뉴사이언티스트』에서 여자보다 남자가 파트너의 불륜을 더 정확하게 알아차린다는 연구 결과를 접하게 되었습니다. 연구에서 203쌍의 젊은 커플을 대상으로 상대방의 바람을 알아챘거나 알고 있었는지 설문조사를 한 결과 여자는 80% 정확도를 보인 데 비해, 남자의 경우 94%나 되는 정확도를 보였다는 것입니다. 그리고 이 연구 팀은 이 조사 결과를 남자들이 여자가 다른 남자와 바람을 피워 아이를 가질 때 자신의 아이가 아닌 남의 아이를 키워야 하는 상황을 방지하기 위해 파트너의 바람을 더 잘 눈치채게 진화했을 것이라는 유전적 관점에서 설명했습니다. 이 조사 결과를 보면, 직감이란 어떤 직감이냐에 따라 남녀의 차이가 있을 것으로 생각되고, 아마도 유전적 관점에서 생각하는 것이 정확해 보이지만 획득형질은 유전이 안 되므로 이와 같은 상황의 경우는 남자가 파트너의 불륜을 알아차리는 능력이 높을수록 자손 번식에 유리한 부분이 있지 않았을까 생각합니다.

"내용의 충실성과 교수님의 친절함 모두 좋았습니다. SQ/SA라는 특이점도 좋은 부분이라고 생각합니다."

"다른 아이캠퍼스 강의들보다 교수님께서 강의에 신경을 많이 써주시는 것 같아 감사했습니다."

"SQ/SA 방식은 굉장히 흥미롭고 신선한 방식이었습니다. 일정 관리를

이우성 교수의 강의는 온라인 강의이지만 학생들이 들으면서
부교재로 쓰인 참고 자료도 손쉽게 찾아볼 수 있다.

제대로 하지 않으면 강의를 따라갈 수 없을 만큼 벅찼지만 좋은 시간
이었습니다.

## (5) SA 작성

토론 종료와 함께 주인은 토론 내용을 바탕으로 독립적으로 토론의 결론
(SA)를 작성한다. 주인의 판단에 따라 토론 내용과는 다른 결론을 도출할 수
도 있다. 바람직한 SA에서는 SQ에 대한 완전하고 깊이 있는 결론이나 답이
논리적이고 완전한 형태로 작성되어야 한다. SA에서는 주인의 주장/의견이
부각되어야 하며, 이를 뒷받침할 수 있는 배경 지식이 함께해야 한다. 즉,
자기 주장/의견과 배경 지식은 균형 잡혀야 하며, 한쪽만으로 SA를 작성할
수 없다. 참여해 준 손님들뿐만 아니라 다른 수강생 동료들이 토론의 내용
을 쉽게 이해할 수 있도록 결론을 이끌어야 한다. 가능하면 새로운 논점을
부각시키는 등 창의적이고 미래지향적 내용을 포함하며 해당 SQ에 대한 현
존하는 '지상 최고의 SA'가 되도록 노력하기를 기대한다. '내 이야기'가 되어
야 하며, 남의 견해는 참고로 머물러야지 SA의 핵심이 되어서는 안 된다.

## [SQ] 사랑이 어떻게 변하니?(사랑의 진화)

**[SA]**

……생존에 유리하게 된 인간은 계속해서 도구를 개발, 창조해 내었고, 이러한 도구 지식의 생산을 반복하며 지금의 문명사회가 도래하기까지의 과정이 있었습니다. 다른 동물보다 비교적 생존의 위협을 덜게 되었고, 야생에서의 불안한 생활보다 매우 안정된 생활을 하게 되었습니다. 저는 이런 과정에서 사랑이 진화해 왔을 것으로 생각합니다. 과거의 무질서한 야생의 적자생존 세계에서의 인간은 생존과 종족 보존이 무엇보다 중요했을 것입니다. 그리고 이런 환경에서 인간은 정신적 사랑보다 육체적 사랑을 더 중요시했을 것입니다. 그러나 대항할 충분한 능력을 갖추고, 그야말로 인간만을 위한 세상을 만들어 나가게 된 인간은 이제 육체적 사랑에서 점차 정신적 사랑을 수반한 육체적 사랑으로 진화시켜 왔을 것입니다.

그리고 생존에 크게 위협받았던 상황에서 벗어난 것 외에도 여러 가지 사회적인 변화들이 이러한 진화를 촉진해 왔을 것으로 생각됩니다. 과거 계급사회에서는 높은 계급끼리, 높은 지위끼리 혹은 부모님이 지정해 주신 배우자를 만나는 것이 일반적이었습니다. 우리나라만 하더라도 과거 신랑의 얼굴도 모르고 시집을 가는 일이 매우 잦았습니다. 그러나 현대 사회에서는 남녀평등을 포함한 인간의 평등함과 인권의 존중이 일반적인 사회적 규범으로 작용하고 있고, 배우자의 선택도 개인에 따라 어느 정도 개방되고 자유로워졌습니다. 이에 따라 많은 사람은 여러 사람과의 교류를 통해 성격이나 취향 등이 비슷한 사람과의 정신적 공유를 하게 되었죠. 그리고 이러한 과정을 거쳐 정신적 사랑을 수반하게 되었고, 이것이 오랜 기간 함께 살아가는 것에 있어서 매우 중요하다는 것을 깨닫게 되었습니다. 이 때문에 사람들은 정신적 사랑이 수반되지 않은 육체적 사랑보다 정신적인 사랑이 수반된 육체적인 사랑이 바람직하다는 견해를 가지게 되었을 것입니다. 이로써 육체적 사랑이 훨씬 강조되었던 사회에서 정신적 사랑의 측면을 좀 더 강화하는 쪽으로 사랑이 진화해 왔다고 생각합니다……

"SQ/SA의 방식이 매우 좋은 것 같습니다. 감사합니다."

"SQ/SA 과제를 통해 다른 학우들과 토론할 기회가 생겨서 유익했습니다!"

"강의 방식이 매우 선진화되어 있어서 처음에는 적응하기 어려웠는데 오랜만에 공부한 느낌이 들었다."

(6) 리포트 작성과 탑재

'SQ 탑재-토론-SA 작성'의 일정을 거치며 주인과 손님으로서의 역할, 댓글 수/빈도, 댓글 내용, SQ/SA 내용, 성실성 등의 평가 요소들을 주어진

'리포트 양식'에 맞게 작성하여 탑재한다. SQ/SA 최종 평가와 우수 토론자 추천은 대부분 탑재된 리포트를 통해 이루어진다.

## (7) 동료 평가

모든 수강생은 무작위로 선택된 10명 동료의 SQ/SA 리포트를 (자기가 손님으로 참여한 여부와 관계없이) 주어진 평가 기준에 따라 평가한다(20점 만점). 평가된 10개 리포트 중 최고와 최저 평가 점수를 제외한 나머지 8개 점수의 평균이 각 리포트의 최종 점수가 된다. 교수는 모든 리포트를 읽어 보며 혹 잘못될 수 있는 평가의 공정성과 정확성을 검토한다. 각 평가자는 10개의 리포트를 상대 평가하며 점수가 고르게 분포되도록 한다.

결론적으로 이 교수는 이를 통해서 우선 자기 이야기가 강조되고 동료들의 견해를 존중하도록 각별한 주의를 기울인다. 기존의 잘 알려진 지식, 인터넷 내용이나 남의 견해가 SQ나 SA의 핵심 내용으로 사용되지 않도록 강조한다. 또한 동료들과 함께하는 생각을 존중하고 수용하는 과정을 통해 좀 더 창의적이고 심도 있는 결론이 도출되는 집단 지성을 경험하도록 강조하고 있다. 자기의 의견이 다른 동료들의 SA 도출에 결정적 도움이 되는 과정에서 학문적 대화 능력이 향상되고 숨어 있는 잠재력을 발견하는 경우가 많은 수강생에서 나타나고 있다. 마지막으로 성실한 토론과 협동을 강조한다. 예의 바른 언어를 통해 상대방의 의견을 존중하고 '다음' 의견들이 지속해서 표출될 수 있는 토론 환경이 되도록 토론 댓글의 수와 질은 평가의 중요한 잣대가 된다. 창의적인 자기의 SQ를 제시하고 동료들과 함께 자기주도적으로 해결하는 학습법으로 SQ/SA는 학문적 성취감과 함께

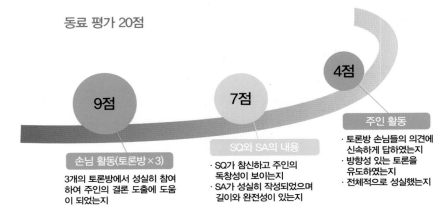

동료 평가 20점

9점
손님 활동(토론방×3)
3개의 토론방에서 성실히 참여
하여 주인의 결론 도출에 도움
이 되었는지

7점
SQ와 SA의 내용
· SQ가 참신하고 주인의
  독창성이 보이는지
· SA가 성실히 작성되었으며
  길이와 완전성이 있는지

4점
주인 활동
· 토론방 손님들의 의견에
  신속하게 답하였는지
· 방향성 있는 토론을
  유도하였는지
· 전체적으로 성실했는지

[그림 13-4] SQ 동료 평가 내용

많은 학생에게 인성을 일깨우고 미래지향적인 지식 창출을 경험하는 기회를 제공한다.

## 좋은 SQ/SA를 위한 tip

· 기존/타인의 주제/생각/관점은 참고만 하며 SQ 주제로 사용하지 않는다.
· 의문이 생길 수 있도록 분석적 학습을 한다.
· 손님 방문을 초반부부터 시작하여 토론의 원활하게 진행되도록 한다.
· 토론 종료 시점에 신규 토론 참여는 토론 진전을 오히려 방해할 수 있다.
· 교재의 해당 분야를 집중적으로 분석하여 공유할 수 있는 의문거리를
  얻는다.

- 강의 진도를 앞선 부분도 예습을 통해 대상이 될 수 있다.
- 창의성도 앎에서부터 나온다.
- 확실한 답이 있는 주제로는 토론할 수 없다.
- 깊이가 없는 흥미 유발성 주제는 자칫 가벼운 토론으로 멈추게 된다.
- 나에게 흥미로워야 남에게도 흥미롭고 손님이 많아진다.
- 인터넷을 통해 질문을 먼저 얻지 않는다(SQ 선정 후 인터넷 조사를 한다).
- 인터넷을 통한 SQ 선정은 자칫 식상한 내용이 될 가능성이 높다.
- 동료들은 그들의 지적 능력이 도전받을 수 있고 깊이가 있는 주제를 원한다.
- 남의 생각을 그대로 옮기지 않는다.
- 나의 게으름은 SQ/SA 내용과 관계없이 나쁜 평가를 받게 된다.
- SQ/SA는 필기시험보다 변별이 매우 높아 최종 평가에 크게 작용한다.
- 참신하고 창의적인 질문/결론은 우리 모두를 감동하게 한다.
- 남의 생각이나 주장으로 가득 찬 나의 내면에 내 생각과 주장이 자리 잡도록 한다.

"저는 생명과학과 학생으로서, 생명과학에 대한 기초 지식을 다니는 데 큰 도움이 됐습니다. 생명과학 전체의 아웃라인을 그릴 수 있어서 매우 유익했습니다."

"SQ/SA 과제가 힘들긴 했지만, 보람이 큰 것 같습니다. 인문계열 학생이지만 생명과학 분야에는 늘 관심이 있었는데, 이번 강의를 통해서 생명과학에 많은 흥미를 느낄 수 있었습니다. 한 학기 동안 감사합니다."

"매우 충실한 강의에 감사드립니다. 강의 외에 SQ/SA 활동을 통해 많은 것을 느끼고 배울 수 있는 한 학기였습니다. 아이캠퍼스에 대한 새로운 시각을 느끼게 되었습니다. 한 학기 동안 수고하셨습니다."

"한 학기 동안 정말 새로운 방식의 강의를 들은 것 같습니다. SQ 토론 등. 감사합니다."

"교수님 강의 아주 좋았습니다. 제가 1학년 때 '생명과학 1, 2'를 다 들었었는데, 한글로 강의해 주시고 한글 내용이라 듣기도 너무 편하고 이해도 잘되고, 정말 생명에 대해 많은 것을 배운 매우 유익한 과목이었어요. 감사합니다!"

"한 학기 동안 수고하셨습니다. 앞으로도 많이 기억에 남을 것 같네요! SQ/SA할 때는 정말 힘들었지만 끝내고 보니 뿌듯해요!"

　　　　성균관대학교 이우성 교수의 '생명의 과학'을 운영
하는 SQ/SA는 온라인 공간의 강점을 잘 활용한 교수 방법이자 운영 체계
라 할 수 있다. 이 교수는 온라인 강의가 갖는 교수자와 학습자의 상호작용
결핍의 문제점을 사이버 공간에서의 적극적인 SQ/SA 방식과 게시판 등을
활용한 토론식 토의를 통해 보완했다. 이 교수는 지속적인 관심을 가지고
열정적으로 피드백을 제공함으로써 온라인 강의 한계인 토론 및 심화 학
습을 하였으며, 이는 강의의 학습 목표를 달성하는 데 매우 적합하고 최적
화된 방법이라고 할 수 있다. 강의 후 자발적 토론 진행은 실시간으로 진행
되는 토론이 아니기 때문에 학생들이 스스로 생각하고 탐구한 내용을 차
근차근히 댓글을 통해 등록할 수 있어 보다 질 높은 토론이 이루어짐을 알
수 있다. 또한 토론의 주제를 학생들에게 부여함으로써 다양한 주제를 통
해 학생들은 생명과학에 대해 심도 있는 생각을 할 수 있는 기회를 제공한
다. 이 교수는 비전공자까지 쉽게 이해할 수 있는 예시와 설명을 통해 생명

이우성 교수는 학생이 토론방의
주인이 되라고 강조하여 말한다.

과학의 기본적인 개념, 원리, 사회적 현상 등을 유기적으로 사고하는 것을 유도하고 있다.

자칫 쉽게 학점을 따는 방법이라 생각할 수 있는 온라인 강의에서 학생들의 생각과 지식이 성장할 수 있는 SQ/SA는 온라인 강의를 하는 많은 교수자를 위한 모범 사례라 할 수 있다.

# #／결어

## 좋은 강의를 만드는
## 아홉 가지 비법

        100대 강의로 선정된 13명 교수들의 강의는 각자 교과목의 특성, 교수자의 특성 및 교육에 대한 가치관 등에 따라 다른 방법과 전략을 활용하고 있지만, 이들의 강의를 들여다보면 좋은 강의가 가져야 하는 중요한 특징들을 찾아볼 수 있다.

  13명의 교수들의 강의를 소개하는 글 속에는 강의의 특징을 잘 표현한 소제목들이 있다. 그 소제목들을 유사한 것끼리 분류하여 정리하면 좋은 강의가 가져야 할 아홉 가지 중요한 특징이 도출된다. 즉, ① 철저히 준비된 강의, ② 학생의 질문 역량을 키워 주는 강의, ③ 학생의 사고 역량을 키워 주는 강의, ④ 다양한 상호작용이 이루어지는 강의, ⑤ 다양한 자료를 활용하는 강의, ⑥ 온라인 공간을 지혜롭게 활용하는 강의, ⑦ 성장을 돕는 팀 과제가 있는 강의, ⑧ 학습을 돕는 평가가 이루어지는 강의 그리고 ⑨ 참스승을 만나는 강의다.

**〈100대 강의의 주요 특징〉**

| 특 징 | 소제목(교수자) |
|---|---|
| 철저히 준비된<br>강의 | • 전 강의 녹음과 청취(박승찬)<br>• 철저한 강의 준비: 소재 발굴을 위한 노력과 학생의 요구 반영(장재숙)<br>• 다양한 상황에 바로 대처할 수 있는 유연한 강의 능력(장재숙)<br>• 학생에 의한, 학생을 위한 '친절한 강의 계획서'(김찬주)<br>• 명강의는 첫 강의 시간부터 다르다: 주의집중 전략이 가득한 첫 강의<br>　(김찬주)<br>• 큰 그림을 제시하는 강의(김철중) |
| 학생의 질문<br>역량을 키워 주는<br>강의 | • 강의에 앞서 학생들이 진행하는 토론(박승찬)<br>• 질문에 질문이 꼬리를 무는 강의(정지영)<br>• 준비된 학습자를 만드는 사례 방법(김철중)<br>• 스스로 생각할 수 있는 법을 교육(박승찬)<br>• 생각하는 방법을 배운다(정지영)<br>• 학생 스스로 답을 찾도록 한다(표민찬)<br>• 학습자가 중심이 되는 강의(고수일) |
| 다양한 상호작용이<br>이루어지는<br>강의 | • 학생과 교감하는 강의(박승찬)<br>• 철학적 질문에 대한 과학적 대답(김희준)<br>• 소통의 힘-1분 쪽지(김희준)<br>• '라이브 콘서트' 같은 생동감: 판서와 토론으로 이루어진 강의(정지영)<br>• 활발한 상호작용(이명학)<br>• 학생과의 소통(권숙복)<br>• 교수와 학생의 신뢰 詩(자작시 활용 토론)(권순복)<br>• 질문으로 이끄는 강의(고수일) |
| 다양한 자료를<br>활용하는<br>강의 | • 접근하기 쉬운 소재로 설명하는 과학이론(김희준)<br>• 100페이지 저널을 통한 심화 학습(김희준)<br>• 다양한 사례 제시(표민찬)<br>• 익숙한 소재 활용(이명학)<br>• 오감을 자극하는 멀티 강의(권순복)<br>• 식물에 대한 새로운 접근법(최성화)<br>• 13가지 이야기로 구성된 커리큘럼(김찬주)<br>• 강의를 통한 인성 교육(이명학) |

| 온라인 공간을 지혜롭게 활용하는 강의 | • 또 하나의 강의실 '사이버 캠퍼스' (정지영)<br>• 학생과 끊임없는 소통 노력(1,000명의 학생과 카카오톡) (장재숙)<br>• 첨단기술과 교육공학의 그릇에 담긴 고전의 가치: 원격 화상 강의실 활용(이명학)<br>• 학습성과 제고를 위한 강의 다시 듣기 서비스(최성화)<br>• 24시간 상호작용 시스템(김찬주)<br>• SQ/SA(이우성) |
| --- | --- |
| 성장을 돕는 팀 과제가 있는 강의 | • 자유 주제와 자유 형식의 팀 프로젝트(정지영)<br>• 산 · 학 · 연 · 관 협동 프로젝트(조정원)<br>• 가상이 현실로(장재숙)<br>• 학습성과 제고를 위한 강의 다시 듣기 서비스(최성화)<br>• Learning by doing을 위한 과제(김찬주)<br>• 함께 고민한 후 실행하고 다시 함께 공유한다(고수일)<br>• 학습 팀도 만들어 간다(고수일) |
| 학습을 돕는 평가가 이루어지는 강의 | • 객관적인 평가 방식(장재숙)<br>• 학생 개개인의 학습 성취 제고를 위한 평가(최성화) |
| 참스승을 만나는 강의 | • 위대한 신학자가 교육의 롤모델(박승찬)<br>• 형님 같은 교수님(표민찬)<br>• 학생들에게 기억되는 교사가 참스승(이명학)<br>• 코치와 멘토가 된 김교수(김철중) |

좋은 강의를 만드는 아홉 가지 특징이 무엇인지 살펴보면 다음과 같다.


# 철저히 준비된 강의

　　　　　　어떤 내용을 어떻게 가르칠 것인가? 강의를 준비하는 교수들의 공통된 고민이고 질문이다. 한국교육개발원 연구진은 몇 년 전 여러 대학의 강의 계획서를 살펴볼 기회가 있었다. 그리고 경악을 금치 못하였다. 너무나 성의 없이 작성된 강의 계획서가 강의에 대한 정보를 찾아보고자 하는 학생들에게 제공되고 있었기 때문이다. 성의 없이 작성된 강의 계획서의 전형은 주차 계획에서 찾아볼 수 있다. 다음에 제시한 것처럼 주차별 학습 내용을 제1장, 제2장, 제3장으로만 제시한 것도 있고, 동기, 스트레스, 불안, 행복처럼 주제어만 나열한 경우도 있다. 물론 강의 계획서가 성의 없다고 해서 그 강의가 매우 질이 낮은 강의라고 할 수는 없다. 그러나 좋은 강의는 대부분 교수자의 오랜 고민과 계획의 흔적이 담긴 성의 있는 강의 계획서를 가지고 있다. 김찬주 교수의 친절한 강의 계획서(제10장)는 모든 교수가 따라해 볼 만한 강의 계획서다. 또한 자신의 강의를 녹음 또는 녹화하여 객관적으로 살펴보는 것도 강의를 준비할 때 해 봐야 하는 노력일 것이다.

**〈성의 없는 강의 계획서의 예〉**

| 주 차 | 주요 내용 |
| --- | --- |
| 1 | 제1장 |
| 2 | 제2장 |
| 3 | 제3장 |
| 4 | 제4장 |

| 주 차 | 주요 내용 |
| --- | --- |
| 1 | 제1장. 동기 |
| 2 | 제2장. 스트레스 |
| 3 | 제3장. 불안 |
| 4 | 제4장. 행복 |

| 주 차 | 주요 내용 |
| --- | --- |
| 1 | 동기 |
| 2 | 스트레스 |
| 3 | 불안 |
| 4 | 행복 |

# 학생의 질문 역량을 키워 주는 강의

이분법적으로 구분할 수는 없지만, "바람직하지 않

은 강의는 교수가 질문하고 교수가 대답하는 강의이며, 바람직한 강의는 학생이 질문하고 학생이 대답하는 강의다."(장경원, 고수일, 2013) 우리의 학창 시절에는, 강의 시간에 거의 질문을 하지 않았다. 질문을 잘하는 친구들을 보면 '아, 저 아이는 어떻게 저런 질문을 할 수 있었을까?' 하며 매우 부러워했다. 종종 드라마에 비춰지는 대학 강의실은 강의를 마무리하며 교수가 "자, 질문 있는 사람?" 하고 학생들을 바라보는 모습으로 표현된다. 가끔 눈치 없는 학생들이 질문하기도 하지만, 대체로 질문이 없다. 강의 종료를 1분 남긴 채 질문을 받겠다는 것은 질문하지 말라는 것과 같은 것이 아닐까? 이는 드라마의 모습이 아니라 실제 많은 대학 강의실의 모습이라 할 수 있다.

강의를 수강하는 학생들이 누구나 질문할 수 있고, 좋은 질문을 할 수 있고, 다른 학생의 질문에 또 다른 학생이 답변하게 하려면 어떻게 해야 할까? 세 명의 교수가 여기에 답을 하고 있다. 어떤 질문을 해도 되는 허용적인 분위기를 형성하고(정지영 교수), 오늘 강의에서 다룰 내용(사례)을 미리 공부하여 질문을 준비해 오게 하고(김철중 교수), 그리고 학생이 주도적으로 토론을 이끌어 볼 수 있는 기회를 주는 것(박승찬 교수)이 학생들이 좋은 질문을 하고 다른 학생의 질문에 답을 할 수 있게 만드는 비법인 것이다.

## 학생의 사고 역량을 키워 주는 강의

모든 문제와 질문에 교수가 바른 해답을 준다면 학생들은 이후에 문제에 직면했을 때 훌륭히 문제를 해결할 수 있을까? 학생의 역량에 따라 문제를 잘 해결하는 학생도 있겠지만, 많은 경우 크고 작은 실수를 보일 것이다. 실수하는 것이 나쁜 것은 아니다. 그러나 그 실수를 사회에서 직업인이 되어 하는 것이 아니라 '안전한' 강의실에서 해 볼 수 있도록 해야 한다. 흔히 물고기를 잡아 주지 말고 잡는 방법을 알려 주어야 한다고 이야기한다. 아마 모든 교수들이 이 말에 동의할 것이다. 그러나 그들의 강의실에서는 대부분 물고기를 잡아서, 맛있게 요리하며 먹기 좋은 크기로 잘라 준다. 때로는 입에 넣어 주기도 한다. 생각하고 해결할 수 있는 방법을 알려 주고 그것을 활용할 수 있는 기회를 주는 것이 좋은 강의가 가지고 있는 또 하나의 특징이다.


## 다양한 상호작용이 이루어지는 강의

우리는 대체로 상호작용이 많은 강의를 떠올리면 질문과 답변이 활발하게 이루어지는 모습을 상상한다. 그러나 상호작용은 다양한 모습으로 나타난다. 흔히 교육에서 이루어지는 상호작용을 세 가지로 분류한다. 교수와 학생, 학생과 학생, 학생과 교육 내용 간의 상호작용이다.

이 세 가지 상호작용이 다양한 모습으로 이루어질 때 재미있고 역동적인 강의가 될 것이다. 학생의 의견에 충분히 교감해 주고(박승찬 교수), 철학적 질문에 대해 과학적인 내용으로 답변하고(김희준 교수), 학습 내용을 시로 표현하여 시에 대해 교수와 학생들이 의견을 이야기하고(권순복 교수), 개방적이고 중립적인 질문으로 학생들의 의견을 이끌어 내는(고수일 교수) 강의는 다양한 색깔의 상호작용이 이루어지는 강의다.


## 다양한 자료를 활용하는 강의

학생들에게 많은 것을 잘 알려 주고자 하는 것은 모든 교수들이 가지고 있는 바람이다. 어떠한 내용을 학생들에게 제시할 때 어떤 자료를 활용하면 좋을까? 7명의 교수가 그 답을 제시하고 있다. 접근하기 쉽고 익숙한 소재(김희준 교수, 이명학 교수), 다양한 사례(표민찬 교수), 오감을 자극할 수 있는 자료(권순복 교수), 호기심을 유발할 수 있는 자료(최성화 교수, 김찬주 교수), 심화 학습이 이루어질 수 있는 자료(김희준 교수), 그리고 감동을 주는 자료(이명학 교수)를 활용한다면 학생의 이해를 돕고 다양한 활동을 이끌어 낼 수 있는 좋은 강의가 이루어질 수 있다.


## 온라인 공간을 지혜롭게 활용하는 강의

1990년대 후반 인터넷이 대중화되면서 온라인 공간은 오프라인 공간에서 이루어지는 강의를 보조하는 것이 아닌 동반자의 역할을 하고 있으며, 온라인 공간만으로도 교육이 이루어지고 있다. 온라인 공간이 가지고 있는 강점을 지혜롭게 활용하면 교실에서 다하지 못한 학습, 질문, 답변, 친교 등 다양한 활동을 할 수 있다. 교수 입장에서는 온라인 강의실까지 챙겨야 하는 또 하나의 일이 생긴 것이라 할 수 있는데,

이를 지혜롭게 활용함으로써 학생들끼리 자발적으로 학습하는 공간(정지영 교수, 이우성 교수)이 되었고, 학생들과 소통하는 공간(김찬주 교수)이 되었다.

## 성장을 돕는 팀 과제가 있는 강의

학습은 학습 내용의 습득을 넘어 이를 실제에서 활용, 실천했을 때 비로소 가치를 갖게 된다(Brinkerhaff & Gill, 1994). 즉, 학습 전이가 제대로 이루어진 학습이 의미있는 학습이라 할 수 있다. 학습 내용을 활용·실천할 수 있는 현업 적용도를 높이기 위해서는 전이의 핵심요소인 실생활 중심의 과제 접근, 경험을 통한 동기 향상 접근 그리고 협력학습을 통한 집단 접근 등이 이루어져야 한다. 5명의 교수가 전이의 핵심요소를 실천할 수 있는 방법을 알려 주고 있다. 자유 주제와 자유 형식으로 수행하는 팀 프로젝트(정지영 교수), 산·학·연·관 협동 프로젝트(조정원 교수), 실험을 통해 배울 수 있는 과제(김찬주 교수), 함께 고민한 후 실행하고 실행의 결과를 다시 함께 공유하는 액션러닝 방식의 팀 과제(고수일 교수) 그리고 가상의 상황에서 배운 것을 실천해 보는 과제(장재숙 교수) 등 팀 과제를 운영하는 방식은 매우 다양하며, 각각의 방법이 독특한 매력과 이점을 가지고 있다. 이러한 팀 과제가 잘 이루어지기 위해서는 팀원들 간의 팀워크가 중요하다. 원래부터 관계가 좋은 팀도 있겠지만, 서먹하거나 불편한 팀도 있을 것이다. 그러나 팀워크는 고수일 교수의 강의처럼 학생들이 함께 만들어 가는 것이다. 팀을 구성하고 그들이 팀워크를 형성할 수 있도록 돕고 적절한 팀 과제가 주어질 때 학생들은 한층 더 성장할 것이다.

# 학습을 돕는 평가가 이루어지는 강의

학생의 입장에서 강의가 아무리 만족스러워도 평가 방법이나 결과가 타당하고 공정하지 않다면 그 강의에 대한 만족도는 떨어질 것이다. 또한 학습 동기도 저하될 것이다. 교육 목표, 교육 내용, 교육 방법 그리고 교육 평가는 일관성이 있어야 한다. 교육 목표를 달성하기에 적절한 내용과 방법이었는지, 교육 목표를 달성했는지 확인할 수 있는 적절한 평가였는지 늘 확인해야 한다. 한편, 평가가 가지고 있는 중요한 기능 중의 하나는 교육 기능이다. '평가 때문에 공부'하게 만드는 기능을 가지고 있는 것이다. 대학의 강의에서 의미 있는 학습이 이루어지기 위해 적절한 평가는 매우 중요하다. 객관적인 평가(장재숙 교수)를 수행하고, 학생 개개인의 성장이 이루어질 수 있는 평가(최성화 교수)가 이루어지도록 해야 할 것이다.


# 참스승을 만나는 강의

사회에는 전문 강사들이 있다. 기업이나 공공기관에서 강의를 하는 전문 강사들의 강의는 몇 가지 공통점이 있는데, 그중 한 가지는 강의의 마지막에 가슴을 뭉클하게 하는 감동적인 이야기, 그림, 동영상 등을 제시한다는 것이다. 대학에서 이루어지는 강의에서도 이러한 감동의 시간이 필요할까? 한국교육개발원의 연구진들은 그렇지 않다고 생각한다. 그러나 한 학기 혹은 그 이상의 시간 동안 학생들을 만나 교육을 하는데, 지식만 전달해 주는 교수라면 매력 없지 않을까? 형님 같은 교수님(표민찬 교수), 졸업 후에도 오래오래 기억되는 교수님(이명학 교수), 학생들의 롤모델이 되는 교수님(박승찬 교수), 그리고 코치와 멘토가 된 교수님(김철중 교수)이 된다면 좋은 강의를 하는 교수일 뿐만 아니라 참스승이 될 것이다.

13명의 교수가 보여 준 강의의 특징을 아홉 가지로 정리하였을 때 과연 13명의 교수들은 이 중 몇 가지 특징을 얼마나 가지고 있는가? 다행인 것은 13명의 교수 어느 누구도 아홉 가지의 특징을 모두 가지고 있지는 않다는 것이다. 또한 모든 교사들은 자신만의 성공적인 강의 경험을 가지고 있다는 것(장경원, 2012)도 앞의 내용을 통해 알 수 있다.

지금보다 더 좋은 강의가 될 수 있다면 우리는 변화를 시도해 보아야 한다. 교수자가 가르치는 교과목의 특성, 학생들의 특성을 고려할 때 앞서 제시한 아홉 가지의 특성 중 현재의 강의가 가지고 있지 않은 것이 있다면, 한 가지 혹은 몇 가지를 선택하여 이를 실천할 수 있는 계획을 세우고 강의에 반영해 보고 더 좋은 강의를 만드는 노력을 해야 한다.

## 엮은이 소개

## 한국교육개발원
(Korean Educational Development Institute : KEDI)

한국교육개발원은 1972년 우리의 전통과 현실에 맞는 새로운 교육체제를 연구·개발하기 위해 설립된 정부출연 연구기관이다.

한국교육개발원은 교육정책 및 현안에 대한 과학적인 분석과 실효성 있는 대안 제시를 통해 한국교육의 양적·질적 성장에 기여함은 물론, 미래사회에 필요한 혁신적인 교육시스템을 개발하고 한국교육의 나아가야 할 방향과 비전을 제시하는 등 우리나라 교육발전을 주도하는 파워 플랜트이자 싱크탱크로서의 역할을 수행해 오고 있다.

구체적으로, 국가교육 발전을 위한 종합적이고 체계적인 정책의 연구·개발, 학교교육 현장 혁신에 관한 전문적인 연구 및 지원, 교사·학생·학부모 관련 정책 연구 개발, 인재·평생교육의 발전전략 연구, 교육조사·통계에 관한 전문적인 연구·개발 및 보급, 교육에 관한 국제 연구·협력 외에, 최근에는 고등교육 혁신 및 미래 비전에 관한 연구에 주력하고 있다. 아울러 미래사회 변화에 능동적으로 대응하고, 새로운 학교교육 모델 창출에 대한 요구에 부응하기 위해 미래사회가 필요로 하는 다양한 능력을 갖춘 인재를 길러낼 수 있는 교육기관을 발굴, 개발하는 일에도 힘을 쏟고 있다.

한국교육개발원은 글로벌 리더십과 창조적 도전정신으로 세계 수준의 연구 역량을 확보하여 사람·미래·교육의 가치를 높이고 국가와 인류사회에 공헌하는 '글로벌 리딩 교육 싱크탱크'로 도약하고 있다.

한국교육개발원 연구진은 '꿈을 이루는 행복한 교육, 배려와 나눔의 정신을 지닌 품격 있고 창의적인 글로벌 인재 육성'을 향한 끊임없는 도전과 혁신을 통해 국가와 사회 그리고 교육수요자인 국민 모두에게 신뢰받는 기관이 되기 위해 최선을 다하고 있다.

**김은영(Kim Eun-Young)**

한국교육개발원 고등·평생교육연구실 연구위원


**이창재(Lee Chang-Jae)**

SBS 보도본부 미래부 부장


**장경원(Chang Kyung-won)**

경기대학교 교직학과 부교수


**문보은(Moon Bo-Eun)**

경희대학교 교육수월성 연구센터 객원교수

# 대학교수 13인의
# 명강의

2014년 6월 30일 1판 1쇄 발행
2014년 8월 20일 1판 2쇄 발행

엮은이 • 한국교육개발원
펴낸이 • 김진환
펴낸곳 • (주)학지사
       121-838 서울시 마포구 양화로 15길 20 마인드월드빌딩
대표전화 • 02)330-5114    팩스 • 02)324-2345
등록번호 • 제313-2006-000265호

홈페이지 • http://www.hakjisa.co.kr
커뮤니티 • http://cafe.naver.com/hakjisa

ISBN 978-89-997-0428-4 03370

Copyright ⓒ 2014 by Hakjisa Publisher, Inc.

정가 16,000원

인터넷 학술논문 원문 서비스 **뉴논문** www.newnonmun.com

이 도서의 국립중앙도서관 출판시도서목록(CIP)은 서지정보유통지
원시스템 홈페이지(http://seoji.nl.go.kr)와 국가자료공동목록시스템
(http://www.nl.go.kr/kolisnet)에서 이용하실 수 있습니다.
(CIP 제어번호: 2014019309)